Marcos Travassos

Reforma Tributária
com ênfase no Agronegócio

Detalhamento da Emenda Constitucional nº 132/2023 e do Ato das Disposições Constitucionais Transitórias atualizada. Detalhamento da Lei Complementar nº 214/2025.

Freitas Bastos Editora

Copyright © 2025 by Marcos Travassos.

Todos os direitos reservados e protegidos pela Lei nº 9.610, de 19.2.1998.
É proibida a reprodução total ou parcial, por quaisquer meios, bem como a produção de apostilas, sem autorização prévia, por escrito, da Editora.
Direitos exclusivos da edição e distribuição em língua portuguesa:
Maria Augusta Delgado Livraria, Distribuidora e Editora

Direção Editorial: Isaac D. Abulafia
Gerência Editorial: Marisol Soto
Assistente Editorial: Larissa Guimarães
Copidesque: Lara Alves dos Santos Ferreira de Souza
Revisão: Enrico Miranda
Diagramação e Capa: Pollyana Oliveira

Dados Internacionais de Catalogação na Publicação (CIP) de acordo com ISBD

T779r Travassos, Marcos	
Reforma Tributária com Ênfase no Agronegócio / Marcos Travassos. - Rio de Janeiro, RJ : Freitas Bastos, 2025.	
364 p. : 15,5cm x 23cm.	
Inclui bibliografia e apêndice.	
ISBN: 978-65-5675-517-5	
1. Direito. 2. Direito Tributário. 3. Agronegócio. I. Título.	
2025-1379	CDD 341.39 CDU 34:336.2

Elaborado por Vagner Rodolfo da Silva - CRB-8/9410

Índice para catálogo sistemático:
1. Direito Tributário 341.39
2. Direito Tributário 34:336.2

Freitas Bastos Editora
atendimento@freitasbastos.com
www.freitasbastos.com

Dedico este livro, assim como os anteriores, aos meus bichos, sempre orbitando ao meu redor e do meu *note*, me trazendo sabedoria, tranquilidade e sincera companhia enquanto escrevo.

Qualquer animal é igual a nós em essência divina, Deus definiu seu tempo de existência, e devemos respeitá-lo. O veganismo deve ser buscado como base de nossa alimentação e estilo de vida.

Enquanto não respeitarmos nossos irmãos animais, será impossível avançarmos espiritualmente.

Hare Krishna Hare Krishna
Krishna Krishna Hare Hare
Hare Rama Hare Rama
Rama Rama Hare Hare

Agradeço ao meu filho, Yuri, que desenvolveu rapidamente uma aplicação de *web scraping* em Python para facilitar minha vida na seleção de emendas do PLP nº 68/24, no sítio do Senado Federal. Com certeza, me economizou dezenas de horas de pesquisa.
LinkedIn: linkedin.com/in/yuri-travassos
E-mail: yurineves1934@gmail.com

Sobre o autor

- Analista Previdenciário Contabilista na GuarujáPrev – Previdência Social dos Servidores de Guarujá.
- Docente e conteudista em diversas instituições de ensino nas disciplinas de Contabilidade, Administração de Empresas e Gestão.
- Bacharel em Ciências Contábeis. Licenciado em Matemática.
- Especialista *stricto sensu* (mestrado) em Administração de empresas.
- Especialista *lato sensu* em Engenharia de Sistemas, Contabilidade Pública, e Contabilidade e Direito Tributário.
- Autor do livro *Contabilidade básica: atualizada pelas Leis 11.638/07 e 11.941/09 e regras emitidas pelo Comitê de Pronunciamentos Contábeis*, Editora Freitas Bastos, 2022.
- Autor do livro *Contabilidade gerencial rural e ambiental: uso das demonstrações contábeis para geração de índices patrimoniais, econômicos e financeiros nas atividades agrícolas, pecuárias e ambientais*, Editora Freitas Bastos, 2023.
- Psicanalista Integrativo.

LinkedIn: linkedin.com/in/marcos-travassos-69a21b1a
Currículo: lattes.cnpq.br/5915468600866545
E-mail: travassosacademico@gmail.com

Apresentação

É com muita satisfação que apresento este livro, que se propõe a explorar um tema tão relevante e impactante para o nosso cotidiano. A reforma tributária. Explico melhor. Essa fase da reforma afetará basicamente os tributos incidentes sobre o consumo. E quem consome? Nós; eu e você, pessoas físicas. Afinal, somos os contribuintes finais da cadeia produtiva. Em última análise, somos nós que pagamos esse tipo de tributo e não temos como compensá-lo, ao contrário dos participantes intermediários da cadeia produtiva. Dito isso, note a importância desse assunto. Ele afetará diretamente os nossos bolsos. Por isso, daqui para frente vou chamar essa reforma tributária sobre consumo, de **Reforma Tributária** ou simplesmente de **Reforma**, sempre com as iniciais em maiúsculo.

A Reforma prevê a substituição gradual do ICMS e do ISSQN pelo IBS (Imposto sobre Bens e Serviços) e do PIS e COFINS pela CBS (Contribuição sobre Bens e Serviços), configurando o IVA[1] (Imposto sobre Valor Agregado) como sendo dual (IBS e CBS). O IPI continuará existindo, porém, com atuação mais restrita e seletiva de forma a manter a competitividade da Zona Franca de Manaus. Por último, o IS (imposto seletivo); com características específicas, como veremos no decorrer do livro.

Comecemos então, nossa jornada iluminando o caminho com um importante princípio da Constituição Federal: **"O Sistema Tributário Nacional deve observar os princípios da simplicidade, da transparência, da justiça tributária, da cooperação e do meio**

---

1   No decorrer do livro, vamos nos referir ao IBS quando tratar de algo específico a ele. Da mesma maneira em relação à CBS. Eventualmente quando a referência for sobre ambos os tributos, vamos utilizar IBS/CBS ou simplesmente IVA.

ambiente". Este princípio é o alicerce que sustentará todo o debate e evolução da Reforma em questão.

De fato, não é preciso ser especialista no assunto para entender que o nosso sistema tributário atual é de uma complexidade inenarrável, impensável, (faltam adjetivos) que veio sendo costurada no decorrer dos anos (de décadas). Para se ter uma ideia, conforme o IBPT (2024), por meio de um estudo de 2021, identificou-se que desde a promulgação da CF/88[2], o Brasil editou mais de 6 milhões de normas, sendo que cerca de 7% dessas relativas a normas tributárias. Isso representa um número aproximado de mais de 30 normas tributárias por dia. Complicado, não é mesmo?

Bem, por essa e por outras, já há tempos (de uns 30 anos para cá, talvez mais), estudiosos, professores, tributaristas, advogados e outros profissionais se debruçaram sobre o assunto, na tentativa de criar um novo modelo, mais simples, eficiente e transparente. E isso deu frutos. Fazendo um salto no tempo, em 2019, surgiu no Senado Federal a Proposta de Emenda Constitucional (PEC) nº 110/19 com o objetivo de alterar o sistema tributário nacional, estabelecendo uma reforma tributária, para extinguir tributos e criar o imposto sobre bens e serviços (IBS). Ao mesmo tempo tramitava na Câmara dos Deputados, a PEC nº 45/19 com o objetivo de alterar o sistema tributário nacional. Opa... as duas casas legislativas trabalhando sobre o mesmo assunto, com o mesmo objetivo. Para simplificar a história, chegou à pandemia, tudo parou e as PECs também pararam. Passada a crise, no retorno as atividades, as tramitações continuaram e a PEC nº 45/19 ganhou força, sendo aprovada na Câmara e seguindo para o Senado Federal. Com isso, a PEC nº 110/19 que continuava tramitando no Senado ficou prejudicada e foi arquivada. No Senado, após as deliberações, a PEC nº 45/19, retornou a Câmara (por meio do substitutivo do Senado à PEC nº 45/19) e finalmente foi aprovada em dezembro de 2023, culminando na tão esperada Emenda Constitucional (EC) nº 132/23.

---

2 Usaremos, no decorrer do livro, as referências às leis, emendas, decretos etc., com nomenclatura e datação resumida para "poluir" menos o texto. Dúvidas podem ser dirimidas consultando o Glossário.

Essa EC surge com o objetivo principal de suportar a Reforma, baseado naquele princípio que citei no início desse texto, que tem por premissas: simplificação, transparência, justiça, cooperação e ainda preocupação com o meio ambiente. A justiça tributária envolve outros princípios; citando um deles, por exemplo, o da neutralidade. E ele diz muita coisa. Diz, por exemplo, que as cartas do jogo serão as mesmas para todos os jogadores. Diz que a economia do país funcionará, qualquer que seja o setor ou mercado sobre a mesma e única alíquotas-padrão do IVA. Ela ainda não foi estipulada, mas supõe-se deva girar em torno de 28%, talvez um pouco menos ou um pouco mais. A neutralidade também enseja que não haverá benefícios fiscais, salvo os já previstos no art. 9º da EC nº 132/23, fazendo com que todos tenham a mesma chance competitiva.

Com a aprovação da EC nº 132/23, o Poder Executivo apresentou em abril de 2024, para submissão à deliberação do Congresso Nacional o texto do Projeto de Lei Complementar PLP nº 68/24 para instituição do IBS, da CBS e do IS. Na Câmara dos Deputados, após deliberação e diversas proposições e retiradas de emendas o projeto seguiu para o Senado Federal, onde também sofreu diversas proposições e retiradas de emendas até retornar à Câmara por meio do substitutivo do Senado Federal ao PLP nº 68/24 em dezembro de 2024. Após sessão deliberativa extraordinária, os deputados efetuaram as mudanças que acharam necessárias e em 26 de dezembro enviaram para a sanção do Presidente da República, o que ocorreu em 16 de janeiro de 2025, criando a **Lei Complementar nº 214/25**.

Complementando com um detalhamento sucinto, fatores imprescindíveis ao IVA são a não cumulatividade plena, indicando que não haverá a superposição das cargas tributárias ou de outra forma, não haverá incidência em "cascata". Também se pretende que não haja alteração na carga tributária atual (nem para cima nem para baixo) salvo as oscilações naturais do mercado. Ou seja, que o volume arrecadado seja mantido nos patamares atuais. Para tanto, definiu-se para o ano de 2026, um período de testes com o IVA em que será cobrada a alíquota de 1%, concomitantemente com os demais tributos (ao final esse valor recolhido será compensado ao contribuinte). Com isso o governo identificará a capacidade arrecadatória do novo modelo e elaborará as alíquotas de referência para cada ente da federação, de tal forma que o montante arrecadado se mantenha relativamente inalterado.

Outra novidade é o *cashback*, mecanismo pelo qual haverá a devolução dos tributos pagos às camadas mais carentes da população. Será apropriado crédito em todas as aquisições de bens ou serviços (salvo pequeníssima excepcionalidade) e o recolhimento do tributo poderá ser imediato ao efetivo pagamento (*split payment*) permitindo também a devolução do recolhimento excedente. Isso nos leva a outro fator importante, o princípio do destino, ou seja, a partir da Reforma, o tributo passará a ocorrer no destino e não mais como hoje, primordialmente na origem, ou em alguns casos em ambos os locais. Esse princípio facilita ao contribuinte conhecer efetivamente a sua carga tributária.

É evidente e natural que haja muitas dúvidas nesse momento, afinal o processo da Reforma Tributária está só começando exigindo adaptação das empresas e dos profissionais envolvidos nessa nova realidade tributária do país. Será um processo gradual e de longo prazo (a previsão de conclusão é 2098) e isso evidencia a necessidade desde já, a mergulharmos em seu estudo e acompanhamento.

Aconselho que acompanhem a leitura desse livro, com uma edição da Constituição Federal em mãos (preferencialmente uma edição de bolso), desde que atualizada com a EC nº 132/23 (isso é fundamental) e uma cópia da Lei Complementar nº 214/25. Também aconselho seguir os sítios referentes ao assunto desde que sejam os sítios oficiais (gov.br) para ter acesso a versão mais atualizada.

Por último, apenas para citar algo que ouvi de um dos palestrantes (do qual não lembro o nome) na ocasião da cerimônia da regulamentação do PLP nº 68/24 transformada na LC nº 214/25, que afirmou (não sei se exatamente nessas palavras): *Isso não se trata apenas de uma Reforma Tributária, mas sim de uma Revolução Tributária.* Acredito firmemente no impacto positivo dessa Reforma, que não será sentida imediatamente, mas sim gradativamente no decorrer dos próximos anos.

Espero que esta leitura seja um convite para um entendimento mais profundo e crítico sobre o tema, o que dependerá da sua curiosidade e necessidade. Aproveito para pedir a compreensão do leitor para eventuais interpretações que eu tenha dado que possam estar em desacordo com outros teóricos do assunto, ou mesmo eventuais falhas ou erros cometidos. O tema é recente, vasto e complexo. Coloco-me a disposição para eventuais contatos por meio do meu e-mail. Sempre aprendemos mais trocando ideias.

Desejo a você uma leitura inspiradora e esclarecedora!

Grato,
Marcos Travassos

Introdução

Neste livro, convidamos você a uma análise das propostas relacionadas à Reforma Tributária e suas implicações para o sistema tributário nacional. Em um período de mudanças significativas, nosso objetivo é guiá-lo por uma jornada o máximo abrangente através dos aspectos históricos, legais e práticos, oferecendo na medida do possível uma visão clara e acessível das transformações estruturais em curso.

Capítulo 1 – A Reforma Tributária

No capítulo, tratamos das características gerais da Reforma, introduzindo os tributos a serem criados, substituídos ou modificados, além do IS (Imposto Seletivo) ou "*sin tax*". Além disso, alguns outros tributos não incidentes sobre o consumo, ou seja, tributos que não serão substituídos pelo IVA, tais como IPVA (Imposto sobre a Propriedade de Veículos Automotores), ITCMD (Imposto sobre Transmissão *Causa Mortis* e Doação de Quaisquer Bens ou Direitos), IOF (Imposto sobre Operações Financeiras) sobre seguros e COSIP (Contribuição Social de Iluminação Pública), recebem algumas considerações já que foram minimamente impactados por essa Reforma[3]. Há um detalhamento maior sobre ITCMD em capítulo posterior.

Prosseguindo, é apresentado cada artigo da CF/88 alterado em função da EC nº 132/23 comparando-o com sua versão anterior. O mesmo é feito em relação aos artigos do Ato das disposições constitucionais transitórias (ADCT). Na sequência, é dada especial atenção, por meio do resumo de seus artigos componentes; seguindo a mesma

---

[3] O que nos parece, o governo aproveitou o momento da Reforma sobre o consumo para, devido a alguma urgência, incluir esses outros tributos na EC nº 132/23. É uma suposição.

organização de seus capítulos e seções originais, da Lei Complementar LC nº 214/25, que instituiu o imposto sobre bens e serviços (IBS), a contribuição sobre bens e serviços (CBS) e o imposto seletivo (IS) e cria com Comitê Gestor do IBS.

Finalizando, são detalhados três artigos da CF/88 que consideramos centrais e fundamentais em relação à presente Reforma: o art. 156-A que instituiu o IBS; o art. 153 inciso VIII, que instituiu o IS e o art. 195 inciso V, § 15 a § 19 que instituiu a CBS. São descritas as características fundamentais de cada um desses artigos, tais como a incidência, as isenções, a base de cálculo e alíquotas incidentes, entre outras observações pertinentes. Ao final trazemos um resumo dos artigos da EC nº 132/23 relativos à tributação ambiental, assunto relevante nessa Reforma.

Capítulo 2 – Cronograma de transição para o IBS, CBS e IS

Aqui abordamos o cronograma de transição, peça fundamental para entendimento da abrangência temporal da presente Reforma, por meio de uma tabela detalhada, elaborada para concentrar todas as informações e possibilidades envolvidas, seguidas da descrição dos dois principais períodos previstos para implantação desse processo: o primeiro período entre 2026 a 2033 e o segundo entre 2029 a 2078. Há de fato a superposição dos períodos. Para completar, na sequência é apresentado o detalhamento da transição de acordo com o ADCT em seus artigos 125 a 133.

Capítulo 3 – Aspectos tributários gerais

São apresentados conceitos em que detalhamos o princípio da não cumulatividade, as diferenças conceituais entre isenção, imunidade e alíquota zero, o mecanismo de *drawback* para a importação de insumos, o princípio do destino, a distinção entre produtos e tributos monofásicos e plurifásicos, o conceito de *cashback*, a regulamentação das alíquotas de referência, a conceituação dos créditos tributários, os regimes tributários: lucro real, lucro presumido e lucro arbitrado, esses últimos exemplificados a luz da Reforma. E dada especial atenção ao Simples Nacional com exemplos comparativos entre o modelo de cálculo optativo pelo regime geral em relação ao usual regime Simples ou único. Por último conceituamos os regimes de tributação: específico, diferenciado e favorecido.

Nos Capítulos 4 e 5 são tratados aspectos relativos aos tributos sobre o consumo, previdência e seguridade que estarão sendo substituídos ou modificados (ICMS, ISSQN, PIS/COFINS[4] e IPI). Detalhamos suas versões atuais, com o objetivo de facilitar compará-los com o que se pretende com o IBS e CBS além do IS após a Reforma.

Capítulo 4 – Tributos sobre consumo

Nesse capítulo apresentamos o ICMS, e detalhamos o princípio da não cumulatividade, os Convênios 52/91, 100/97 e a Lei Kandir (LC nº 87/96), todos com as suas respectivas recepções pela Reforma. A seguir exemplificamos a substituição tributária do ICMS (ICMS-ST), e aventamos a possibilidade da substituição tributária no IBS (IBS-ST). Em relação ao ISSQN, detalhamos a lei que regulamenta esse tributo e comparamos seus benefícios fiscais (serviços) com os previstos pelo IBS.

Capítulo 5 – Tributos sobre a previdência e a seguridade

Aqui focamos alguns aspectos relativos ao PIS/COFINS, suas modalidades cumulativas e não cumulativas, com exemplos de ambas as possibilidades, a monofasia e a substituição tributária. Finalmente esboçamos um comparativo entre os créditos do PIS/COFINS com os créditos da CBS. Na sequência abordamos as contribuições previdenciárias dos trabalhadores rurais, identificando as características do empregado rural, do trabalhador avulso, do contribuinte individual e do segurado especial. Finalizando o capítulo, detalhamos o FUNRURAL, Senar, RAT, RAT ajustado, FAP e GILRAT.

Capítulo 6 – Tributos sobre o patrimônio

É apresentado o ITCMD cuja mudança aprovada até o momento por meio da EC nº 132/24 já pode ter influência significativa no planejamento patrimonial e sucessório, principalmente em relação ao

---

[4] Apesar de o PIS e a COFINS serem tributos diferentes, como compartilham de praticamente todas as suas características, didaticamente serão nomeados de PIS/COFINS. Havendo necessidade, serão nomeados separadamente.

agronegócio. Por isso, resolvemos mantê-la em um capítulo exclusivo. Ainda há de se considerar também que o PLP nº 108/24, que também trata desse tributo, e se encontra nesse momento na situação de "em tramitação, aguardando despacho" no Senado Federal. Resolvi não abordar esse PLP.

Capítulo 7 – Tributos sobre a renda

São tratados os tributos incidentes sobre a renda, tanto das pessoas físicas (IRPF) quanto das pessoas jurídicas (IRPJ/CSLL), exemplificados separadamente, considerando aplicações sobre o regime de lucro real e o lucro presumido.

Capítulo 8 – Tributos sobre importação e exportação

No Capítulo 8, são tratados os tributos incidentes sobre importação (II) e exportação (IE), considerando seus dispositivos legais e tratamento de alíquotas. Também são tributos não tratados nessa Reforma.

Nos Capítulos 9 e 10, entramos mais especificamente no agronegócio e detalhamos alguns de seus conceitos e classificações.

Capítulo 9 – Agronegócio

Conceituamos o agronegócio e sua cadeia produtiva, elaborada por meio do modelo "antes, durante e depois da porteira". Tratamos do conceito da atividade rural e do conceito de agroindústria (incluindo esquema gráfico). Finalizamos enfatizando a importância do agronegócio na economia nacional bem como resumidamente tratamos de seus desafios e oportunidades.

Capítulo 10 – Formas jurídicas do agronegócio

Aqui tratamos das formas jurídicas aplicadas ao agronegócio e que afetam a tributação: Detalhamos as formas possíveis, a começar pelo produtor rural, a parceria rural, o arrendamento rural, o comodato rural, o consórcio simplificado de produtores rurais, a cooperativa de produção rural e a cooperativa de produtores rurais, o proprietário investidor e finalmente o condomínio rural. Encerrando o capítulo, elaboramos um comparativo entre parceria rural e arrendamento rural.

Capítulo 11 – O agronegócio e a Reforma Tributária
A ideia desse capítulo foi a de explorar as preocupações dos participantes da cadeia produtiva do agronegócio sobre o impacto dessa Reforma. Assim buscamos um pequeníssimo resumo (5 pontos principais) elaborado por entidades ligadas ao setor que foram apresentadas aos senadores durante a tramitação do PLP nº 68/24. Fomos também levantar as proposições de emendas adicionadas pelos senadores a esse PLP. Entretanto, nos deparamos com mais de 2000 emendas inseridas propondo modificações (que acreditamos basearem-se nas preocupações e solicitações de suas respectivas bases eleitorais). Fizemos um levantamento, usando uma ferramenta de *web scraping*, por meio de palavras-chaves ligadas ao agronegócio e nos deparamos com aproximadamente 170 emendas. Nosso intuito era trazer a proposta e a justificativa de cada uma dessas emendas, mas analisando uma amostra delas, concluímos que a maioria das solicitações gira em torno de alterações de alíquotas ou da não incidência de tributos sobre determinados produtos ou serviços, entre algumas poucas variações. Assim, além de mostrar-se um trabalho hercúleo e tecnicamente inviável para apresentação em um livro, pelo volume que iria gerar, provavelmente não teríamos um resultado muito diferente dessas preocupações que apresentamos acima. De qualquer forma, no APÊNDICE I, está o endereço do sítio do Senado Federal, e a relação de cada uma das emendas selecionadas, caso pretendam avaliá-las.

Finalmente apresentamos um glossário e as referências bibliográficas. Vale salientar que, nos baseamos principalmente na legislação oficial, por meio de consultas feitas exclusivamente nos sítios do Governo (gov.br). Aconselhamos que, em matéria de legislação, havendo necessidade de pesquisa, deem preferência a esses sítios do Governo. A legislação é um organismo vivo, muda constantemente e o risco de acessar informações desatualizadas é grande.

Sumário

1. A REFORMA TRIBUTÁRIA 29
  1.1 Características gerais da Reforma Tributária 29
      1.1.1 IS (Imposto Seletivo) 32
      1.1.2 Outros tributos impactados pela Reforma Tributária 35
  1.2 EC nº 132/23 x CF/88 36
      1.2.1 Mudanças na CF/88 por meio da EC nº 132/23 40
      1.2.2 Mudanças dos Atos e Disposições Constitucionais Transitórias 70
  1.3 LC nº 214/25 88
      1.3.1 Do IBS e da CBS sobre operações com bens e serviços 99
      1.3.2 Da operacionalização do IBS e da CBS 112
      1.3.3 Do IBS e da CBS sobre importações 116
      1.3.4 Do IBS e da CBS sobre exportações 122
      1.3.5 Dos regimes aduaneiros especiais 125
      1.3.6 Das zonas de processamento de exportação (arts. 99 a 104) 127
      1.3.7 Dos regimes dos bens de capital 128
      1.3.8 Da devolução personalizada do IBS e da CBS (*cashback*) e da Cesta Básica Nacional de Alimentos 131
      1.3.9 Dos regimes diferenciados do IBS e da CBS 133
      1.3.10 Dos regimes específicos do IBS e da CBS 140
      1.3.11 Da administração do IBS e da CBS 146
      1.3.12 Da transição para o IBS e para a CBS 147
      1.3.13 Do Imposto Seletivo (IS) 162
      1.3.14 Das demais disposições 168
      1.3.15 Vetos do presidente da República ao texto do PLP nº 68/24 encaminhado pelo Congresso Nacional incorporados a LC nº 214/25 180

1.4 Artigos da CF/88 fundamentais à Reforma 181
   1.4.1 Inclusão do artigo 156-A (IBS): 181
      1.4.1.1 Resumo – a depender de disposição em lei complementar 183
   1.4.2 Inclusão no artigo 153, inciso VIII, parágrafo § 6º (IS): 184
   1.4.3 Inclusão no artigo 195, inciso V, parágrafo § 15 ao § 19 (CBS): 185
   1.4.4 Tributação ambiental 186

2. CRONOGRAMA DE TRANSIÇÃO PARA O IBS, CBS E IS 188
2.1 Transição para o novo modelo de tributação 189
   2.1.1 Primeiro período de transição (2026 a 2033) 189
   2.1.2 Segundo período de transição (2029 a 2078) para os entes federados 191
2.2 Transição conforme ADCT – arts. 125 a 133 192

3. ASPECTOS TRIBUTÁRIOS GERAIS 198
3.1 Princípio da não cumulatividade 198
   3.1.1 Vantagens da não cumulatividade 200
   3.1.2 Exemplo da não cumulatividade 201
3.2 Isenção x imunidade x alíquota zero 202
3.3 Tributos calculados "por dentro" e "por fora" 203
3.4 *Drawback* na importação de insumos 203
   3.4.1 Definição de *drawback* 203
   3.4.2 Modalidades de *drawback* 204
   3.4.3 Uso do *drawback* no agronegócio 205
   3.4.4 Tributos isentos ou suspensos por meio do *drawback* 205
   3.4.5 *Drawback* na importação de insumos 206
3.5 Princípio do destino 207
3.6 Produtos e tributos monofásicos e plurifásicos 209
   3.6.1 Monofasia x substituição tributária 210
3.7 Cashback 211
3.8 Alíquotas de referência (Senado Federal) 212
   3.8.1 Características das alíquotas do IBS e CBS nos entes federativos 213

3.9 Créditos tributários conforme EC nº 132/23 216
3.10 Regimes tributários – lucro real, lucro presumido,
lucro arbitrado e Simples Nacional 217
    3.10.1 Lucro real 218
        3.10.1.1 Quem deve usar lucro real 219
    3.10.2 Lucro presumido...219
        3.10.2.1 Quem pode usar lucro presumido 220
        3.10.2.2 Exemplo de cálculo do lucro presumido
        IVA (comércio) 220
    3.10.3 Lucro arbitrado..221
    3.10.4 Mudanças dos regimes gerais com a Reforma............... 223
3.11 Simples Nacional 223
    3.11.1 Produtos monofásicos no Simples Nacional
    (PIS/COFINS) 226
    3.11.2 Modelo de cálculo do Simples Nacional
    (cenário antes da Reforma) 226
        3.11.2.1 Exemplo de cálculo do Simples Nacional
        (comércio – cenário antes da Reforma) 227
    3.11.3 Modelo de cálculo do Simples Nacional
    (cenário após Reforma) 228
        3.11.3.1 Exemplo de cálculo do Simples Nacional
        (comércio – cenário após da Reforma – regime
        Simples Nacional – vigência 2027 e 2028) 229
        3.11.3.2 Exemplo de cálculo do Simples Nacional
        (comércio – cenário após da Reforma – regime
        Simples Nacional – vigência 2029) 231
        3.11.3.3 Exemplo de cálculo do Simples Nacional
        (comércio – cenário após da Reforma – regime
        Simples Nacional – vigência 2030) 233
        3.11.3.4 Exemplo de cálculo do Simples Nacional
        (comércio – cenário após da Reforma – regime
        Simples Nacional – vigência 2031) 235
        3.11.3.5 Exemplo de cálculo do Simples Nacional
        (comércio – cenário após da Reforma – regime
        Simples Nacional – vigência 2032) 237
        3.11.3.6 Exemplo de cálculo do Simples Nacional
        (comércio – cenário após da Reforma – regime
        Simples Nacional – vigência 2033) 239
        3.11.3.7 Exemplo de cálculo do Simples Nacional
        (comércio – cenário após da Reforma – regime
        regular – vigência 2027 e 2028) 241

3.12 Regimes de tributação: específicos, diferenciados e favorecidos.. 243
   3.12.1 Regimes específicos 244
   3.12.2 Regimes diferenciados 245
   3.12.3 Regimes favorecidos 246

4. TRIBUTOS SOBRE O CONSUMO 247
4.1 ICMS 247
   4.1.1 ICMS – princípios da não cumulatividad 248
   4.1.2 Convênio ICMS nº 52/91 250
   4.1.3 Convênio ICMS nº 52/91 e a Reforma Tributária 250
   4.1.4 Convênio ICMS nº 100/97 251
   4.1.5 Convênio ICMS nº 100/97 e a Reforma Tributária 253
   4.1.6 ICMS – outros convênios relativos 253
   4.1.7 ICMS – Lei Kandir (LC nº 87/96) 253
   4.1.8 ICMS – Lei Kandir e a Reforma Tributária 254
   4.1.9 ICMS – Contribuições estaduais sobre produtos primários 254
   4.1.10 ICMS-ST – substituição tributária 255
   4.1.11 IBS-ST – substituição tributária do IBS? 257
   4.1.12 Créditos do IBS 258
4.2 ISSQN 258
   4.2.1 ISSQN e a Reforma Tributária 258
   4.2.2 ISSQN – Benefícios fiscais para o agronegócio 259
   4.2.3 IBS (serviços) – benefícios fiscais para o agronegócio 260
4.3 IPI 260

5. TRIBUTOS SOBRE A PREVIDÊNCIA E SEGURIDADE 262
5.1 PIS/COFINS 262
   5.1.1 COFINS – Contribuição para o Financiamento da Seguridade Social 262
   5.1.2 PIS (Programa de Integração Social) 264
   5.1.3 PIS/COFINS – cumulatividade e não cumulatividade 264
   5.1.4 PIS/COFINS monofásico, substituição tributária e importação/exportação 266
   5.1.5 CBS-ST – substituição tributária da CBS? 267

5.1.6 Exemplo de cálculo do PIS/COFINS 267
    5.1.6.1 Exemplo no sistema cumulativo 268
    5.1.6.2 Exemplo no sistema não cumulativo 268
5.1.7 Créditos de PIS/COFINS 269
5.1.8 Créditos da CBS 272
5.2 Contribuições previdenciárias dos trabalhadores 272
    5.2.1 Empregado rural 273
    5.2.2 Trabalhador avulso 273
    5.2.3 Contribuinte individual 273
    5.2.4 Segurado especial 274
5.3 FUNRURAL (Fundo de Assistência ao Trabalhador Rural) ou CPP (Contribuição Previdenciária Patronal Rural) 275
5.4 Senar 276
5.5 RAT, RAT Ajustado, FAP e GILRAT 277
5.6 Estrutura e funcionamento das contribuições previdenciárias 279
    5.6.1 Produtor rural pessoa física contribuinte individual – conceito 279
        5.6.1.1 Produtor rural pessoa física contribuinte individual – recolhimento pela comercialização da produção rural ou optante por recolher pela folha de pagamento 279
    5.6.2 Consórcio simplificado de produtores rurais – pessoas físicas – conceito 281
        5.6.2.1 Consórcio simplificado de produtores rurais – recolhimento sobre remuneração dos segurados 281
    5.6.3 Produtor rural – pessoa jurídica – conceito 281
        5.6.3.1 Produtor rural pessoa jurídica – diversos tipos de recolhimento 282
    5.6.4 Agroindústrias – conceito 283
    5.6.5 Cooperativas de produtores rurais – conceito 285
    5.6.6 Empresas rurais optantes pelo "simples" – conceito 286
    5.6.7 Exportação – conceito 287
        5.6.7.1 Exportação – informações gerais 287
        5.6.7.2 Exportação – base de cálculo 288
        5.6.7.3 Exportação – responsabilidade pelo recolhimento 288

6. TRIBUTOS SOBRE O PATRIMÔNIO 289
   6.1   ITCMD (Imposto sobre Transmissão *Causa Mortis* e Doação de Quaisquer Bens ou Direitos) 289
       6.1.1   ITCMD – alíquotas 290

7. TRIBUTOS SOBRE A RENDA 291
   7.1   IRPF (Imposto de Renda Pessoa Física) 292
       7.1.1   Exemplo de cálculo do IRPF no lucro real e no lucro presumido 293
   7.2   IRPJ e CSLL – Imposto de Renda da Pessoa Jurídica e Contribuição Social sobre o Lucro Líquido 295

8. TRIBUTOS SOBRE IMPORTAÇÃO E EXPORTAÇÃO 299
   8.1   Imposto Seletivo (IS) na exportação 299
   8.2   Imposto de Importação (II) e Imposto sobre Exportação (IE) 299
       8.2.1   Imposto de Importação (II) – disposições gerais 300
       8.2.2   Imposto de Importação (II) – alíquota e taxa de câmbio 300
       8.2.3   Imposto sobre Exportação (IE) – disposições gerais 301
       8.2.4   Imposto sobre Exportação (IE) – alíquota e base de cálculo 301

9. AGRONEGÓCIO 302
   9.1   Conceito de agronegócio 304
   9.2   A cadeia produtiva do agronegócio 306
   9.3   Conceito de atividade rural 310
   9.4   Conceito de agroindústria 313
       9.4.1   Esquema didático das atividades rurais e agroindustrial 315
   9.5   A importância do agronegócio para a economia nacional 319
   9.6   Desafios e oportunidades do agronegócio 321
       9.6.1   Desafios e oportunidades do agronegócio em relação à produção 322

10. FORMAS JURÍDICAS DO AGRONEGÓCIO 324
10.1 Formas de associação 325
10.1.1 Produtor rural 326
10.1.1.1 CNPJ rural 329
10.1.2 Parceria rural 330
10.1.3 Arrendamento rural 332
10.1.3.1 Contrato de arrendamento de terras públicas 334
10.1.4 Comodato rural 334
10.1.5 Consórcio simplificado de produtores rurais 334
10.1.6 Cooperativa de produção rural 335
10.1.7 Cooperativa de produtores rurais 335
10.1.8 Proprietário investidor 335
10.1.9 Condomínio 336
10.2 Diferenças entre parceria e arrendamento no âmbito da tributação 336

11. O AGRONEGÓCIO E A REFORMA TRIBUTÁRIA 337
11.1 O agronegócio e os impactos da Reforma Tributária 344

GLOSSÁRIO 347

REFERÊNCIAS BIBLIOGRÁFICAS 356

APÊNDICE I 360

APÊNDICE II 361

1.
A Reforma Tributária

Para tentarmos entender o Sistema Tributário Nacional (STN), temos que retornar ao ano de 1965, quando foi promulgada a EC nº 18 reformando o sistema tributário por meio de emendas efetuadas na Constituição então em vigor; a Constituição Federal de 1946. No ano seguinte foi promulgado o Código Tributário Nacional (CTN) por meio da Lei nº 5.172/66 instituindo as normas gerais de direito tributário aplicáveis a União, estados e municípios. Ou seja, o regramento do STN ativo ainda hoje é muito antigo. A partir de então, para se ter uma ideia, só o CTN passou por quase uma centena de modificações por meio de leis complementares, leis ordinárias, decretos, medidas provisórias, resoluções e atos complementares, o que inegavelmente o transformou em algo complexo e possivelmente oneroso e ineficiente. Em função disso, a presente Reforma Tributária vem sendo discutida há no mínimo 30 anos.

Na Apresentação do livro, trago resumidamente mais detalhes do processo que se deu a partir de 2019 até os dias de hoje. Acho importante que o leiam para contextualizarem o momento que nos encontramos.

1.1 Características gerais da Reforma Tributária

Conforme Faviero (2024), em geral o sistema tributário é financiado por meio de 4 possibilidades econômicas: incidência sobre a renda, sobre a folha de pagamentos, sobre o consumo e sobre a propriedade, sendo que no Brasil, 41% da carga tributária se concentra no consumo. Esse é o motivo que o nosso IVA será dos mais elevados do mundo. Historicamente, o Brasil priorizou a tributação sobre o consumo em vez da tributação sobre a renda, ao contrário de países com IVA sobre o consumo menor do que o nosso. Por isso, cuidado com os "mensageiros do apocalipse".

Outro agravante seria a de que no desenho federativo do Brasil, os três entes federados têm capacidade legislativa para instituir, cobrar e fiscalizar os tributos, gerando distorções. Acrescente-se a isso, a constatação de Vieira *et al.* (2024) de que os principais problemas atuais do modelo brasileiro estão ancorados justamente nos tributos incidentes sobre o consumo, tais como:

- Base de incidência altamente fragmentada setorialmente, com os tributos incidindo sobre bases diferentes e com regramentos diferentes;
- Legislação extremamente complexa, caracterizada por uma profusão de alíquotas, exclusões de bases de cálculo, benefícios fiscais e regimes especiais;
- Sérios problemas de cumulatividade, que resultam em tributos puramente cumulativos (ISSQN e parte do PIS/COFINS);
- Fortes restrições ao ressarcimento de créditos tributários acumulados pelas empresas e;
- Cobrança do ICMS no estado de origem nas transações interestaduais, o que abre espaço para a "guerra fiscal".

Talvez possamos supor que em função disso, os idealizadores da Reforma Tributária tenham resolvido enfrentar nessa primeira fase, justamente os principais tributos ligados ao consumo, quais sejam, o PIS/COFINS e IPI (federais), ICMS (estadual) e ISSQN (municipal). A proposição foi a de simplificar o sistema tributário, buscando **não reduzir a autonomia dos estados e municípios**, que continuariam gerindo suas receitas e ao mesmo tempo garantir maior transparência para os contribuintes e maior flexibilidade na gestão do orçamento. Especialistas tributários ligados ao governo acreditam que a unificação e simplificação impulsionará a economia, mitigando a insegurança jurídica e tornando a economia do país mais competitiva. Dessa forma, instituíram o IBS, a CBS e o IS[5]. O IBS e a CBS têm características de um IVA, e, por se tratar de dois tributos, este é também nominado por IVA dual.

A CBS, o IBS e o IS vieram para substituir/alterar cinco dos tributos atuais incidentes sobre o consumo (produção e vendas), que serão, com exceção do IPI, gradualmente extintos, a saber:

Serão substituídos pelo IBS:
- ICMS: imposto sobre operações relativas à circulação de mercadorias e sobre prestações de serviços de transporte interestadual e intermunicipal e de comunicação.
- ISS: imposto sobre serviços de qualquer natureza.

Serão substituídos pela CBS:
- COFINS: Contribuição para o Financiamento da Seguridade Social.
- PIS: contribuição para o Programa de Integração Social.

Será modificado na sua função, e continuará existindo:
- IPI: Imposto sobre Produtos Industrializados[6].

As **bases de incidência do IBS/CBS** são as operações com bens materiais ou imateriais, inclusive direitos, ou com serviços; e a importação de bens materiais ou imateriais, inclusive direitos, ou de serviços realizada por pessoa física ou jurídica, ainda que não seja contribuinte habitual do imposto, qualquer que seja a sua finalidade. Só não incidirão sobre as exportações. Ou seja, a chamada **base ampla**. Também não incidirão sobre eles mesmos, nem um sobre o outro.

Conforme Nunes (2024), as legislações do **IBS/CBS serão harmonizadas**, de modo a manter as características principais dos

---

[5] O IS tem como objetivo ser uma espécie de "*sin tax*" ou "imposto do pecado", onerando produtos e serviços prejudiciais à saúde ou ao meio ambiente, conforme art. 153, VIII. Ganhou um contorno constitucional no *caput* § 6º.

[6] O IPI, a princípio, seria substituído pelo IBS e extinto tal como os demais impostos sobre consumo; porém, em função da manutenção da competitividade da Zona Franca de Manaus, resolveu-se mantê-lo. O IPI sempre teve características de seletividade, e o governo se aproveitou do IS para regulamentar essa especificidade da ZFM com o IPI.

dois tributos sob às **mesmas regras** tais como: fatos geradores, bases de cálculo, hipóteses de não incidência, sujeitos passivos, imunidades, regimes específicos, diferenciados ou favorecidos de tributação, e regras de não cumulatividade e de creditamento e serão **instituídos e modificados por leis complementares,** obrigatoriamente pelo **mesmo ato legal para ambos os tributos do IVA dual**. O IBS, terá sua arrecadação centralizada pela União que reterá o montante arrecadado não compensado pelos contribuintes e não ressarcidos ao final de cada período de apuração e então, proceder-se-á a distribuição desse excedente retido ao ente federativo de destino que terá sua **competência compartilhada** (estados e municípios)

Além desses, houve também mudanças nas regras de outros tributos como IPVA, ITCMD, IOF sobre seguros e COSIP, além de propostas de regimes diferenciados com redução de alíquotas, específicos e favorecidos para a Zona Franca de Manaus; fim de incentivos fiscais e a possibilidade da criação de fundos regionais.

1.1.1 IS (Imposto Seletivo)

O IS vale uma explicação a parte. É um imposto de **competência privativa da União,** que surgiu e foi aprovado para incidir sobre produção, extração, comercialização ou importação de produtos ou serviços prejudiciais à saúde e ao meio ambiente com intuito de desestimular o consumo desses produtos ou serviços. Portanto, é de caráter *extrafiscal* (não tem só caráter arrecadatório).

Suas características em relação à base de cálculo (a própria e aquelas em que incidirá), seu fato gerador, a questão da não cumulatividade e as alíquotas estão normatizadas na CF/88 com a inclusão do inciso VIII, § 6º por meio da EC nº 132/23, no artigo:

> Art. 153 (CF/88) Compete a União instituir impostos sobre:
> [...]
> VIII - produção, extração, comercialização ou importação de bens e serviços prejudiciais à saúde ou ao meio ambiente, nos termos de lei complementar. *(IS)*
> [...]
> § 6º O imposto previsto no inciso VIII do *caput* deste artigo:

I - Não incidirá sobre as exportações nem sobre as operações com energia elétrica e com telecomunicações;
II - Incidirá uma única vez sobre o bem ou serviço;
III - não integrará sua própria base de cálculo;
IV - Integrará a base de cálculo do *ICMS, ISS, IBS* e *CBS*;
Observação: em 2033 o inciso IV terá sua redação alterada para:
IV - Integrará a base de cálculo do IBS e da CBS;
V - Poderá ter o mesmo fato gerador e base de cálculo de outros tributos;[7]
VI - Terá suas alíquotas fixadas em lei ordinária, podendo ser específicas, por unidade de medida adotada, ou *ad valorem*;
VII - Na extração, o imposto será cobrado independentemente da destinação, caso em que a alíquota máxima corresponderá a 1% (um por cento) do valor de mercado do produto; [...]

Pelas suas características, o IS, surge como uma espécie de imposto do pecado ou *sin tax*. No Brasil é novidade, mas esse tipo de imposto ou é ou já foi utilizado por outros países com a mesma função que se pretende aqui, que é a de inibir por meio do aumento dos preços, o consumo de produtos prejudiciais à saúde e ao meio ambiente. Nos EUA recebe o nome de imposto especial de consumo e incide especificamente sobre certos bens considerados prejudiciais à sociedade e aos indivíduos. A relação dos bens sujeitos a IS (códigos da NCM/SH)[8] encontra-se no Anexo XVII da LC nº 214/25, classificados em veículos, aeronaves e embarcações, produtos fumígenos, bebidas alcoólicas, bebidas açucaradas, bens minerais (minério de ferro, óleos brutos de petróleo ou de minerais betuminosos, por exemplo)[9] e concursos de prognósticos e *fantasy sport*. Aqui, somente a título de curiosidade, poderíamos fazer uma pequena diferenciação

---

7   Esse inciso V aparentemente se contradiz com o art. 154, I. "A União poderá instituir através de LC impostos [...] desde que não tenham fato gerador ou base de cálculo próprios dos discriminados nesta Constituição", mas para o IS está prevista essa possibilidade.

8   NCM é a sigla para Nomenclatura Comum do Mercosul. Toda e qualquer mercadoria que circula no Brasil deve ter o código NCM. SH indica Sistema Harmonizado de Descrição e Codificação de Mercadorias, organizado em uma estrutura legal e lógica e baseado em regras bem definidas para obter uma classificação uniforme.

9   Notem que os agrotóxicos não aparecem nesse anexo do IS; pelo contrário, é tratado como produto agrícola submetido a redução de 60% nas alíquotas do IBS e da CBS (Anexo IX) sob outra nomenclatura.

entre produtos prejudiciais consumidos individualmente e produtos ou atividades que causem problemas a sociedade como um todo (externalidades negativas). Os primeiros tem seus preços majorados para inibir o consumo, os segundos, devem de alguma forma ressarcir a sociedade pelos danos causados. Esses são chamados de impostos pigouvianos[10].

O IS não incidirá sobre as exportações nem sobre as operações com energia elétrica e com telecomunicações, porém, no caso de extração, será cobrado independentemente da destinação, a alíquota máxima de 0,25% do valor de mercado do produto (art. 422 § 2º da LC nº 214/25).

Sua alíquota não será fixa, já que trata de seletividade (que é um princípio tributário do tipo: quanto mais supérfluo ou menos essencial, ou mais prejudicial, maior), e, portanto, deve variar em função do dano causado. Essas alíquotas serão previstas em lei ordinária.

Outra função que foi dada pelo governo ao IS, foi a de manter os produtos fabricados na Zona Franca de Manaus (ZFM) competitivos, lembrando que a ZFM foi criada para promover o desenvolvimento econômico da região Norte do Brasil por meio de incentivos fiscais e aduaneiros e vem desempenhando um papel importante na economia local. Assim a partir de 2027, as alíquotas do IPI ficam reduzidas a zero para produtos sujeitos a alíquota inferior a 6,5% prevista na Tipi[11] vigente em 31 de dezembro de 2023 e que tenham, dentro outros, sido industrializados na Zona Franca de Manaus no ano de 2024. Além disso, o Poder Executivo da União divulgará a lista dos produtos cuja alíquota de IPI tenha sido reduzida a zero. Ou seja, o IPI não foi extinto ou substituído nessa Reforma Tributária tendo, em tese, a função de manter a competitividade dos produtos industrializados na Zona Franca de Manaus.

---

10 Os impostos pigouvianos são nomeados em homenagem ao economista inglês Arthur Cecil Pigou (1877-1959).
11 TIPI – Tabela de Incidência do Imposto sobre Produtos Industrializados.

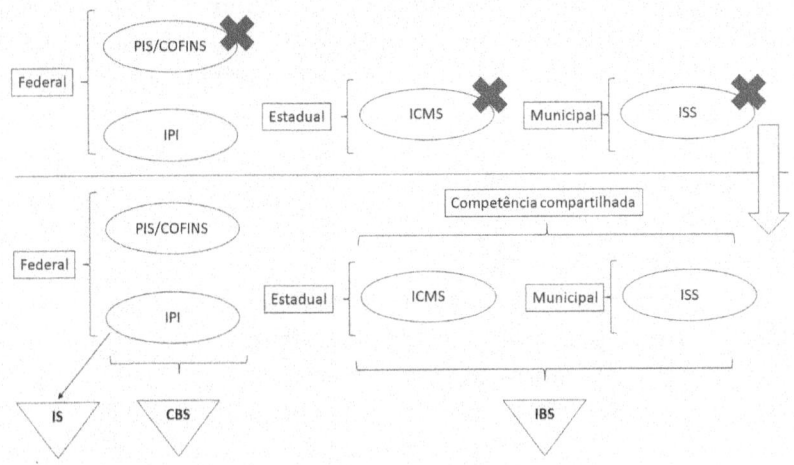

Fonte: Elaborada pelo autor, 2024.

1.1.2 Outros tributos impactados pela Reforma Tributária[12]

Vale um parêntese. Não só os tributos a que nos referimos estão sendo impactados por essa Reforma. Apesar de mais de uma vez nos referirmos a ela como sendo a reforma sobre o consumo, já vimos que há a previsão de aperfeiçoamentos de outros tributos como IPVA, ITCMD, IOF sobre seguros e COSIP.

No IPVA (art. 155, § 6º, I, CF/88), a Reforma amplia sua base de incidência, de modo a incluir veículos aquáticos e aéreos, como lanchas e plataformas aquáticas aplicadas em atividades econômicas, além das aeronaves executivas, sem alcançar aeronaves agrícolas e embarcações de transporte aquaviário e de pesca (artesanal, industrial, científica ou de subsistência). Porém, abre-se uma exceção que poderá servir para que o tributo não seja incidente para a maioria dos proprietários de aeronaves executivas que é a de isentar operadoras certificadas para prestar serviços aéreos a terceiros. É provável que grande parte das aeronaves executivas existentes estejam ou pas-

---

12 Disponível em: https://www.gov.br/fazenda/pt-br/acesso-a-informacao/acoes-e-programas/reforma-tributaria/perguntas-e-respostas.

sem a ser registradas nessa categoria. Infelizmente é um artifício que tornará inócua a incidência do tributo nessas aeronaves, mas que aplaca os ânimos daqueles que lutam por maior justiça social, por desconhecerem esse detalhe. O mesmo deverá ocorrer com embarcações que poderão ser registradas como prestadoras de serviços de transportes aquáticos, isentando-as do tributo. Além disso, inclui a possibilidade de o IPVA ser progressivo em razão do valor e do impacto ambiental do veículo.

Para o IOF, prevê-se sua extinção nas operações de seguros que será substituída por imposto específico para o setor.

Para a COSIP, haverá expansão dos seus propósitos, incluindo poderem seus recursos ser destinados além da iluminação pública, também para os sistemas de monitoramento urbano, com câmeras e sensores aumentando em tese, a segurança pública.

O ITCMD é detalhado em capítulo posterior.

1.2 EC nº 132/23[13] x CF/88

A Emenda Constitucional (EC) nº 132/23 se divide em vinte e três artigos, sendo que o primeiro, o terceiro e o quarto alteram o texto da CF/88, enquanto o segundo e o quinto modificam o Ato das Disposições Constitucionais Transitórias (ADCT), com a divisão se justificando pelas diferentes datas de início de vigência. Os arts. 6º a 21 trazem as disposições de mérito, o art. 22 as cláusulas de revogação, e o art. 23 as cláusulas de vigência. Esse tópico, sugiro que seja acompanhado pela edição mais recente da CF/88 em mãos.

Podemos sucintamente dividir a EC nº 132/23 em três tópicos principais:

- **Criação de novos tributos:** normatiza a CBS e o IBS, que substituem diversos tributos federais, estaduais e municipais, buscando uniformizar e simplificar a arrecadação tributária.
- **Competência tributária:** estabelece um sistema de competência tributária compartilhada, especialmente por meio do Comitê

---

[13] Disponível em: https://www.planalto.gov.br/ccivil_03////////Constituicao/Emendas/Emc/emc132.htm.

Gestor[14] (CG-IBS), que coordenará a administração dos tributos em nível nacional, conforme observado no art. 156-B da CF/88.
- **Vigência e implementação:** a gradualidade na implementação das mudanças, com algumas partes da emenda entrando em vigor em 2027 e outras em 2033, permitindo uma transição suave às novas regras tributárias.

Para facilitar o entendimento da EC nº 132/23, elaboramos o resumo de cada um dos 23 artigos da emenda e quais são as proposições de cada um dos artigos.

Art. 1º Alterações imediatas (inclusões, modificações) nos artigos da CF/88[15]:
Artigos 43, 50, 105, 145, 146, 149-A, 149-B, 149-C, 150, 153, 155, 156, 156-A, 156-B, 158, 159, 159-A, 161, 167, 177, 195, 198, 212-A e 225.

Art. 2º Alterações imediatas (inclusões, modificações) em artigos do Ato das Disposições Constitucionais Transitórias (ADCT):
Artigos 76-A, 76-B, 92-B, 104, 124, 125, 126, 127, 128, 129, 130, 131, 132, 133, 134, 135, 136 e 137.

Art. 3º Alterações com vigência a partir de 01/01/2027, (inclusões, modificações e revogações) nos artigos da CF/88:
Artigos 37, 146, 153, 156-A, 195, 225 e 239.

Art. 4º Alterações com vigência a partir de 01/01/2033, (inclusões, modificações e revogações) nos artigos da CF/88:
Artigos 146, 150, 153, 155, 156, 156-A, 158, 159, 161, 195, 212-A e 225.

Art. 5º Alterações com vigência a partir de 01/01/2033, (inclusões, modificações e revogações) em artigos do Ato das Disposições Constitucionais Transitórias (ADCT):
Artigos 80, 82, 83 e 104.

---

14 Trataremos, neste livro, o Comitê Gestor do IBS por meio de sua sigla, CG-IBS.
15 Disponível em: https://www.planalto.gov.br/ccivil_03/Constituicao/Constituicao.htm.

Art. 6º Estabelece que, até a criação de uma lei complementar, os critérios e prazos para **distribuição dos recursos dos tributos**, bem como a base de cálculo dos percentuais estaduais, distritais e municipais, seguirão as normas das leis complementares existentes, integrando novas disposições sobre impostos e ajustes constitucionais transitórios.

Art. 7º Estabelece que, a partir de 2027, a **União compensará qualquer redução nos valores transferidos**, resultante da substituição da arrecadação de um imposto federal por outro, usando a média de transferências de 2022 a 2026 como referência, e atualizando essa base conforme leis complementares e indicadores econômicos, garantindo a observância de critérios e prazos para a entrega desses recursos.

Art. 8º Estabelece a criação da **Cesta Básica Nacional de Alimentos**[16], que respeitará a diversidade regional e cultural do Brasil e assegurará uma alimentação saudável e adequada, com isenção tributária para os produtos definidos por lei complementar, em conformidade com o direito social à alimentação.

Art. 9º Autoriza a implementação de **regimes diferenciados de tributação** para certos bens e serviços no Brasil, visando uniformidade nacional, ao permitir reduções específicas de alíquotas e isenções para promover benefícios sociais e econômicos, com previsão para ajustes periódicos e avaliações quinquenais de custo-benefício, garantindo equilíbrio na arrecadação e promoção de igualdade.

Art. 10. Define o **escopo de serviços financeiros** e operações com bens imóveis para fins tributários, estabelecendo que as instituições financeiras seguem um regime específico de tributação, com alíquotas ajustadas para manter a carga tributária atual pelas primeiras cinco anos, especialmente para operações de crédito e fundos garantidores.

---

16   Os componentes da cesta básica serão definidos por lei complementar, considerando a diversidade regional e cultural da alimentação do país.

Art. 11. Estabelece que a revogação do art. 195, I, "b" (COFINS) não afetará as **contribuições existentes sobre receita ou faturamento** que substituem a contribuição mencionada no art. 195, I, "a", desde que sejam cobradas com base nesse dispositivo e em conformidade com a EC nº 103.

Art. 12. Institui o **Fundo de Compensação de Benefícios Fiscais**[17], destinado a compensar, de 2029 a 2032, pessoas físicas ou jurídicas pela redução de benefícios fiscais associados ao **ICMS**, com recursos progressivamente alocados pela União entre 2025 e 2032.

Art. 13. Estabelece a entrega escalonada de recursos financeiros para o **Fundo Nacional de Desenvolvimento Regional (FNDR)**[18], com valores crescentes de 2029 até 2043, ajustados anualmente pela variação do IPCA ou índice equivalente.

Art. 14. Estabelece que a União financiará inicialmente as despesas para a **instalação do CG-IBS**, com ressarcimento posterior pelo próprio comitê.

Art. 15. Determina que os recursos (art. 12 desta EC) e compensações (art. 7º desta EC) entregues ao FNDR não serão considerados nas bases de cálculo ou nos limites de despesas estabelecidos pela lei complementar referida no art. 6º da EC nº 126/2022.

Art. 16. Define a competência dos estados e do Distrito Federal para a cobrança do **ITCMD** de residentes no exterior, e bens de herança até que uma lei complementar o regule.

Art. 17. Estabelece que a alteração no art. 155, § 1º, II, da CF/88 (trata do ITCMD) se aplica às sucessões iniciadas a partir da publicação desta emenda.

---

17 Vide APÊNDICE II.
18 Vide APÊNDICE II.

Art. 18. Exige que o Poder Executivo encaminhe ao Congresso Nacional, dentro de prazos específicos, projetos de lei para reformar a tributação da renda e da folha de salários, com a possibilidade de usar a arrecadação adicional para compensar reduções tributárias sobre folha de pagamentos e consumo.

Art. 19. Concede **crédito presumido na contribuição prevista na CBS**, para projetos de produção de veículos elétricos e híbridos, incentivando investimentos em inovação tecnológica até 2032, com requisitos específicos e uma redução gradual dos benefícios de 2029 a 2032.

Art. 20. Estabelece que, até a criação de nova legislação, a contribuição para o **PASEP** continuará a ser cobrada de acordo com a legislação vigente na data de publicação desta emenda.

Art. 21. Permite que uma lei complementar **crie mecanismos para ajustar contratos** firmados antes da implementação dos tributos referidos no **IBS** e na **CBS**, inclusive contratos de concessões públicas.

Art. 22. Revogação de artigos da CF/88 e Atos das disposições constitucionais transitórias gradualmente em 2027 e 2033.

Art. 23. Especifica o **início da vigência dos artigos da emenda**, entrando em vigor em 2027 para os artigos 3º e 11, em 2033 para os artigos 4º e 5º, e imediatamente na data de sua publicação para os demais dispositivos.

1.2.1 Mudanças na CF/88 por meio da EC nº 132/23

Nas tabelas apresentadas na sequência, são elencadas a incidência de cada um dos artigos da emenda sobre os artigos CF/88, separadas por início de vigência de cada um deles, lembrando que a Reforma Tributária será gradual e ocorrerão mudanças (já previstas) iniciando imediatamente ou em 01/01/2027 ou 01/01/2033. Nas tabelas apresentadas, não havendo observação referenciando o início da vigência, indicará ser de vigência imediata. Caso contrário, haverá uma observação indicando a data de seu início com as respectivas alterações textuais, obedecendo:

> Art. 23[19]. (EC nº 132/23) Esta Emenda Constitucional entra em vigor:
> I - Em 2027, em relação aos arts. 3º E 11;
> II - Em 2033, em relação aos arts. 4º e 5º; e
> III - na data de sua publicação, em relação aos demais dispositivos.

Também serão indicados os artigos, incisos, parágrafos e alíneas que serão revogadas e a partir de quando.

Redação anterior à EC nº 132/23:
Art. 37 [...]
Redação após a EC nº 132/23:
Inclusão § 17. Lei complementar estabelecerá normas gerais aplicáveis às administrações tributárias da União, dos estados, do Distrito Federal e dos municípios, dispondo sobre deveres, direitos e garantias dos servidores das carreiras de que trata o inciso XXII do *caput*. (**Vigência a partir de 01/01/2027**)
Inclusão § 18. Para os fins do disposto no inciso XI do *caput* deste artigo, os servidores de carreira das administrações tributárias dos estados, do Distrito Federal e dos municípios sujeitam-se ao limite aplicável aos servidores da União. (**Vigência a partir de 01/01/2027**)

Redação anterior à EC nº 132/23:
Art. 43 [...]
§ 2º Os incentivos regionais compreenderão, além de outros, na forma da lei:

---

19   Os artigos 3º e 11 entram em vigor a partir de 2027, após a revogação do PIS e da COFINS. Os artigos 4º e 5º, em 2033, após a revogação do ICMS e do ISS. Os demais artigos têm vigência imediata, na data da publicação da Emenda Constitucional.

III – isenções, reduções ou diferimento temporário de tributos federais devidos por pessoas físicas ou jurídicas (referenciado no § 4º, abaixo)
Redação após a EC nº 132/23: Inclusão § 4º Sempre que possível, a concessão dos incentivos regionais a que se refere o § 2º, III, considerará critérios de sustentabilidade ambiental e redução das emissões de carbono."

Redação anterior à EC nº 132/23: Art. 50. A Câmara dos Deputados e o Senado Federal, ou qualquer de suas Comissões, poderão convocar Ministro de Estado ou quaisquer titulares de órgãos diretamente subordinados à Presidência da República para prestarem, pessoalmente, informações sobre assunto previamente determinado, importando em crime de responsabilidade a ausência sem justificação adequada. (ECR nº 2/94)
Redação após a EC nº 132/23: Modificação Art. 50. A Câmara dos Deputados e o Senado Federal, ou qualquer de suas Comissões, poderão convocar Ministro de Estado, quaisquer titulares de órgãos diretamente subordinados à Presidência da República *ou o Presidente do CG-IBS* para prestarem, pessoalmente, informações sobre assunto previamente determinado, importando crime de responsabilidade a ausência sem justificação adequada.

Redação anterior à EC nº 132/23: Art. 105. [...] I - [...]
Redação após a EC nº 132/23: inclusão. J) os conflitos entre entes federativos, ou entre estes e o CG-IBS, relacionados aos tributos previstos nos arts. 156-A e 195, V;

1. A REFORMA TRIBUTÁRIA

Redação anterior à EC nº 132/23:
Art. 145. [...]

Redação após a EC nº 132/23:
inclusão. § 3º O Sistema Tributário Nacional deve observar os princípios da simplicidade, da transparência, da justiça tributária, da cooperação e da defesa do meio ambiente.
Inclusão § 4º As alterações na legislação tributária buscarão atenuar efeitos regressivos."

Redação anterior à EC nº 132/23:
Art. 146. [...]
III - [...]
c) adequado tratamento tributário ao ato cooperativo praticado pelas sociedades cooperativas;
d) definição de tratamento diferenciado e favorecido para as microempresas e para as empresas de pequeno porte, inclusive regimes especiais ou simplificados no caso do imposto previsto no art. 155, II, das contribuições previstas no art. 195, I e §§ 12 e 13, e da contribuição a que se refere o art. 239
Parágrafo único. A lei complementar de que trata o inciso III, "d", também poderá instituir um regime único de arrecadação dos impostos e contribuições da União, dos estados, do Distrito Federal e dos municípios, observado que:
I– Opcional para o contribuinte;
II– Poderão ser estabelecidas condições de enquadramento diferenciadas por Estado;
III– o recolhimento será unificado e centralizado e a distribuição da parcela de recursos pertencentes aos respectivos entes federados será imediata, vedada qualquer retenção ou condicionamento;
IV– a arrecadação, a fiscalização e a cobrança poderão ser compartilhadas pelos entes federados, adotado cadastro nacional único de contribuintes.

> **Redação após a EC nº 132/23:**
> **Modificação c)** adequado tratamento tributário ao ato cooperativo praticado pelas sociedades cooperativas, *inclusive em relação aos tributos previstos nos arts. 156-A e 195, V*;
> **Modificação d)** definição de tratamento diferenciado e favorecido para as microempresas e para as empresas de pequeno porte, inclusive regimes especiais ou simplificados no caso dos impostos previstos nos arts. 155, II, *e 156-A*, das contribuições sociais previstas no *art. 195, I e V, e § 12* e da contribuição a que se refere o art. 239.
> *Observação: a partir de 2027 a alínea "d" passa a vigorar com a seguinte redação: "...impostos previstos nos arts. 155, II, e 156-A, das contribuições sociais previstas no art. 195, I e V." e a partir de 2033 passa a vigorar com a seguinte redação: "... do imposto previsto no art. 156-A, das contribuições sociais previstas no art. 195, I e V."*
> **Parágrafo único.** (Renumerado para § 1º)
> **Inclusão § 2º** É facultado ao optante pelo regime único de que trata o § 1º apurar e recolher os tributos previstos nos arts. 156-A e 195, V, nos termos estabelecidos nesses artigos, hipótese em que as parcelas a eles relativas não serão cobradas pelo regime único.
> **Inclusão § 3º** Na hipótese de o recolhimento dos tributos previstos nos arts. 156-A e 195, V, ser realizado por meio do regime único de que trata o § 1º, enquanto perdurar a opção:
> **Inclusão I** - não será permitida a apropriação de créditos dos tributos previstos nos arts. 156-A e 195, V, pelo contribuinte optante pelo regime único; e
> **Inclusão II** - será permitida a apropriação de créditos dos tributos previstos nos arts. 156-A e 195, V, pelo adquirente não optante pelo regime único de que trata o § 1º de bens materiais ou imateriais, inclusive direitos, e de serviços do optante, em montante equivalente ao cobrado por meio do regime único."

> **Redação anterior à EC nº 132/23:**
> **Art. 149-A.** Os municípios e o Distrito Federal poderão instituir contribuição, na forma das respectivas leis, para o custeio do serviço de iluminação pública, observado o disposto no art. 150, I e III. (EC nº 39/2002)

Art. 149-B. não existia
Art. 149-C. não existia

Redação após a EC nº 132/23:
Modificação Art. 149-A. Os municípios e o Distrito Federal poderão instituir contribuição, na forma das respectivas leis, para o custeio, *a expansão e a melhoria* do serviço de iluminação pública *e de sistemas de monitoramento para segurança e preservação de logradouros públicos*, observado o disposto no art. 150, I e III.
Inclusão Art. 149-B. Os tributos previstos nos arts. 156-A e 195, V, observarão as mesmas regras em relação a:
I- Fatos geradores, bases de cálculo, hipóteses de não incidência e sujeitos passivos;
II- Imunidades;
III- Regimes específicos, diferenciados ou favorecidos de tributação;
IV- Regras de não cumulatividade e de creditamento.
Parágrafo único. Os tributos de que trata o *caput* observarão as imunidades previstas no art. 150, VI, não se aplicando a ambos os tributos o disposto no art. 195, § 7º.
Inclusão Art. 149-C. O produto da arrecadação do imposto previsto no art. 156-A e da contribuição prevista no art. 195, V, incidentes sobre operações contratadas pela Administração Pública direta, por autarquias e por fundações públicas, inclusive suas importações, será integralmente destinado ao ente federativo contratante, mediante redução a zero das alíquotas do imposto e da contribuição devidos aos demais entes e equivalente elevação da alíquota do tributo devido ao ente contratante.
§ 1º As operações de que trata o *caput* poderão ter alíquotas reduzidas de modo uniforme, nos termos de lei complementar.
§ 2º Lei complementar poderá prever hipóteses em que não se aplicará o disposto no *caput* e no § 1º.
§ 3º Nas importações efetuadas pela Administração Pública direta, por autarquias e por fundações públicas, o disposto no art. 150, VI, "a", será implementado na forma do disposto no *caput* e no § 1º, assegurada a igualdade de tratamento em relação às aquisições internas.

> **Redação anterior à EC nº 132/23:**
> Art. 150. [...]
> VI - [...]
> b) Templos de qualquer culto;
> [...]
> § 2º A vedação do inciso VI, "a", é extensiva às autarquias e às fundações instituídas e mantidas pelo Poder Público, no que se refere ao patrimônio, à renda e aos serviços, vinculados a suas finalidades essenciais ou às delas decorrentes.
> § 6º Qualquer subsídio ou isenção, redução de base de cálculo, concessão de crédito presumido, ou anistia ou remissão, relativos a impostos, taxas ou contribuições, só poderá ser concedido mediante lei específica, federal, estadual ou municipal, que regule exclusivamente as matérias acima enumeradas ou o correspondente tributo ou contribuição, sem prejuízo do disposto no art. 155, § 2º, XII, g.

> **Redação após a EC nº 132/23:**
> **Modificação b)** entidades religiosas e templos de qualquer culto, inclusive suas organizações assistenciais e beneficentes;
> [...]
> **Modificação § 2º** A vedação do inciso VI, "a", é extensiva às autarquias e às fundações instituídas e mantidas pelo poder público *e à empresa pública prestadora de serviço postal*, no que se refere ao patrimônio, à renda e aos serviços vinculados a suas finalidades essenciais ou às delas decorrentes. **(Vigência imediata)**
> **Modificação § 6º** Qualquer subsídio ou isenção, redução de base de cálculo, concessão de crédito presumido, ou anistia ou remissão, relativos a impostos, taxas ou contribuições, só poderá ser concedido mediante lei específica, federal, estadual ou municipal, que regule exclusivamente as matérias acima enumeradas ou o correspondente tributo ou contribuição. **(Vigência a partir de 01/01/2033)**

> **Redação anterior à EC nº 132/23:**
> Art. 153. [...]
> V– Operações de crédito, câmbio e seguro, ou relativas a títulos ou valores mobiliários [...]

> **Redação após a EC nº 132/23:**
> **Modificação V–** Operações de crédito, câmbio ou relativas a títulos ou valores mobiliários [...] **(Vigência a partir 01/01/2027)**
> **Inclusão VIII -** produção, extração, comercialização ou importação de bens e serviços prejudiciais à saúde ou ao meio ambiente, nos termos de lei complementar.
> [...]
> **Inclusão § 6º** O imposto previsto no inciso VIII do *caput* deste artigo:
> I - Não incidirá sobre as exportações nem sobre as operações com energia elétrica e com telecomunicações;
> II - Incidirá uma única vez sobre o bem ou serviço;
> III - não integrará sua própria base de cálculo;
> IV - Integrará a base de cálculo dos tributos previstos nos arts. 155, II, 156, III, 156-A e 195, V; **(vigência imediata)**
> *Observação: IV - integrará a base de cálculo dos tributos previstos nos arts. 156-A e 195, V; (vigência a partir de 01/01/2033)*
> V - Poderá ter o mesmo fato gerador e base de cálculo de outros tributos;
> VI - Terá suas alíquotas fixadas em lei ordinária, podendo ser específicas, por unidade de medida adotada, ou *ad valorem*;
> VII - Na extração, o imposto será cobrado independentemente da destinação, caso em que a alíquota máxima corresponderá a 1% (um por cento) do valor de mercado do produto." **(Vigência imediata)**

> **Redação anterior à EC nº 132/23:**
> Art. 155. [...]
> II– Operações relativas à circulação de mercadorias e sobre prestações de serviços de transporte interestadual e intermunicipal e de comunicação, ainda que as operações e as prestações se iniciem no exterior;
> [...]

§ 1º [...]
II– Relativamente a bens móveis, títulos e créditos, compete ao estado onde se processar o inventário ou arrolamento, ou tiver domicílio o doador, ou ao Distrito Federal;
§ 2º O imposto previsto no inciso II atenderá ao seguinte:
I– Será não cumulativo, compensando-se o que for devido em cada operação relativa à circulação de mercadorias ou prestação de serviços com o montante cobrado nas anteriores pelo mesmo ou outro estado ou pelo Distrito Federal;
II– A isenção ou não incidência, salvo determinação em contrário da legislação:
a) não implicará crédito para compensação com o montante devido nas operações ou prestações seguintes;
b) acarretará a anulação do crédito relativo às operações anteriores;
III– Poderá ser seletivo, em função da essencialidade das mercadorias e dos serviços;
IV– Resolução do Senado Federal, de iniciativa do Presidente da República ou de um terço dos Senadores, aprovada pela maioria absoluta de seus membros, estabelecerá as alíquotas aplicáveis às operações e prestações, interestaduais e de exportação;
V– É facultado ao Senado Federal:
a) estabelecer alíquotas mínimas nas operações internas, mediante resolução de iniciativa de um terço e aprovada pela maioria absoluta de seus membros;
b) fixar alíquotas máximas nas mesmas operações para resolver conflito específico que envolva interesse de estados, mediante resolução de iniciativa da maioria absoluta e aprovada por dois terços de seus membros;
VI– Salvo deliberação em contrário dos estados e do Distrito Federal, nos termos do disposto no inciso XII, "g", as alíquotas internas, nas operações relativas à circulação de mercadorias e nas prestações de serviços, não poderão ser inferiores às previstas para as operações interestaduais;
VII– Em relação às operações e prestações que destinem bens e serviços a consumidor final localizado em outro Estado, adotar-se-á:

a) a alíquota interestadual, quando o destinatário for contribuinte do imposto;
b) a alíquota interna, quando o destinatário não for contribuinte dele;
VIII– Na hipótese da alínea "a" do inciso anterior, caberá ao estado da localização do destinatário o imposto correspondente à diferença entre a alíquota interna e a interestadual;
IX– Incidirá também:
a) sobre a entrada de mercadoria importada do exterior, ainda quando se tratar de bem destinado a consumo ou ativo fixo do estabelecimento, assim como sobre serviço prestado no exterior, cabendo o imposto ao estado onde estiver situado o estabelecimento destinatário da mercadoria ou do serviço;
b) sobre o valor total da operação, quando mercadorias forem fornecidas com serviços não compreendidos na competência tributária dos municípios;
X– Não incidirá:
a) sobre operações que destinem ao exterior produtos industrializados, excluídos os semielaborados definidos em lei complementar;
b) sobre operações que destinem a outros estados petróleo, inclusive lubrificantes, combustíveis líquidos e gasosos dele derivados, e energia elétrica;
c) sobre o ouro, nas hipóteses definidas no art. 153, § 5º;
XI– Não compreenderá, em sua base de cálculo, o montante do imposto sobre produtos industrializados, quando a operação, realizada entre contribuintes e relativa a produto destinado à industrialização ou à comercialização, configure fato gerador dos dois impostos;
XII– Cabe à lei complementar:
a) definir seus contribuintes;
b) dispor sobre substituição tributária;
c) disciplinar o regime de compensação do imposto;
d) fixar, para efeito de sua cobrança e definição do estabelecimento responsável, o local das operações relativas à circulação de mercadorias e das prestações de serviços;

e) excluir da incidência do imposto, nas exportações para o exterior, serviços e outros produtos além dos mencionados no inciso X, "a";
f) prever casos de manutenção de crédito, relativamente à remessa para outro estado e exportação para o exterior, de serviços e de mercadorias;
g) regular a forma como, mediante deliberação dos estados e do Distrito Federal, isenções, incentivos e benefícios fiscais serão concedidos e revogados.

§ 3º À exceção dos impostos de que tratam o inciso II do *caput* deste artigo e o art. 153, I e II, nenhum outro imposto poderá incidir sobre operações relativas a energia elétrica, serviços de telecomunicações, derivados de petróleo, combustíveis e minerais do País.

§ 4º Na hipótese do inciso XII, "h", observar-se-á o seguinte:

I– Nas operações com os lubrificantes e combustíveis derivados de petróleo, o imposto caberá ao estado onde ocorrer o consumo;

II– Nas operações interestaduais, entre contribuintes, com gás natural e seus derivados, e lubrificantes e combustíveis não incluídos no inciso I deste parágrafo, o imposto será repartido entre os estados de origem e de destino, mantendo-se a mesma proporcionalidade que ocorre nas operações com as demais mercadorias;

III– Nas operações interestaduais com gás natural e seus derivados, e lubrificantes e combustíveis não incluídos no inciso I deste parágrafo, destinadas a não contribuinte, o imposto caberá ao estado de origem;

IV– As alíquotas do imposto serão definidas mediante deliberação dos estados e Distrito Federal, nos termos do § 2º, XII, "g", observando-se o seguinte:

a) serão uniformes em todo o território nacional, podendo ser diferenciadas por produto;

b) poderão ser específicas, por unidade de medida adotada, ou *ad valorem*, incidindo sobre o valor da operação ou sobre o preço que o produto ou seu similar alcançaria em uma venda em condições de livre concorrência;

c) poderão ser reduzidas e restabelecidas, não se lhes aplicando o disposto no art. 150, III, "b".

§ 5º As regras necessárias à aplicação do disposto no § 4º, inclusive as relativas à apuração e à destinação do imposto, serão estabelecidas mediante deliberação dos estados e do Distrito Federal, nos termos do § 2º, XII, "g".
§ 6º O imposto previsto no inciso III:
[...]
II— Poderá ter alíquotas diferenciadas em função do tipo e utilização.

Redação após a EC nº 132/23:
Art. 155 [...]
II- Operações relativas à circulação [...] (**Revogada a partir de 2033**)
[...]
§ 1º [...]
Modificação II - Relativamente a bens móveis, títulos e créditos, compete ao estado onde *era domiciliado o de cujus*, ou tiver domicílio o doador, ou ao Distrito Federal;
Inclusão VI - Será progressivo em razão do valor do quinhão, do legado ou da doação;
Inclusão VII - Não incidirá sobre as transmissões e as doações para as instituições sem fins lucrativos com finalidade de relevância pública e social, inclusive as organizações assistenciais e beneficentes de entidades religiosas e institutos científicos e tecnológicos, e por elas realizadas na consecução dos seus objetivos sociais, observadas as condições estabelecidas em lei complementar.
Modificação § 3º À exceção dos impostos de que tratam o inciso II do *caput* deste artigo e os arts. 153, I e II, *e 156-A*, nenhum outro imposto poderá incidir sobre operações relativas à energia elétrica e serviços de telecomunicações *e, à exceção destes e do previsto no art. 153, VIII,* nenhum outro imposto poderá incidir sobre operações relativas a derivados de petróleo, combustíveis e minerais do País.
Observação: Os parágrafos § 2º, § 3º, § 4º e § 5º, serão revogados a partir de 2033.
§ 6º [...]
Modificação II - poderá ter alíquotas diferenciadas em função do tipo, *do valor*, da utilização *e do impacto ambiental*;

Inclusão III - incidirá sobre a propriedade de veículos automotores terrestres, aquáticos e aéreos, excetuados:
a) aeronaves agrícolas e de operador certificado para prestar serviços aéreos a terceiros;
b) embarcações de pessoa jurídica que detenha outorga para prestar serviços de transporte aquaviário ou de pessoa física ou jurídica que pratique pesca industrial, artesanal, científica ou de subsistência;
c) plataformas suscetíveis de se locomoverem na água por meios próprios, inclusive aquelas cuja finalidade principal seja a exploração de atividades econômicas em águas territoriais e na zona econômica exclusiva e embarcações que tenham essa mesma finalidade principal;
d) tratores e máquinas agrícolas.

Redação anterior à EC nº 132/23:
Art. 156. [...]
III– serviços de qualquer natureza, não compreendidos no art. 155, II, definidos em lei complementar;
§ 1º [...]
[...]
§ 3º Em relação ao imposto previsto no inciso III do *caput* deste artigo, cabe à lei complementar:
I– Fixar as suas alíquotas máximas e mínimas;
II– Excluir da sua incidência exportações de serviços para o exterior;
III– Regular a forma e as condições como isenções, incentivos e benefícios fiscais serão concedidos e revogados.

Redação após a EC nº 132/23:
Art. 156 [...]
Observação: o inciso III será revogado a partir de 2033.
§ 1º [...]
Inclusão. III - ter sua base de cálculo atualizada pelo Poder Executivo, conforme critérios estabelecidos em lei municipal.
*Observação: o **parágrafo § 3º** será revogado a partir de 2033.*

Redação anterior à EC nº 132/23:
Art. 156-A. [...] não existia.

Redação após a EC nº 132/23:
Inclusão Art. 156-A. Lei complementar instituirá imposto sobre bens e serviços de competência compartilhada entre estados, Distrito Federal e municípios.
§ 1º O imposto previsto no *caput* será informado pelo princípio da neutralidade e atenderá ao seguinte:
I - Incidirá sobre operações com bens materiais ou imateriais, inclusive direitos, ou com serviços;
II - Incidirá também sobre a importação de bens materiais ou imateriais, inclusive direitos, ou de serviços realizada por pessoa física ou jurídica, ainda que não seja sujeito passivo habitual do imposto, qualquer que seja a sua finalidade;
III - não incidirá sobre as exportações, assegurados ao exportador a manutenção e o aproveitamento dos créditos relativos às operações nas quais seja adquirente de bem material ou imaterial, inclusive direitos, ou serviço, observado o disposto no § 5º, III;
IV - Terá legislação única e uniforme em todo o território nacional, ressalvado o disposto no inciso V;
V - Cada ente federativo fixará sua alíquota própria por lei específica;
VI - A alíquota fixada pelo ente federativo na forma do inciso V será a mesma para todas as operações com bens materiais ou imateriais, inclusive direitos, ou com serviços, ressalvadas as hipóteses previstas nesta Constituição;
VII - Será cobrado pelo somatório das alíquotas do estado e do município de destino da operação;
VIII - Será não cumulativo, compensando-se o imposto devido pelo contribuinte com o montante cobrado sobre todas as operações nas quais seja adquirente de bem material ou imaterial, inclusive direito, ou de serviço, excetuadas exclusivamente as consideradas de uso ou consumo pessoal especificadas em lei complementar e as hipóteses previstas nesta Constituição;

IX - Não integrará sua própria base de cálculo nem a dos tributos previstos nos arts. 153, VIII, e 195, I, "b", IV e V, e da contribuição para o Programa de Integração Social de que trata o art. 239;
Observação: a partir de 01/01/2027 o inciso IX passará a vigorar com a seguinte redação: "não integrará sua própria base de cálculo nem a dos tributos previstos nos arts. 153, VIII, e 195, V".
Observação: a partir de 01/01/2033 o inciso IX passará a vigorar com a seguinte redação: "não integrará sua própria base de cálculo nem a dos tributos previstos nos arts. 153, VIII, e 195, V".
X - Não será objeto de concessão de incentivos e benefícios financeiros ou fiscais relativos ao imposto ou de regimes específicos, diferenciados ou favorecidos de tributação, excetuadas as hipóteses previstas nesta Constituição;
XI - Não incidirá nas prestações de serviço de comunicação nas modalidades de radiodifusão sonora e de sons e imagens de recepção livre e gratuita;
XII - Resolução do Senado Federal fixará alíquota de referência do imposto para cada esfera federativa, nos termos de lei complementar, que será aplicada se outra não houver sido estabelecida pelo próprio ente federativo;
XIII - Sempre que possível, terá seu valor informado, de forma específica, no respectivo documento fiscal.
§ 2º Para fins do disposto no § 1º, V, o Distrito Federal exercerá as competências estadual e municipal na fixação de suas alíquotas.
§ 3º Lei complementar poderá definir como sujeito passivo do imposto a pessoa que concorrer para a realização, a execução ou o pagamento da operação, ainda que residente ou domiciliada no exterior.
§ 4º Para fins de distribuição do produto da arrecadação do imposto, o CG-IBS:
I - Reterá montante equivalente ao saldo acumulado de créditos do imposto não compensados pelos contribuintes e não ressarcidos ao final de cada período de apuração e aos valores decorrentes do cumprimento do § 5º, VIII;

II - Distribuirá o produto da arrecadação do imposto, deduzida a retenção de que trata o inciso I deste parágrafo, ao ente federativo de destino das operações que não tenham gerado creditamento.
§ 5º Lei complementar disporá sobre:
I - As regras para a distribuição do produto da arrecadação do imposto, disciplinando, entre outros aspectos:
a) a sua forma de cálculo;
b) o tratamento em relação às operações em que o imposto não seja recolhido tempestivamente;
c) as regras de distribuição aplicáveis aos regimes favorecidos, específicos e diferenciados de tributação previstos nesta Constituição;
II - O regime de compensação, podendo estabelecer hipóteses em que o aproveitamento do crédito ficará condicionado à verificação do efetivo recolhimento do imposto incidente sobre a operação com bens materiais ou imateriais, inclusive direitos, ou com serviços, desde que:
a) o adquirente possa efetuar o recolhimento do imposto incidente nas suas aquisições de bens ou serviços; ou
b) o recolhimento do imposto ocorra na liquidação financeira da operação;
III - a forma e o prazo para ressarcimento de créditos acumulados pelo contribuinte;
IV - Os critérios para a definição do destino da operação, que poderá ser, inclusive, o local da entrega, da disponibilização ou da localização do bem, o da prestação ou da disponibilização do serviço ou o do domicílio ou da localização do adquirente ou destinatário do bem ou serviço, admitidas diferenciações em razão das características da operação;
V - A forma de desoneração da aquisição de bens de capital pelos contribuintes, que poderá ser implementada por meio de:
a) crédito integral e imediato do imposto;
b) diferimento; ou
c) redução em 100% (cem por cento) das alíquotas do imposto;

VI - As hipóteses de diferimento e desoneração do imposto aplicáveis aos regimes aduaneiros especiais e às zonas de processamento de exportação;
VII - O processo administrativo fiscal do imposto;
VIII - As hipóteses de devolução do imposto a pessoas físicas, inclusive os limites e os beneficiários, com o objetivo de reduzir as desigualdades de renda;
IX - Os critérios para as obrigações tributárias acessórias, visando à sua simplificação.
§ 6º Lei complementar disporá sobre regimes específicos de tributação para:
I - Combustíveis e lubrificantes sobre os quais o imposto incidirá uma única vez, qualquer que seja a sua finalidade, hipótese em que:
a) serão as alíquotas uniformes em todo o território nacional, específicas por unidade de medida e diferenciadas por produto, admitida a não aplicação do disposto no § 1º, V a VII;
b) será vedada a apropriação de créditos em relação às aquisições dos produtos de que trata este inciso destinados a distribuição, comercialização ou revenda;
c) será concedido crédito nas aquisições dos produtos de que trata este inciso por sujeito passivo do imposto, observado o disposto na alínea "b" e no § 1º, VIII;
II - Serviços financeiros, operações com bens imóveis, planos de assistência à saúde e concursos de prognósticos, podendo prever:
a) alterações nas alíquotas, nas regras de creditamento e na base de cálculo, admitida, em relação aos adquirentes dos bens e serviços de que trata este inciso, a não aplicação do disposto no § 1º, VIII;
b) hipóteses em que o imposto incidirá sobre a receita ou o faturamento, com alíquota uniforme em todo o território nacional, admitida a não aplicação do disposto no § 1º, V a VII, e, em relação aos adquirentes dos bens e serviços de que trata este inciso, também do disposto no § 1º, VIII;
III - sociedades cooperativas, que será optativo, com vistas a assegurar sua competitividade, observados os princípios da livre concorrência e da isonomia tributária, definindo, inclusive:

a) as hipóteses em que o imposto não incidirá sobre as operações realizadas entre a sociedade cooperativa e seus associados, entre estes e àquela e pelas sociedades cooperativas entre si quando associadas para a consecução dos objetivos sociais;
b) o regime de aproveitamento do crédito das etapas anteriores;
IV - Serviços de hotelaria, parques de diversão e parques temáticos, agências de viagens e de turismo, bares e restaurantes, atividade esportiva desenvolvida por Sociedade Anônima do Futebol e aviação regional, podendo prever hipóteses de alterações nas alíquotas, nas bases de cálculo e nas regras de creditamento, admitida a não aplicação do disposto no § 1º, V a VIII;
V - Operações alcançadas por tratado ou convenção internacional, inclusive referentes a missões diplomáticas, repartições consulares, representações de organismos internacionais e respectivos funcionários acreditados;
VI - Serviços de transporte coletivo de passageiros rodoviário intermunicipal e interestadual, ferroviário e hidroviário, podendo prever hipóteses de alterações nas alíquotas e nas regras de creditamento, admitida a não aplicação do disposto no § 1º, V a VIII.
§ 7º A isenção e a imunidade:
I - Não implicarão crédito para compensação com o montante devido nas operações seguintes;
II - Acarretarão a anulação do crédito relativo às operações anteriores, salvo, na hipótese da imunidade, inclusive em relação ao inciso XI do § 1º, quando determinado em contrário em lei complementar.
§ 8º Para fins do disposto neste artigo, a lei complementar de que trata o *caput* poderá estabelecer o conceito de operações com serviços, seu conteúdo e alcance, admitida essa definição para qualquer operação que não seja classificada como operação com bens materiais ou imateriais, inclusive direitos.
§ 9º Qualquer alteração na legislação federal que reduza ou eleve a arrecadação do imposto:
I - Deverá ser compensada pela elevação ou redução, pelo Senado Federal, das alíquotas de referência de que trata o § 1º, XII, de

modo a preservar a arrecadação das esferas federativas, nos termos de lei complementar;

II - Somente entrará em vigor com o início da produção de efeitos do ajuste das alíquotas de referência de que trata o inciso I deste parágrafo.

§ 10. Os estados, o Distrito Federal e os municípios poderão optar por vincular suas alíquotas à alíquota de referência de que trata o § 1º, XII.

§ 11. Projeto de lei complementar em tramitação no Congresso Nacional que reduza ou aumente a arrecadação do imposto somente será apreciado se acompanhado de estimativa de impacto no valor das alíquotas de referência de que trata o § 1º, XII.

§ 12. A devolução de que trata o § 5º, VIII, não será considerada nas bases de cálculo de que tratam os arts. 29-A, 198, § 2º, 204, parágrafo único, 212, 212-A, II, e 216, § 6º, não se aplicando a ela, ainda, o disposto no art. 158, IV, "b".

§ 13. A devolução de que trata o § 5º, VIII, será obrigatória nas operações de fornecimento de energia elétrica e de gás liquefeito de petróleo ao consumidor de baixa renda, podendo a lei complementar determinar que seja calculada e concedida no momento da cobrança da operação.

Redação anterior à EC nº 132/23:
Art. 156-B. não existia.

Redação após a EC nº 132/23:
Inclusão Art. 156-B. Os estados, o Distrito Federal e os municípios exercerão de forma integrada, exclusivamente por meio do CG-IBS, nos termos e limites estabelecidos nesta Constituição e em lei complementar, as seguintes competências administrativas relativas ao imposto de que trata o art. 156-A:

I - Editar regulamento único e uniformizar a interpretação e a aplicação da legislação do imposto;

II - Arrecadar o imposto, efetuar as compensações e distribuir o produto da arrecadação entre estados, Distrito Federal e municípios;

III - Decidir o contencioso administrativo.

§ 1º O CG-IBS, entidade pública sob regime especial, terá independência técnica, administrativa, orçamentária e financeira.

§ 2º Na forma da lei complementar:

I - Os estados, o Distrito Federal e os municípios serão representados, de forma paritária, na instância máxima de deliberação do CG-IBS;

II - Será assegurada a alternância na presidência do CG-IBS entre o conjunto dos estados e o Distrito Federal e o conjunto dos municípios e o Distrito Federal;

III - O CG-IBS será financiado por percentual do produto da arrecadação do imposto destinado a cada ente federativo;

IV - O controle externo do CG-IBS será exercido pelos estados, pelo Distrito Federal e pelos municípios;

V - A fiscalização, o lançamento, a cobrança, a representação administrativa e a representação judicial relativos ao imposto serão realizados, no âmbito de suas respectivas competências, pelas administrações tributárias e procuradorias dos estados, do Distrito Federal e dos municípios, que poderão definir hipóteses de delegação ou de compartilhamento de competências, cabendo ao CG-IBS a coordenação dessas atividades administrativas com vistas à integração entre os entes federativos;

VI - As competências exclusivas das carreiras da administração tributária e das procuradorias dos estados, do Distrito Federal e dos municípios serão exercidas, no CG-IBS e na representação deste, por servidores das referidas carreiras;

VII - serão estabelecidas a estrutura e a gestão do CG-IBS, cabendo ao regimento interno dispor sobre sua organização e funcionamento.

§ 3º A participação dos entes federativos na instância máxima de deliberação do CG-IBS observará a seguinte composição:

I - 27 (vinte e sete) membros, representando cada estado e o Distrito Federal;

II - 27 (vinte e sete) membros, representando o conjunto dos municípios e do Distrito Federal, que serão eleitos nos seguintes termos:

a) 14 (quatorze) representantes, com base nos votos de cada Município, com valor igual para todos; e
b) 13 (treze) representantes, com base nos votos de cada município ponderados pelas respectivas populações.
§ 4º As deliberações no âmbito do CG-IBS serão consideradas aprovadas se obtiverem, cumulativamente, os votos:
I - Em relação ao conjunto dos estados e do Distrito Federal:
a) da maioria absoluta de seus representantes; e
b) de representantes dos estados e do Distrito Federal que correspondam a mais de 50% (cinquenta por cento) da população do País; e
II - Em relação ao conjunto dos municípios e do Distrito Federal, da maioria absoluta de seus representantes.
§ 5º O Presidente do CG-IBS deverá ter notórios conhecimentos de administração tributária.
§ 6º O CG-IBS, a administração tributária da União e a Procuradoria-Geral da Fazenda Nacional compartilharão informações fiscais relacionadas ao IBS e a CBS, e atuarão com vistas a harmonizar normas, interpretações, obrigações acessórias e procedimentos a eles relativos.
§ 7º O CG-IBS e a administração tributária da União poderão implementar soluções integradas para a administração e cobrança do IBS e da CBS.
§ 8º Lei complementar poderá prever a integração do contencioso administrativo relativo ao IBS e à CBS.
Redação anterior à EC nº 132/23:
Art. 158. Pertencem aos municípios: (EC nº 42/2003)
III– Cinquenta por cento do produto da arrecadação do imposto do estado sobre a propriedade de veículos automotores licenciados em seus territórios;
IV– Vinte e cinco por cento do produto da arrecadação do imposto do estado sobre operações relativas à circulação de mercadorias e sobre prestações de serviços de transporte interestadual e intermunicipal e de comunicação.

Parágrafo único. As parcelas de receita pertencentes aos municípios, mencionadas no inciso IV, serão creditadas conforme os seguintes critérios:

I– Três quartos, no mínimo, na proporção do valor adicionado nas operações relativas à circulação de mercadorias e nas prestações de serviços, realizadas em seus territórios;

II– Até um quarto, de acordo com o que dispuser lei estadual ou, no caso dos Territórios, lei federal.

Redação após a EC n° 132/23:

Modificação III - *50% (cinquenta por cento) do produto da arrecadação do imposto do estado sobre a propriedade de veículos automotores licenciados em seus territórios e, em relação a veículos aquáticos e aéreos, cujos proprietários sejam domiciliados em seus territórios;*

Modificação IV - *25% (vinte e cinco por cento):*

a) do produto da arrecadação do imposto do estado sobre operações relativas à circulação de mercadorias e sobre prestações de serviços de transporte interestadual e intermunicipal e de comunicação;

b) do produto da arrecadação do imposto previsto no art. 156-A distribuída aos estados.

Observação: o inciso IV será revogado a partir de 2033.

Parágrafo único renomeado para § 1° As parcelas de receita pertencentes aos municípios mencionadas no inciso IV, "a", serão creditadas conforme os seguintes critérios:

Observação: o parágrafo § 1° será revogado a partir de 2033.

Inclusão § 2° As parcelas de receita pertencentes aos municípios mencionadas no inciso IV, "b", serão creditadas conforme os seguintes critérios:

I - 80% (oitenta por cento) na proporção da população;

II - 10% (dez por cento) com base em indicadores de melhoria nos resultados de aprendizagem e de aumento da equidade, considerado o nível socioeconômico dos educandos, de acordo com o que dispuser lei estadual;

III - 5% (cinco por cento) com base em indicadores de preservação ambiental, de acordo com o que dispuser lei estadual;

IV - 5% (cinco por cento) em montantes iguais para todos os municípios do Estado.

Redação anterior à EC nº 132/23:
Art. 159. [...]
I– Do produto da arrecadação dos impostos sobre renda e proventos de qualquer natureza e sobre produtos industrializados, 49% (quarenta e nove por cento), na seguinte forma:
[...]
II - Do produto da arrecadação do imposto sobre produtos industrializados, dez por cento aos estados e ao Distrito Federal, proporcionalmente ao valor das respectivas exportações de produtos industrializados;
III - Do produto da arrecadação da contribuição de intervenção no domínio econômico prevista no art. 177, § 4º, 29% (vinte e nove por cento) para os estados e o Distrito Federal, distribuídos na forma da lei, observada a destinação a que se refere o inciso II, "c", do referido parágrafo.
§ 3º Os estados entregarão aos respectivos municípios vinte e cinco por cento dos recursos que receberem nos termos do inciso II, observados os critérios estabelecidos no art. 158, parágrafo único, I e II.

Redação após a EC nº 132/23:
Modificação I - do produto da arrecadação dos impostos sobre renda e proventos de qualquer natureza e sobre produtos industrializados *e do imposto previsto no art. 153, VIII, 50% (cinquenta por cento), da seguinte forma:*
[...]
Modificação II - do produto da arrecadação do imposto sobre produtos industrializados *e do imposto previsto no art. 153, VIII,* 10% (dez por cento) aos estados e ao Distrito Federal, proporcionalmente ao valor das respectivas exportações de produtos industrializados;
Modificação III - do produto da arrecadação da contribuição de intervenção no domínio econômico prevista no art. 177, § 4º,

29% (vinte e nove por cento) para os estados e o Distrito Federal, distribuídos na forma da lei, observadas as destinações a que se referem *as alíneas "c" e "d"* do inciso II do referido parágrafo.
Modificação § 3º Os estados entregarão aos respectivos municípios 25% (vinte e cinco por cento) dos recursos que receberem nos termos do inciso II *do caput deste artigo*, observados os critérios estabelecidos no art. 158, § 1º, *para a parcela relativa ao imposto sobre produtos industrializados, e no art. 158, § 2º, para a parcela relativa ao imposto previsto no art. 153, VIII.*
Observação: a partir de 2027 o parágrafo § 3º passará a vigorar com a seguinte redação "Os estados entregarão aos respectivos municípios 25% (vinte e cinco por cento) dos recursos que receberem nos termos do inciso II *do caput deste artigo*, observados os critérios estabelecidos no art. 158, § 2º.

Redação anterior à EC nº 132/23:
Art. 159-A. não existia.

Redação após a EC nº 132/23:
Art. 159-A. Fica instituído o Fundo Nacional de Desenvolvimento Regional, com o objetivo de reduzir as desigualdades regionais e sociais, nos termos do art. 3º, III, mediante a entrega de recursos da União aos estados e ao Distrito Federal para:
I - Realização de estudos, projetos e obras de infraestrutura;
II - Fomento a atividades produtivas com elevado potencial de geração de emprego e renda, incluindo a concessão de subvenções econômicas e financeiras; e
III - promoção de ações com vistas ao desenvolvimento científico e tecnológico e à inovação.
§ 1º É vedada a retenção ou qualquer restrição ao recebimento dos recursos de que trata o *caput*.
§ 2º Na aplicação dos recursos de que trata o *caput*, os estados e o Distrito Federal priorizarão projetos que prevejam ações de sustentabilidade ambiental e redução das emissões de carbono.

§ 3º Observado o disposto neste artigo, caberá aos estados e ao Distrito Federal a decisão quanto à aplicação dos recursos de que trata o *caput*.

§ 4º Os recursos de que trata o *caput* serão entregues aos estados e ao Distrito Federal de acordo com coeficientes individuais de participação, calculados com base nos seguintes indicadores e com os seguintes pesos:

I - População do estado ou do Distrito Federal, com peso de 30% (trinta por cento);

II - Coeficiente individual de participação do estado ou do Distrito Federal nos recursos de que trata o art. 159, I, "a", da CF/88, com peso de 70% (setenta por cento).

§ 5º O Tribunal de Contas da União será o órgão responsável por regulamentar e calcular os coeficientes individuais de participação de que trata o § 4º.

Redação anterior à EC nº 132/23:
Art. 161. Cabe à lei complementar:
I— Definir valor adicionado para fins do disposto no art. 158, parágrafo único, I;

Redação após a EC nº 132/23:
Art. 161. Cabe à lei complementar:
Modificação I - definir valor adicionado para fins do disposto no art. 158, § *1º, I*;
Observação: o inciso I será revogado a partir de 2033.

Redação anterior à EC nº 132/23:
Art. 167. [...]
§ 4º É permitida a vinculação de receitas próprias geradas pelos impostos a que se referem os arts. 155 e 156, e dos recursos de que tratam os arts. 157, 158 e 159, I, "a" e "b", e II, para a prestação de garantia ou contragarantia à União e para pagamento de débitos para com esta.

> **Redação após a EC nº 132/23:**
> Art. 167.
> [...]
> **Modificação** § 4º É permitida a vinculação das receitas *a que se referem os arts. 155, 156, 156-A, 157, 158 e as alíneas "a", "b", "d", "e" e "f" do inciso I e o inciso II do caput do art. 159 desta Constituição para pagamento de débitos com a União e para prestar-lhe garantia ou contragarantia.*

> **Redação anterior à EC nº 132/23:**
> Art. 177.
> § 4º [...]
> [...]
> II- [...]

> **Redação após a EC nº 132/23:**
> Art. 177.
> § 4º [...]
> [...]
> II- [...]
> **Inclusão d)** ao pagamento de subsídios a tarifas de transporte público coletivo de passageiros.

> **Redação anterior à EC nº 132/23:**
> Art. 195. [...]
> I- Do empregador, da empresa e da entidade a ela equiparada na forma da lei, incidentes sobre:
> [...]
> b) a receita ou o faturamento
> IV- do importador de bens ou serviços do exterior, ou de quem a lei a ele equiparar.
> [...]
> § 9º As contribuições sociais previstas no inciso I do *caput* deste artigo poderão ter alíquotas diferenciadas em razão da atividade econômica, da utilização intensiva de mão de obra, do porte da

empresa ou da condição estrutural do mercado de trabalho, sendo também autorizada a adoção de bases de cálculo diferenciadas apenas no caso das alíneas "b" e "c" do inciso I do *caput*.
[...]
§ 12. A lei definirá os setores de atividade econômica para os quais as contribuições incidentes na forma dos incisos I, "b"; e IV do *caput*, serão não cumulativas.

Redação após a EC nº 132/23:
Art. 195. [...]
Observação: o inciso I alínea "b" será revogado a partir de 2027.
Observação: o inciso IV será revogado a partir de 2027.
Inclusão V - sobre bens e serviços, nos termos de lei complementar.
[...]
Modificação § 9º As contribuições sociais previstas no inciso I do *caput* deste artigo poderão ter alíquotas diferenciadas em razão da atividade econômica, da utilização intensiva de mão de obra, do porte da empresa ou da condição estrutural do mercado de trabalho, sendo também autorizada a adoção de bases de cálculo diferenciadas apenas no caso da *alínea "c"* do inciso I do *caput* (**Vigência a partir de 01/01/2027**)
Observação: o parágrafo § 12 será revogado a partir de 2027.
Inclusão § 15. A contribuição prevista no inciso V do *caput* poderá ter sua alíquota fixada em lei ordinária.
Inclusão § 16. Aplica-se à contribuição prevista no inciso V do *caput* o disposto no art. 156-A, § 1º, I a VI, VIII, X a XIII, § 3º, § 5º, II a VI e IX, e §§ 6º a 11 e 13.
Inclusão § 17. A contribuição prevista no inciso V do *caput* não integrará sua própria base de cálculo nem do IS, do IBS e da PIS/COFINS.
Observação: a partir de 2027 a o parágrafo § 17 passará a vigorar com a seguinte redação "A contribuição prevista no inciso V do caput não integrará sua própria base de cálculo nem a do IS e do IBS."
Inclusão § 18. Lei estabelecerá as hipóteses de devolução da contribuição prevista no inciso V do *caput* a pessoas físicas, inclusive em relação a limites e beneficiários, com o objetivo de reduzir as desigualdades de renda.

Inclusão § 19. A devolução de que trata o § 18 não será computada na receita corrente líquida da União para os fins do disposto nos arts. 100, § 15, 166, §§ 9º, 12 e 17, e 198, § 2º."
Observação: a partir de 2027 a o parágrafo § 19 passará a vigorar com a seguinte redação "§ 19. A devolução de que trata o § 18:
I - não será computada na receita corrente líquida da União para os fins do disposto nos arts. 100, § 15, 166, §§ 9º, 12 e 17, e 198, § 2º;
II - não integrará a base de cálculo para fins do disposto no art. 239.

Redação anterior à EC nº 132/23:
Art. 198. [...]
§ 2º [...]
II – no caso dos estados e do Distrito Federal, o produto da arrecadação dos impostos a que se refere o art. 155 e dos recursos de que tratam os arts. 157 e 159, inciso I, alínea "a", e inciso II, deduzidas as parcelas que forem transferidas aos respectivos municípios;
III – no caso dos municípios e do Distrito Federal, o produto da arrecadação dos impostos a que se refere o art. 156 e dos recursos de que tratam os arts. 158 e 159, inciso I, alínea "b" e § 3º.

Redação após a EC nº 132/23:
Art. 198. [...]
§ 2º [...]
Modificação II - no caso dos estados e do Distrito Federal, o produto da arrecadação dos impostos a que se referem os arts. 155 *e 156-A* e dos recursos de que tratam os arts. 157 e 159, I, "a", e II, deduzidas as parcelas que forem transferidas aos respectivos municípios;
Modificação III - no caso dos municípios e do Distrito Federal, o produto da arrecadação dos impostos a que se referem os arts. 156 *e 156-A* e dos recursos de que tratam os arts. 158 e 159, I, "b", e § 3º.

Redação anterior à EC nº 132/23:
Art. 212-A. (incluído pela EC nº 108/2020)
§ 2º [...]
II– os estados referidos no inciso I do *caput* deste artigo serão constituídos por 20% (vinte por cento) dos recursos a que se referem os incisos I, II e III do *caput* do art. 155, o inciso II do *caput* do art. 157 e o incisos II, III e IV do *caput* do art. 158 e as alíneas a e b do inciso I e o inciso II do *caput* do art. 159 desta Constituição;

Redação após a EC nº 132/23:
Art. 212-A. [...]
Modificação II - os fundos referidos no inciso I do *caput* deste artigo serão constituídos por 20% (vinte por cento):
a) das parcelas dos estados no imposto de que trata o art. 156-A;
b) da parcela do Distrito Federal no imposto de que trata o art. 156--A, relativa ao exercício de sua competência estadual, nos termos do art. 156-A, § 2º; e
c) dos recursos a que se referem os incisos I, II e III do caput do art. 155, o inciso II do caput do art. 157, os incisos II, III e IV do caput do art. 158 e as alíneas "a" e "b" do inciso I e o inciso II do caput do art. 159 desta Constituição;
Observação: a partir de 2033 a alínea "c" passará a vigorar com a seguinte redação dos recursos a que se referem os incisos I e III do caput do art. 155, o inciso II do caput do art. 157, os incisos II, III e IV do caput do art. 158 e as alíneas "a" e "b" do inciso I e o inciso II do caput do art. 159 desta Constituição;"

Redação anterior à EC nº 132/23:
Art. 225. [...]
§ 1º [...]
VIII– manter regime fiscal favorecido para os biocombustíveis destinados ao consumo final, na forma da lei complementar, a fim de assegurar-lhes tributação inferior à incidente sobre os combustíveis fósseis, capaz de garantir diferencial competitivo em relação a estes, especialmente em relação às contribuições de que tratam a alínea b do inciso I e o inciso IV do *caput* do

art. 195 e o art. 239 e ao imposto a que se refere o inciso II do *caput* do art. 155 dessa Constituição. [...]

Redação após a EC nº 132/23:
Art. 225. [...]
Modificação VIII– manter regime fiscal favorecido para os biocombustíveis *e para o hidrogênio de baixa emissão de carbono*, na forma da lei complementar, a fim de assegurar-lhes tributação inferior à incidente sobre os combustíveis fósseis, capaz de garantir diferencial competitivo em relação a estes, especialmente em relação às contribuições de que tratam *o art. 195, I, b, IV e V* e o art. 239 e *aos impostos a que se referem os art. 155, II e 156-A*.
(Vigência imediata)
Observação: a partir de 2027 a o inciso VIII passará a vigorar com a seguinte redação "VIII - manter regime fiscal favorecido para os biocombustíveis e para o hidrogênio de baixa emissão de carbono, na forma de lei complementar, a fim de assegurar-lhes tributação inferior à incidente sobre os combustíveis fósseis, capaz de garantir diferencial competitivo em relação a estes, especialmente em relação à contribuição de que trata o art. 195, V, e aos impostos a que se referem os arts. 155, II, e 156-A."
Observação: a partir de 2033 o inciso VIII passará a vigorar com a seguinte redação "VIII - manter regime fiscal favorecido para os biocombustíveis e para o hidrogênio de baixa emissão de carbono, na forma de lei complementar, a fim de assegurar-lhes tributação inferior à incidente sobre os combustíveis fósseis, capaz de garantir diferencial competitivo em relação a estes, especialmente em relação à contribuição de que trata o art. 195, V, e aos impostos a que se refere o art. 156-A."

Redação anterior à EC nº 132/23:
Art. 239. A arrecadação decorrente das contribuições para o Programa de Integração Social criado pela Lei Complementar nº 7, de 7 de setembro de 1970, e para o Programa de Formação do Patrimônio do Servidor Público, criado pela Lei Complementar nº 8, de 3 de dezembro de 1970, passa, a partir da promulgação

> dessa Constituição, a financiar, nos termos que a lei dispuser, o programa do seguro-desemprego, outras ações da previdência social e o abono de que trata o § 3º deste artigo. [...]
>
> § 3º Aos empregados que percebam de empregadores que contribuem para o Programa de Integração Social ou para o Programa de Formação do Patrimônio do Servidor Público, até dois salários mínimos de remuneração mensal, é assegurado o pagamento de um salário mínimo anual, computado neste valor o rendimento das contas individuais, no caso daqueles que já participavam dos referidos programas, até a data da promulgação desta Constituição.

> **Redação após a EC nº 132/23:**
> Art. 239. A arrecadação *correspondente a 18% (dezoito por cento) da contribuição prevista no art. 195, V, e a* decorrente *da contribuição* para o Programa de Formação do Patrimônio do Servidor Público, criado pela Lei Complementar nº 8, de 3 de dezembro de 1970, *financiarão*, nos termos que a lei dispuser, o programa do seguro--desemprego, outras ações da previdência social e o abono de que trata o § 3º deste artigo. [...] **(Vigência a partir de 01/01/2027)**
>
> § 3º Aos empregados que percebam de empregadores que *recolhem a contribuição prevista no art. 195, V, ou a contribuição* para o Programa de Formação do Patrimônio do Servidor Público, até *2 (dois)* salários mínimos de remuneração mensal, é assegurado o pagamento de *1 (um)* salário mínimo anual, computado neste valor o rendimento das contas individuais, no caso daqueles que já participavam dos referidos programas, até a data da promulgação desta Constituição. **(Vigência a partir de 01/01/2027)**

1.2.2 Mudanças dos Atos e Disposições Constitucionais Transitórias

O ADCT (Ato das Disposições Constitucionais Transitórias) é parte temporária da Constituição brasileira e regula questões específicas de transição e adaptação durante sua implementação, tratando de temas como prazos de adequação de leis e transição de mandatos. Da mesma forma que fizemos em relação a EC nº 132/23, vamos elencar as alterações efetuadas nos artigos do ADCT referente a Reforma Tributária, com seus respectivos períodos para início de vigência.

Redação anterior à EC nº 132/23:
Art. 76-A. São desvinculados de órgão, fundo ou despesa, até 31 de dezembro de 2023, 30% (trinta por cento) das receitas dos Estados e do Distrito Federal relativas a impostos, taxas e multas, já instituídos ou que vierem a ser criados até a referida data, seus adicionais e respectivos acréscimos legais, e outras receitas correntes. (Incluído pela EC nº 93/2016)

Redação após a EC nº 132/23:
Modificação Art. 76-A. São desvinculados de órgão, fundo ou despesa, até 31 de dezembro de 2032, 30% (trinta por cento) das receitas dos Estados e do Distrito Federal relativas a impostos, taxas e multas já instituídos ou que vierem a ser criados até a referida data, seus adicionais e respectivos acréscimos legais, e outras receitas correntes. (Incluído pela EC nº132/2023) **(Vigência imediata)**

Redação anterior à EC nº 132/23:
Art. 76-B. São desvinculados de órgão, fundo ou despesa, até 31 de dezembro de 2023, 30% (trinta por cento) das receitas dos municípios relativas a impostos, taxas e multas, já instituídos ou que vierem a ser criados até a referida data, seus adicionais e respectivos acréscimos legais, e outras receitas correntes. (Incluído pela EC nº 93, de 2016)

Redação após a EC nº 132/23:
Modificação Art. 76-B. São desvinculados de órgão, fundo ou despesa, até 31 de dezembro de 2032, 30% (trinta por cento) das receitas dos municípios relativas a impostos, taxas e multas, já instituídos ou que vierem a ser criados até a referida data, seus adicionais e respectivos acréscimos legais, e outras receitas correntes. (Incluído pela EC nº 132/2023) **(Vigência imediata)**

Redação anterior à EC nº 132/23:
Art. 80. Compõem o Fundo de Combate e Erradicação da Pobreza: (Incluído pela EC nº 31/2000) (Vide EC nº 67/2010) [...]
II - a parcela do produto da arrecadação correspondente a um adicional de cinco pontos percentuais na alíquota do Imposto sobre Produtos Industrializados (IPI), ou do imposto que vier a substituí-lo, incidente sobre produtos supérfluos e aplicável até a extinção do Fundo; (Incluído pela EC nº 31/2000) (Vide EC nº 132/2023)

Redação após a EC nº 132/23:
Art. 80.
[...]
Observação: inciso II será revogado a partir de 2033.

Redação anterior à EC nº 132/23:
Art. 82. Os estados, o Distrito Federal e os municípios devem instituir Fundos de Combate à Pobreza, com os recursos de que trata este artigo e outros que vierem a destinar, devendo os referidos Fundos ser geridos por entidades que contem com a participação da sociedade civil.
§ 1º Para o financiamento dos Fundos Estaduais e Distrital, poderá ser criado adicional de até dois pontos percentuais na alíquota do Imposto sobre Circulação de Mercadorias e Serviços - ICMS, sobre os produtos e serviços supérfluos, e nas condições definidas na lei complementar de que trata o art. 155, § 2º, XII da Constituição, não se aplicando, sobre este percentual, o disposto no art. 158, inciso IV, da Constituição.
§ 2º Para o financiamento dos Fundos Municipais, poderá ser criado adicional de até meio ponto percentual na alíquota do Imposto sobre Circulação de Mercadorias e Serviços - ICMS, sobre serviços ou do imposto que vier a substituí-lo, sobre serviços supérfluos.

Redação após a EC nº 132/23:
Modificação Art. 82. Os estados, o Distrito Federal e os municípios devem instituir Fundos de Combate à Pobreza, devendo os referidos Fundos ser geridos por entidades que contem com a participação da sociedade civil.
Modificação § 1º Para o financiamento dos Fundos Estaduais, Distrital e Municipais, poderá ser destinado percentual do imposto previsto no art. 156-A da CF/88 e dos recursos distribuídos nos termos dos arts. 131 e 132 deste Ato das Disposições Constitucionais Transitórias, nos limites definidos em lei complementar, não se aplicando, sobre estes valores, o disposto no art. 158, IV, da CF/88.
§ 2º
Observação: o parágrafo § 2 será revogado a partir de 2033.

Redação anterior à EC nº 132/23:
Art. 83. A lei federal definirá os produtos e serviços supérfluos a que se referem os arts. 80, II, e 82, § 2º.

Redação após a EC nº 132/23:
Art. 83.
Observação: o artigo 83 será revogado a partir de 2033.

Redação anterior à EC nº 132/23:
Art. 92-B. não existia.

Redação após a EC nº 132/23:
Art. 92-B. As leis instituidoras dos tributos previstos nos arts. 156-A e 195, V, da CF/88 estabelecerão os mecanismos necessários, com ou sem contrapartidas, para manter, em caráter geral, o diferencial competitivo assegurado à Zona Franca de Manaus pelos arts. 40 e 92-A e às áreas de livre comércio existentes em 31 de maio de 2023, nos níveis estabelecidos pela legislação relativa aos tributos extintos a que se referem os arts. 126 a 129, todos deste Ato das Disposições Constitucionais Transitórias.

§ 1º Para assegurar o disposto no *caput*, serão utilizados, isolada ou cumulativamente, instrumentos fiscais, econômicos ou financeiros.

§ 2º Lei complementar instituirá Fundo de Sustentabilidade e Diversificação Econômica do Estado do Amazonas, que será constituído com recursos da União e por ela gerido, com a efetiva participação do estado do Amazonas na definição das políticas, com o objetivo de fomentar o desenvolvimento e a diversificação das atividades econômicas no Estado.

§ 3º A lei complementar de que trata o § 2º:

I - Estabelecerá o montante mínimo de aporte anual de recursos ao Fundo, bem como os critérios para sua correção;

II - Preverá a possibilidade de utilização dos recursos do Fundo para compensar eventual perda de receita do estado do Amazonas em função das alterações no sistema tributário decorrentes da instituição dos tributos previstos nos arts. 156-A e 195, V, da CF/88.

§ 4º A União, mediante acordo com o estado do Amazonas, poderá reduzir o alcance dos instrumentos previstos no § 1º, condicionado ao aporte de recursos adicionais ao Fundo de que trata o § 2º, asseguradas a diversificação das atividades econômicas e a antecedência mínima de 3 (três) anos.

§ 5º Não se aplica aos mecanismos previstos no *caput* o disposto nos incisos III e IV do *caput* do art. 149-B da CF/88.

§ 6º Lei complementar instituirá Fundo de Desenvolvimento Sustentável dos estados da Amazônia Ocidental e do Amapá, que será constituído com recursos da União e por ela gerido, com a efetiva participação desses estados na definição das políticas, com o objetivo de fomentar o desenvolvimento e a diversificação de suas atividades econômicas.

§ 7º O Fundo de que trata o § 6º será integrado pelos estados onde estão localizadas as áreas de livre comércio de que trata o *caput* e observará, no que couber, o disposto no § 3º, I e II, sendo, quanto a este inciso, considerados os respectivos estados, e no § 4º.

> **Redação anterior à EC nº 132/23:**
> **Art. 104.** Se os recursos referidos no art. 101 deste Ato das Disposições Constitucionais Transitórias para o pagamento de precatórios não forem tempestivamente liberados, no todo ou em parte: (Incluído pela EC nº 94/2016)
> [...]
> IV - os estados reterão os repasses previstos no parágrafo único do art. 158 da CF/88 e os depositarão na conta especial referida no art. 101 deste Ato das Disposições Constitucionais Transitórias, para utilização como nele previsto. (Incluído pela EC nº 94/2016)

> **Redação após a EC nº 132/23:**
> **Art. 104.**
> [...]
> **Modificação IV** - os estados e o *CG-IBS* reterão os repasses previstos, *respectivamente, nos §§ 1º e 2º* do art. 158 da CF/88 e os depositarão na conta especial referida no art. 101 deste Ato das Disposições Constitucionais Transitórias, para utilização como nele previsto. (Redação dada pela EC nº 132/2023).
> **(Vigência imediata)**
> **Modificação IV** - o CG-IBS reterá os repasses previstos no § 2º do art. 158 da CF/88 e os depositará na conta especial referida no art. 101 deste Ato das Disposições Constitucionais Transitórias, para utilização como nele previsto. **(Vigência a partir de 01/01/2033)**

> **Redação anterior à EC nº 132/23:**
> **Art. 104.** Se os recursos referidos no art. 101 deste Ato das Disposições Constitucionais Transitórias para o pagamento de precatórios não forem tempestivamente liberados, no todo ou em parte: (Incluído pela EC nº 94/2016)
> [...]
> IV - os estados reterão os repasses previstos no parágrafo único do art. 158 da CF/88 e os depositarão na conta especial referida no art. 101 deste Ato das Disposições Constitucionais Transitórias, para utilização como nele previsto. (Incluído pela EC nº 94/2016)

Redação após a EC nº 132/23:
Art. 104.
[...]
Modificação IV - os estados e o *CG-IBS* reterão os repasses previstos, *respectivamente, nos §§ 1º e 2º* do art. 158 da CF/88 e os depositarão na conta especial referida no art. 101 deste Ato das Disposições Constitucionais Transitórias, para utilização como nele previsto. (Redação dada pela EC nº 132/2023). **(Vigência imediata)**
Modificação IV - o CG-IBS reterá os repasses previstos no § 2º do art. 158 da CF/88 e os depositará na conta especial referida no art. 101 deste Ato das Disposições Constitucionais Transitórias, para utilização como nele previsto. **(Vigência a partir de 01/01/2033)**

Redação anterior à EC nº 132/23:
Art. 124. não existia.

Redação após a EC nº 132/23:
Art. 124. A transição para os tributos previstos no art. 156-A e no art. 195, V, todos da CF/88, atenderá aos critérios estabelecidos nos arts. 125 a 133 deste Ato das Disposições Constitucionais Transitórias.
Parágrafo único. A contribuição prevista no art. 195, V, será instituída pela mesma lei complementar de que trata o art. 156--A, ambos da CF/88. **(Vigência imediata)**

Redação anterior à EC nº 132/23:
Art. 125. não existia.

Redação após a EC nº 132/23:
Art. 125. Em 2026, o imposto previsto no art. 156-A será cobrado à alíquota estadual de 0,1% (um décimo por cento), e a contribuição prevista no art. 195, V, ambos da CF/88, será cobrada à alíquota de 0,9% (nove décimos por cento).
§ 1º O montante recolhido na forma do *caput* será compensado com o valor devido das contribuições previstas no art. 195, I, "b"

e IV *(COFINS)*, e da contribuição para o Programa de Integração Social a que se refere o art. 239, ambos da CF/88.

§ 2º Caso o contribuinte não possua débitos suficientes para efetuar a compensação de que trata o § 1º, o valor recolhido poderá ser compensado com qualquer outro tributo federal ou ser ressarcido em até 60 (sessenta) dias, mediante requerimento.

§ 3º A arrecadação do imposto previsto no art. 156-A da CF/88 decorrente do disposto no *caput* deste artigo não observará as vinculações, repartições e destinações previstas na CF/88, devendo ser aplicada, integral e sucessivamente, para:

I - o financiamento do CG-IBS, nos termos do art. 156-B, § 2º, III, da CF/88;

II - Compor o Fundo de Compensação de Benefícios Fiscais ou Financeiro-Fiscais do ICMS, da CF/88.

§ 4º Durante o período de que trata o *caput*, os sujeitos passivos que cumprirem as obrigações acessórias relativas aos tributos referidos no *caput* poderão ser dispensados do seu recolhimento, nos termos de lei complementar.

(Vigência imediata)

Redação anterior à EC nº 132/23:
Art. 126. não existia.

Redação após a EC nº 132/23:
Art. 126. A partir de 2027:

I - Serão cobrados:
a) a contribuição prevista no art. 195, V, da CF/88;
b) o imposto previsto no art. 153, VIII, da CF/88;

II - Serão extintas as contribuições previstas no art. 195, I, "b" e IV *(COFINS)*, e a contribuição para o Programa de Integração Social de que trata o art. 239, todos da CF/88, desde que instituída a contribuição referida na alínea "a" do inciso I;

III - o imposto previsto no art. 153, IV, da CF/88:
a) terá suas alíquotas reduzidas a zero, exceto em relação aos produtos que tenham industrialização incentivada na Zona

Franca de Manaus, conforme critérios estabelecidos em lei complementar; e
b) não incidirá de forma cumulativa com o imposto previsto no art. 153, VIII, da CF/88.
(Vigência imediata)

Redação anterior à EC nº 132/23:
Art. 127. não existia.

Redação após a EC nº 132/23:
Art. 127. Em 2027 e 2028, o imposto previsto no art. 156-A da CF/88 será cobrado à alíquota estadual de 0,05% (cinco centésimos por cento) e à alíquota municipal de 0,05% (cinco centésimos por cento).
Parágrafo único. No período referido no *caput*, a alíquota da contribuição prevista no art. 195, V, da CF/88, será reduzida em 0,1 (um décimo) ponto percentual.
(Vigência imediata)

Redação anterior à EC nº 132/23:
Art. 128. não existia.

Redação após a EC nº 132/23:
Art. 128. De 2029 a 2032, as alíquotas dos impostos previstos nos arts. 155, II, e 156, III, da CF/88, serão fixadas nas seguintes proporções das alíquotas fixadas nas respectivas legislações:
I - 9/10 (nove décimos), em 2029;
II - 8/10 (oito décimos), em 2030;
III - 7/10 (sete décimos), em 2031;
IV - 6/10 (seis décimos), em 2032.
§ 1º Os benefícios ou os incentivos fiscais ou financeiros relativos aos impostos previstos nos arts. 155, II, e 156, III, da CF/88 não alcançados pelo disposto no *caput* deste artigo serão reduzidos na mesma proporção.
§ 2º Os benefícios e incentivos fiscais ou financeiros referidos no art. 3º da Lei Complementar nº 160, de 7 de agosto de 2017,

serão reduzidos na forma deste artigo, não se aplicando a redução prevista no § 2º-A do art. 3º da referida lei complementar.

§ 3º Ficam mantidos em sua integralidade, até 31 de dezembro de 2032, os percentuais utilizados para calcular os benefícios ou incentivos fiscais ou financeiros já reduzidos por força da redução das alíquotas, em decorrência do disposto no *caput*.
(**Vigência imediata**)

Redação anterior à EC nº 132/23:
Art. 129. não existia.

Redação após a EC nº 132/23:
Art. 129. Ficam extintos, a partir de 2033, os impostos previstos nos arts. 155, II, e 156, III, da CF/88. (**Vigência imediata**)

Redação anterior à EC nº 132/23:
Art. 130. não existia.

Redação após a EC nº 132/23:
Art. 130. Resolução do Senado Federal fixará, para todas as esferas federativas, as alíquotas de referência dos tributos previstos nos arts. 156-A e 195, V, da CF/88, observados a forma de cálculo e os limites previstos em lei complementar, de forma a assegurar:
I - de 2027 a 2033, que a receita da União com a contribuição prevista no art. 195, V, e com o imposto previsto no art. 153, VIII, todos da CF/88, seja equivalente à redução da receita:
a) das contribuições previstas no art. 195, I, "b" e IV (*COFINS*), e da contribuição para o Programa de Integração Social de que trata o art. 239, todos da CF/88;
b) do imposto previsto no art. 153, IV; e
c) do imposto previsto no art. 153, V, da CF/88, sobre operações de seguros;
II - de 2029 a 2033, que a receita dos estados e do Distrito Federal com o imposto previsto no art. 156-A da CF/88 seja equivalente à redução:
a) da receita do imposto previsto no art. 155, II, da CF/88; e

b) das receitas destinadas a fundos estaduais financiados por contribuições estabelecidas como condição à aplicação de diferimento, regime especial ou outro tratamento diferenciado, relativos ao imposto de que trata o art. 155, II, da CF/88, em funcionamento em 30 de abril de 2023, excetuadas as receitas dos fundos mantidas na forma do art. 136 deste Ato das Disposições Constitucionais Transitórias;

III - de 2029 a 2033, que a receita dos municípios e do Distrito Federal com o imposto previsto no art. 156-A seja equivalente à redução da receita do imposto previsto no art. 156, III, ambos da CF/88.

§ 1º As alíquotas de referência serão fixadas no ano anterior ao de sua vigência, não se aplicando o disposto no art. 150, III, "c", da CF/88, com base em cálculo realizado pelo Tribunal de Contas da União.

§ 2º Na fixação das alíquotas de referência, deverão ser considerados os efeitos sobre a arrecadação dos regimes específicos, diferenciados ou favorecidos e de qualquer outro regime que resulte em arrecadação menor do que a que seria obtida com a aplicação da alíquota-padrão.

§ 3º Para fins do disposto nos §§ 4º a 6º, entende-se por:

I - Teto de Referência da União: a média da receita no período de 2012 a 2021, apurada como proporção do PIB, do imposto previsto no art. 153, IV, das contribuições previstas no art. 195, I, "b" e IV *(COFINS)*, da contribuição para o Programa de Integração Social de que trata o art. 239 e do imposto previsto no art. 153, V, sobre operações de seguro, todos da CF/88;

II - Teto de Referência Total: a média da receita no período de 2012 a 2021, apurada como proporção do PIB, dos impostos previstos nos arts. 153, IV, 155, II e 156, III, das contribuições previstas no art. 195, I, "b" e IV *(COFINS)*, da contribuição para o Programa de Integração Social de que trata o art. 239 e do imposto previsto no art. 153, V, sobre operações de seguro, todos da CF/88;

III - Receita-Base da União: a receita da União com a contribuição prevista no art. 195, V, e com o imposto previsto no art. 153, VIII, ambos da CF/88, apurada como proporção do PIB;

IV - Receita-Base dos Entes Subnacionais: a receita dos estados, do Distrito Federal e dos municípios com o imposto previsto no art. 156-A da CF/88, deduzida da parcela a que se refere a alínea "b" do inciso II do *caput*, apurada como proporção do PIB;
V - Receita-Base Total: a soma da Receita-Base da União com a Receita-Base dos Entes Subnacionais, sendo essa última:
a) multiplicada por 10 (dez) em 2029;
b) multiplicada por 5 (cinco) em 2030;
c) multiplicada por 10 (dez) e dividida por 3 (três) em 2031;
d) multiplicada por 10 (dez) e dividida por 4 (quatro) em 2032;
e) multiplicada por 1 (um) em 2033.
§ 4º A alíquota de referência da contribuição a que se refere o art. 195, V, da CF/88 será reduzida em 2030 caso a média da Receita-Base da União em 2027 e 2028 exceda o Teto de Referência da União.
§ 5º As alíquotas de referência da contribuição a que se refere o art. 195, V, e do imposto a que se refere o art. 156-A, ambos da CF/88, serão reduzidas em 2035 caso a média da Receita-Base Total entre 2029 e 2033 exceda o Teto de Referência Total.
§ 6º As reduções de que tratam os §§ 4º e 5º serão:
I - Definidas de forma a que a Receita-Base seja igual ao respectivo Teto de Referência;
II - No caso do § 5º, proporcionais para as alíquotas de referência federal, estadual e municipal.
§ 7º A revisão das alíquotas de referência em função do disposto nos §§ 4º, 5º e 6º não implicará cobrança ou restituição de tributo relativo a anos anteriores ou transferência de recursos entre os entes federativos.
§ 8º Os entes federativos e o CG-IBS fornecerão ao Tribunal de Contas da União as informações necessárias para o cálculo a que se referem os §§ 1º, 4º e 5º.
§ 9º Nos cálculos das alíquotas de que trata o *caput*, deverá ser considerada a arrecadação dos tributos previstos nos arts. 156-A e 195, V, da CF/88, cuja cobrança tenha sido iniciada antes dos períodos de que tratam os incisos I, II e III do *caput*.

§ 10. O cálculo das alíquotas a que se refere este artigo será realizado com base em propostas encaminhadas pelo Poder Executivo da União e pelo CG-IBS, que deverão fornecer ao Tribunal de Contas da União todos os subsídios necessários, mediante o compartilhamento de dados e informações, nos termos de lei complementar." **(Vigência imediata)**

Redação anterior à EC nº 132/23:
Art. 131. não existia.

Redação após a EC nº 132/23:
Art. 131. De 2029 a 2077, o produto da arrecadação dos estados, do Distrito Federal e dos municípios com o imposto de que trata o art. 156-A da CF/88 será distribuído a esses entes federativos conforme o disposto neste artigo.
§ 1º Serão retidos do produto da arrecadação do imposto de cada Estado, do Distrito Federal e de cada município apurada com base nas alíquotas de referência de que trata o art. 130 deste Ato das Disposições Constitucionais Transitórias, nos termos dos arts. 149-C e 156-A, § 4º, II, e § 5º, I e IV, antes da aplicação do disposto no art. 158, IV, "b", todos da CF/88:
I - De 2029 a 2032, 80% (oitenta por cento);
II - Em 2033, 90% (noventa por cento);
III - De 2034 a 2077, percentual correspondente ao aplicado em 2033, reduzido à razão de 1/45 (um quarenta e cinco avos) por ano.
§ 2º Na forma estabelecida em lei complementar, o montante retido nos termos do § 1º será distribuído entre os estados, o Distrito Federal e os municípios proporcionalmente à receita média de cada ente federativo, devendo ser consideradas:
I - No caso dos estados:
a) a arrecadação do imposto previsto no art. 155, II, após aplicação do disposto no art. 158, IV, "a", todos da CF/88; e
b) as receitas destinadas aos fundos estaduais de que trata o art. 130, II, "b", deste Ato das Disposições Constitucionais Transitórias;
II - no caso do Distrito Federal:
a) a arrecadação do imposto previsto no art. 155, II, da CF/88; e

b) a arrecadação do imposto previsto no art. 156, III, da CF/88;

III - no caso dos municípios:

a) a arrecadação do imposto previsto no art. 156, III, da CF/88; e

b) a parcela creditada na forma do art. 158, IV, "a", da CF/88.

§ 3º Não se aplica o disposto no art. 158, IV, "b", da CF/88 aos recursos distribuídos na forma do § 2º, I, deste artigo.

§ 4º A parcela do produto da arrecadação do imposto não retida nos termos do § 1º, após a retenção de que trata o art. 132 deste Ato das Disposições Constitucionais Transitórias, será distribuída a cada Estado, ao Distrito Federal e a cada município de acordo com os critérios da lei complementar de que trata o art. 156-A, § 5º, I, da CF/88, nela computada a variação de alíquota fixada pelo ente em relação à de referência.

§ 5º Os recursos de que trata este artigo serão distribuídos nos termos estabelecidos em lei complementar, aplicando-se o seguinte:

I - Constituirão a base de cálculo dos fundos de que trata o art. 212-A, II, da CF/88, observado que:

a) para os estados, o percentual de que trata o art. 212-A, II, será aplicado proporcionalmente à razão entre a soma dos valores distribuídos a cada ente nos termos do § 2º, I, "a", e do § 4º, e a soma dos valores distribuídos nos termos do § 2º, I e do § 4º;

b) para o Distrito Federal, o percentual de que trata o art. 212-A, II, será aplicado proporcionalmente à razão entre a soma dos valores distribuídos nos termos do § 2º, II, "a", e do § 4º, e a soma dos valores distribuídos nos termos do § 2º, II, e do § 4º, considerada, em ambas as somas, somente a parcela estadual nos valores distribuídos nos termos do § 4º;

c) para os municípios, o percentual de que trata o art. 212-A, II, será aplicado proporcionalmente à razão entre a soma dos valores distribuídos nos termos do § 2º, III, "b", e a soma dos valores distribuídos nos termos do § 2º, III;

II - Constituirão as bases de cálculo de que tratam os arts. 29-A, 198, § 2º, 204, parágrafo único, 212 e 216, § 6º, da CF/88, excetuados os valores distribuídos nos termos do § 2º, I, "b";

III - poderão ser vinculados para prestação de garantias às operações de crédito por antecipação de receita previstas no art. 165, § 8º, para pagamento de débitos com a União e para prestar-lhe garantia ou contragarantia, nos termos do art. 167, § 4º, todos da CF/88.

§ 6º Durante o período de que trata o *caput* deste artigo, é vedado aos estados, ao Distrito Federal e aos municípios fixar alíquotas próprias do imposto de que trata o art. 156-A da CF/88 inferiores às necessárias para garantir as retenções de que tratam o § 1º deste artigo e o art. 132 deste Ato das Disposições Constitucionais Transitórias. **(Vigência imediata)**

Redação anterior à EC nº 132/23:
Art. 132. não existia.

Redação após a EC nº 132/23:
Art. 132. Do imposto dos estados, do Distrito Federal e dos municípios apurado com base nas alíquotas de referência de que trata o art. 130 deste Ato das Disposições Constitucionais Transitórias, deduzida a retenção de que trata o art. 131, § 1º, será retido montante correspondente a 5% (cinco por cento) para distribuição aos entes com as menores razões entre:
I - o valor apurado nos termos dos arts. 149-C e 156-A, § 4º, II, e § 5º, I e IV, com base nas alíquotas de referência, após a aplicação do disposto no art. 158, IV, "b", todos da CF/88; e
II - a respectiva receita média, apurada nos termos do art. 131, § 2º, I, II e III, deste Ato das Disposições Constitucionais Transitórias, limitada a 3 (três) vezes a média nacional por habitante da respectiva esfera federativa.
§ 1º Os recursos serão distribuídos, sequencial e sucessivamente, aos entes com as menores razões de que trata o *caput*, de maneira que, ao final da distribuição, para todos os entes que receberem recursos, seja observada a mesma a razão entre:
I - a soma do valor apurado nos termos do inciso I do *caput* com o valor recebido nos termos deste artigo; e
II - a receita média apurada na forma do inciso II do *caput*.

§ 2º Aplica-se aos recursos distribuídos na forma deste artigo o disposto no art. 131, § 5º deste Ato das Disposições Constitucionais Transitórias.
§ 3º Lei complementar estabelecerá os critérios para a redução gradativa, entre 2078 e 2097, do percentual de que trata o *caput*, até a sua extinção. **(Vigência imediata)**

Redação anterior à EC nº 132/23:
Art. 133. não existia.

Redação após a EC nº 132/23:
Art. 133. Os tributos de que tratam os arts. 153, IV, 155, II, 156, III, e 195, I, "b", e IV, e a contribuição para o Programa de Integração Social a que se refere o art. 239 não integrarão a base de cálculo do imposto de que trata o art. 156-A e da contribuição de que trata o art. 195, V, todos da CF/88." **(Vigência imediata)**

Redação anterior à EC nº 132/23:
Art. 134. não existia.

Redação após a EC nº 132/23:
Art. 134. Os saldos credores relativos ao imposto previsto no art. 155, II, da CF/88, existentes ao final de 2032 serão aproveitados pelos contribuintes na forma deste artigo e nos termos de lei complementar.
§ 1º O disposto neste artigo alcança os saldos credores cujos aproveitamento ou ressarcimento sejam admitidos pela legislação em vigor em 31 de dezembro de 2032 e que tenham sido homologados pelos respectivos entes federativos, observadas as seguintes diretrizes:
I - Apresentado o pedido de homologação, o ente federativo deverá se pronunciar no prazo estabelecido na lei complementar a que se refere o *caput*;
II - Na ausência de resposta ao pedido de homologação no prazo a que se refere o inciso I deste parágrafo, os respectivos saldos credores serão considerados homologados.

§ 2º Aplica-se o disposto neste artigo também aos créditos reconhecidos após o prazo previsto no *caput*.
§ 3º O saldo dos créditos homologados será informado pelos estados e pelo Distrito Federal ao CG-IBS para que seja compensado com o imposto de que trata o art. 156-A da CF/88:
I - Pelo prazo remanescente, apurado nos termos do art. 20, § 5º, da Lei Complementar nº 87, de 13 de setembro de 1996, para os créditos relativos à entrada de mercadorias destinadas ao ativo permanente;
II - Em 240 (duzentos e quarenta) parcelas mensais, iguais e sucessivas, nos demais casos.
§ 4º O CG-IBS deduzirá do produto da arrecadação do imposto previsto no art. 156-A devido ao respectivo ente federativo o valor compensado na forma do § 3º, o qual não comporá base de cálculo para fins do disposto nos arts. 158, IV, 198, § 2º, 204, parágrafo único, 212, 212-A, II, e 216, § 6º, todos da CF/88.
§ 5º A partir de 2033, os saldos credores serão atualizados pelo IPCA ou por outro índice que venha a substituí-lo.
§ 6º Lei complementar disporá sobre:
I - as regras gerais de implementação do parcelamento previsto no § 3º;
II - a forma pela qual os titulares dos créditos de que trata este artigo poderão transferi-los a terceiros;
III - a forma pela qual o crédito de que trata este artigo poderá ser ressarcido ao contribuinte pelo CG-IBS, caso não seja possível compensar o valor da parcela nos termos do § 3º."
(Vigência imediata)

Redação anterior à EC nº 132/23:
Art. 135. não existia.

Redação após a EC nº 132/23:
Art. 135. Lei complementar disciplinará a forma de utilização dos créditos, inclusive presumidos, do imposto de que trata o art. 153, IV, e das contribuições de que tratam o art. 195, I, "b" e IV *(COFINS)*, e da contribuição para o Programa de Integração Social

a que se refere o art. 239, todos da CF/88, não apropriados ou não utilizados até a extinção, mantendo-se, apenas para os créditos que cumpram os requisitos estabelecidos na legislação vigente na data da extinção de tais tributos, a permissão para compensação com outros tributos federais, inclusive com a contribuição prevista no inciso V do *caput* do art. 195 da CF/88, ou ressarcimento em dinheiro." **(Vigência imediata)**

Redação anterior à EC nº 132/23:
Art. 136. não existia.

Redação após a EC nº 132/23:
Art. 136. Os estados que possuíam, em 30 de abril de 2023, fundos destinados a investimentos em obras de infraestrutura e habitação e financiados por contribuições sobre produtos primários e semielaborados estabelecidas como condição à aplicação de diferimento, regime especial ou outro tratamento diferenciado, relativos ao imposto de que trata o art. 155, II, da CF/88, poderão instituir contribuições semelhantes, não vinculadas ao referido imposto, observado que:
I - A alíquota ou o percentual de contribuição não poderão ser superiores e a base de incidência não poderá ser mais ampla que os das respectivas contribuições vigentes em 30 de abril de 2023;
II - A instituição de contribuição nos termos deste artigo implicará a extinção da contribuição correspondente, vinculada ao imposto de que trata o art. 155, II, da CF/88, vigente em 30 de abril de 2023;
III - A destinação de sua receita deverá ser a mesma das contribuições vigentes em 30 de abril de 2023;
IV - A contribuição instituída nos termos do *caput* será extinta em 31 de dezembro de 2043.
Parágrafo único. As receitas das contribuições mantidas nos termos deste artigo não serão consideradas como receita do respectivo estado para fins do disposto nos arts. 130, II, "b", e 131, § 2º, I, "b", deste Ato das Disposições Constitucionais Transitórias. **(Vigência imediata)**

Redação anterior à EC nº 132/23: Art. 137. não existia.
Redação após a EC nº 132/23: Art. 137. Os saldos financeiros dos recursos transferidos pelo Fundo Nacional de Saúde e pelo Fundo Nacional de Assistência Social, para enfrentamento da pandemia de Covid-19 no período de 2020 a 2022, aos fundos de saúde e assistência social estaduais, municipais e do Distrito Federal poderão ser aplicados, até 31 de dezembro de 2024, para o custeio de ações e serviços públicos de saúde e de assistência social, observadas, respectivamente, as diretrizes emanadas do Sistema Único de Saúde e do Sistema Único de Assistência Social. **(Vigência imediata)**

1.3 LC nº 214/25[20]

LIVRO I - DO IMPOSTO SOBRE BENS E SERVIÇOS (IBS) E DA CONTRIBUIÇÃO SOCIAL SOBRE BENS E SERVIÇOS (CBS)

TÍTULO I - Das Normas Gerais Do IBS e da CBS

- o **CAPÍTULO I** - das disposições preliminares – arts. 1º a 3º
- o **CAPÍTULO II** - do IBS e da CBS sobre operações com bens e serviços
  - *Seção I - Das hipóteses de incidência – art. 4º a 7º*
  - *Seção II - Das imunidades – arts. 8º e 9º*
  - *Seção III - Do momento de ocorrência do fato gerador – art. 10*
  - *Seção IV - Do local da operação – art. 11*
  - *Seção V - Da base de cálculo – arts. 12 e 13*
  - *Seção VI - Das alíquotas*
    - *Subseção I – Das alíquotas-padrão – arts. 14 a 17*
    - *Subseção II – Das alíquotas de referência – arts. 18 a 20*

---

[20] PLP nº 68/24, sancionado pelo presidente da República e transformado na Lei Complementar nº 214/25, de 16 de janeiro de 2025.

- Seção VII - Da sujeição passiva - arts. 21 a 26
- Seção VIII - Das modalidades de extinção dos débitos
  - Subseção I - Disposições gerais - arts. 27 e 28
  - Subseção II - Do pagamento pelo contribuinte - arts. 29 e 30
  - Subseção III - Do recolhimento na liquidação financeira (split payment) - arts. 31 a 35.
  - Subseção IV - Do recolhimento pelo adquirente - art. 36
  - Subseção V - Do pagamento pelo responsável - art. 37
- Seção IX - Do pagamento indevido ou a maior - art. 38
- Seção X - Do ressarcimento - arts. 39 e 40
- Seção XI - Dos regimes de apuração - arts. 41 a 46
- Seção XII - Da não cumulatividade - arts. 47 a 56
- Seção XIII - Dos bens e serviços de uso ou consumo pessoal - art. 57

o **CAPÍTULO III** - da operacionalização do IBS e da CBS
  - Seção I - Das disposições gerais - art. 58
  - Seção II - Do cadastro com identificação única - art. 59
  - Seção III - Do documento fiscal eletrônico - art. 60
  - Seção IV - Dos programas de Incentivo à cidadania fiscal - art. 61
  - Seção V - Disposições transitórias - art. 62

o **CAPÍTULO IV** - do IBS e da CBS sobre importações
  - Seção I - Da hipótese de incidência - art. 63
  - Seção II - Da importação de bens imateriais e serviços - art. 64
  - Seção III - Da importação de bens materiais
    - Subseção I - Do fato gerador - arts. 65 e 66
    - Subseção II - Do momento da apuração - art. 67
    - Subseção III - Do local da importação de bens materiais - art. 68
    - Subseção IV - Da base de cálculo - arts. 69 e 70
    - Subseção V - Da alíquota - art. 71
    - Subseção VI - Da sujeição passiva - arts. 72 a 75

- Subseção VII - Do pagamento – arts. 76 e 77
- Subseção VIII - Da não cumulatividade – art. 78

○ **CAPÍTULO V** – do IBS e da CBS Sobre Exportações
- Seção I - Das disposições gerais – art. 79
- Seção II - Das exportações de bens imateriais e de serviços – art. 80
- Seção III - Das exportações de bens materiais – arts. 81 a 83

TÍTULO II - Dos regimes aduaneiros especiais e dos regimes de bagagem, de remessas internacionais e de fornecimento de combustíveis para aeronaves em tráfego internacional

○ **CAPÍTULO I** - dos regimes aduaneiros especiais
- Seção I - Do regime de trânsito – art. 84
- Seção II - Dos regimes de depósito – arts. 85 e 87
- Seção III - Dos regimes de permanência temporária – arts. 88 e 89
- Seção IV - Dos regimes de aperfeiçoamento – arts. 90 a 92
- Seção V - Do Regime Aduaneiro Especial Aplicável ao Setor de Petróleo e Gás – (Repetro) – art. 93
- Seção VI – Dos regimes de bagagem e de remessas internacionais – arts. 94 a 97
- Seção VII - Do regime de fornecimento de combustíveis para aeronave em tráfego internacional – art. 98

○ **CAPÍTULO II** - Das zonas de processamento de exportação - arts. 99 a 104
○ **CAPÍTULO III** - Dos regimes dos bens de capital
- Seção I - Do Regime Tributário para Incentivo à Modernização e à Ampliação a Estrutura Portuária – (Reporto) – art. 105
- Seção II - Do Regime Especial de Incentivos para o Desenvolvimento da Infraestrutura – (Reidi) – art. 106
- Seção III – Do Regime Tributário para Incentivo à Atividade Naval (Renaval) – art. 107

- Seção IV - Da desoneração da aquisição de bens de capital - arts. 108 a 111

TÍTULO III - Da devolução personalizada do IBS e da CBS (*cashback*) e da Cesta Básica Nacional de Alimentos

  o **CAPÍTULO I** - Da devolução personalizada do IBS e da CBS (*cashback*) - arts. 112 a 124
  o **CAPÍTULO II** - Da cesta básica nacional de alimentos - art. 125

TÍTULO IV - Dos regimes diferenciados do IBS e da CBS

  o **CAPÍTULO I** - Das disposições gerais - art. 126
  o **CAPÍTULO II** - Da redução em 30% das alíquotas do IBS e da CBS - art. 127
  o **CAPÍTULO III** - Da redução em 60% das alíquotas do IBS e da CBS
- Seção I - Das disposições gerais - art. 128
- Seção II - Dos serviços de educação - art. 129
- Seção III - Dos serviços de saúde - art. 130
- Seção IV - Dos dispositivos médicos - art. 131
- Seção V - Dos dispositivos de acessibilidade próprios para pessoas com deficiência - art. 132
- Seção VI - Dos medicamentos - arts. 133 e 134
- Seção VII - Dos alimentos destinados ao consumo humano - art. 135
- Seção VIII - Dos produtos de higiene pessoal e limpeza majoritariamente consumidos por famílias de baixa renda - art. 136
- Seção IX - Dos produtos agropecuários, aquícolas, pesqueiros, florestais e extrativistas vegetais in natura - art. 137
- Seção X - Dos insumos agropecuários e aquícolas - art. 138
- Seção XI - Das produções nacionais artísticas, culturais, de eventos, jornalísticas e audiovisuais - art. 139
- Seção XII - Da comunicação institucional - art. 140
- Seção XIII - Das atividades desportivas - art. 141

- Seção XIV - Da soberania e da segurança nacional, da segurança da informação e da segurança cibernética – art. 142

o CAPÍTULO IV - Da redução a zero das alíquotas do IBS e da CBS
- Seção I - Das disposições gerais – art. 143
- Seção II - Dos dispositivos médicos – art. 144
- Seção III - Dos dispositivos de acessibilidade próprios para pessoas com deficiência – art. 145
- Seção IV - dos medicamentos – art. 146
- Seção V - Dos produtos de cuidados básicos à saúde menstrual – art. 147
- Seção VI - Dos produtos hortícolas, frutas e ovos – art. 148
- Seção VII - Dos automóveis de passageiros adquiridos por pessoas com deficiência ou com transtorno do espectro autista e por motoristas profissionais que destinem o automóvel à utilização na categoria de aluguel (táxi) – arts. 149 a 155
- Seção VIII - dos serviços prestados por instituição científica, tecnológica e de inovação (ICT) sem fins lucrativos – art. 156

o **CAPÍTULO V** - Do transporte público coletivo de passageiros rodoviário e metroviário de caráter urbano, semiurbano e metropolitano – art. 157

o **CAPÍTULO VI** - Da reabilitação urbana de zonas históricas e de áreas críticas de recuperação e reconversão urbanística – arts. 158 a 163

o **CAPÍTULO VII** - Do produtor rural e do produtor rural integrado não contribuinte – arts. 164 a 168

o **CAPÍTULO VIII** - Do transportador autônomo de carga pessoa física não contribuinte – art. 169

o **CAPÍTULO IX** - Dos resíduos e demais materiais destinados à reciclagem, reutilização ou logística reversa adquiridos de pessoa física, cooperativa ou outra forma de organização popular – art. 170

o **CAPÍTULO X** - Dos bens móveis usados adquiridos de pessoa física não contribuinte para revenda – art. 171

TÍTULO V - Dos regimes específicos do IBS e da CBS

- **CAPÍTULO I** - Dos combustíveis
  - Seção I - Das disposições gerais – art. 172
  - Seção II - Da base de cálculo – art. 173
  - Seção III - Das alíquotas – arts. 174 e 175
  - Seção IV - Da sujeição passiva - arts. 176 e 177
  - Seção V - Das operações com etanol anidro combustível (EAC) – art. 178 e 179
  - Seção VI - Dos créditos na aquisição de combustíveis submetidos ao regime de tributação monofásica – art. 180

- **CAPÍTULO II** - Dos serviços financeiros
  - Seção I - Das disposições gerais – art. 181 a 184
  - Seção II - Disposições comuns aos serviços financeiros – art. 185 a 191
  - Seção III - Das operações de crédito, de câmbio, com títulos e valores mobiliários de securitização e de faturização – art. 192 a 200
  - Seção IV - Do arrendamento mercantil – arts. 201 a 203
  - Seção V - Da administração de consórcio – arts. 204 a 206
  - Seção VI - Da gestão e administração de recursos, inclusive de fundos de investimento – arts. 207 a 211
  - Seção VII - Do Fundo de Garantia por Tempo de Serviço (FGTS) e dos demais fundos garantidores e executores de políticas públicas – arts. 212 e 213
  - Seção VIII - Dos arranjos de pagamento – art. 214 a 219
  - Seção IX - Das atividades de entidades administradoras de mercados organizados, infraestruturas de mercado e depositárias centrais – arts. 220 a 222
  - Seção X - Dos seguros, resseguros, previdência complementar e capitalização – arts. 223 a 228
  - Seção XI - Dos serviços de ativos virtuais – arts. 229 e 230
  - Seção XII - Da importação de serviços financeiros – art. 231
  - Seção XIII - Da exportação de serviços financeiros – art. 232
  - Seção XIV - Disposições transitórias – art. 233

- **CAPÍTULO III** - Dos planos de assistência à saúde – arts. 234 a 243
- **CAPÍTULO IV** - Dos concursos de prognósticos
  - *Seção I - Disposições gerais – arts. 244 a 248*
  - *Seção II - Da importação de serviços de concursos de prognósticos – art. 249*
  - *Seção III - Da exportação de serviços de concursos de prognósticos – art. 250*

- **CAPÍTULO V** - Dos bens imóveis
  - *Seção I - Disposições gerais – arts. 251 a 253*
  - *Seção II - Do momento da ocorrência do fato gerador – art. 254*
  - *Seção III - Da base de cálculo*
    - *Subseção I - Disposições gerais – arts. 255 e 256*
    - *Subseção II - Do redutor de ajuste – arts. 257 e 258*
    - *Subseção III - Do redutor social – arts. 259 e 260*
  - *Seção IV - Da alíquota – art. 261*
  - *Seção V - Da incorporação imobiliária e do parcelamento de solo – art. 262*
  - *Seção VI – Da sujeição passiva – art. 263 e 264*
  - *Seção VII – Disposições finais – art. 265 a 270*

- **CAPÍTULO VI** - Das sociedades cooperativas – art. 271 e 272
- **CAPÍTULO VII** - Dos bares, restaurantes, hotelaria, parques de diversão e temáticos, transporte coletivo de passageiros e agências de viagem e de turismo
  - *Seção I - Dos bares e restaurantes – arts. 273 a 276*
  - *Seção II - Da hotelaria, parques de diversão e parques temáticos – arts. 277 a 283*
  - *Seção III - Do transporte coletivo de passageiros rodoviário intermunicipal e interestadual, ferroviário, hidroviário e aéreo regional – arts. 284 a 287*
  - *Seção IV - Das agências de turismo – arts. 288 a 291*

o **CAPÍTULO VIII** - Da sociedade anônima do futebol (SAF) – arts. 292 a 296
o **CAPÍTULO IX** - Das missões diplomáticas, repartições consulares e operações alcançadas por tratado internacional – arts. 297 a 299
o **CAPÍTULO X** - Disposições comuns aos regimes específicos – arts. 300 a 307

TÍTULO VI - Dos regimes diferenciados Da CBS

o **CAPÍTULO I** - Do Programa Universidade para Todos (PROUNI) – art. 308
o **CAPÍTULO II** - Do regime automotivo – arts. 309 a 316

TÍTULO VII - Da administração do IBS e da CBS

o **CAPÍTULO I** - Do regulamento do IBS e da CBS – art. 317
o **CAPÍTULO II** - Da harmonização do IBS e da CBS – arts. 318 a 323
o **CAPÍTULO III** - Da fiscalização e do lançamento de ofício
- *Seção I - Da competência para fiscalizar – arts. 324 a 327*
- *Seção II - Da fiscalização e do procedimento fiscal – arts. 328 e 329*
- *Seção III - Do lançamento de ofício – arts. 330 e 331*
- *Seção IV - Do Domicílio Tributário Eletrônico (DTE) e das intimações – arts. 332 a 334*
- *Seção V - Das presunções legais – art. 335*
- *Seção VI - Da documentação fiscal e auxiliar – arts. 336 e 337*
- *Seção VII - Do Regime Especial de Fiscalização (REF) – arts. 338 a 341*

TÍTULO VIII - Da transição para o IBS e para a CBS

o **CAPÍTULO I** - Da fixação das alíquotas durante a transição
- *Seção I - Da fixação das alíquotas do IBS durante a transição – arts. 342 a 344*

- Seção II - Da fixação das alíquotas da CBS durante a transição - arts. 345 a 347
- Seção III - Disposições comuns ao IBS e à CBS em 2026 - art. 348
- Seção IV - Da Fixação das alíquotas de referência de 2027 a 2035
  - Subseção I - Disposições gerais – art. 349
  - Subseção II - Da receita de referência – art. 350
  - Subseção III - Do cálculo das alíquotas de referência – art. 351
  - Subseção IV - Do cálculo da alíquota de referência da CBS – arts. 352 a 359
  - Subseção V - Do cálculo das alíquotas de referência do IBS – arts. 360 a 365
  - Subseção VI - Da fixação das alíquotas de referência em 2034 e 2035 – art. 366
  - Subseção VII - Do limite para as alíquotas de referência em 2030 e 2035 – arts. 367 a 369
- Seção V - Do Redutor a ser aplicado sobre as alíquotas da CBS e do IBS nas operações contratadas pela Administração Pública de 2027 a 2033 – art. 370

o **CAPÍTULO II** - Do limite para redução das alíquotas do IBS de 2029 a 2077 – art. 371
o **CAPÍTULO III** - Da transição aplicável ao regime de compras governamentais – art. 372
o **CAPÍTULO IV** - Do reequilíbrio de contratos administrativos – arts. 373 a 377
o **CAPÍTULO V** - Da utilização do saldo credor do PIS e da COFINS – arts. 378 a 383
o **CAPÍTULO VI** - Dos critérios, limites e procedimentos relativos à compensação de benefícios fiscais ou financeiro-fiscais do ICMS
- Seção I - Disposições gerais – arts. 384 e 385
- Seção II - Das competências atribuídas à RFB – arts. 386 e 387

- Seção III - Da habilitação do requerente à compensação – arts. 388 a 390
- Seção IV - Da demonstração e reconhecimento do crédito apurado e da revisão da regularidade do crédito retido – arts. 391 e 392
- Seção V - da autorregularização das informações prestadas – art. 393
- Seção VI - Dos procedimentos de revisão da apuração do crédito e do rito processual – art. 394
- Seção VII - Da constituição do crédito da União – art. 395
- Seção VIII – Da representação para fins penais – art. 396
- Seção IX - Da comunicação e da representação fiscal pelas unidades federadas – arts. 397 e 398
- Seção X - Disposições finais – arts. 399 a 405

  o **CAPÍTULO VII** – Da transição aplicável aos bens de capital – arts. 406 e 407
  o **CAPÍTULO VIII** – Disposições finais – art. 408

LIVRO II - DO IMPOSTO SELETIVO - IS

TÍTULO I - Disposições preliminares – arts. 409 a 411

TÍTULO II – Das normas gerais do imposto seletivo

  o **CAPÍTULO I** - Do momento da ocorrência do fato gerador – art. 412
  o **CAPÍTULO II** - Da não incidência – art. 413
  o **CAPÍTULO III** - Da base de cálculo – arts. 414 a 418
  o **CAPÍTULO IV** - Das alíquotas
  - Seção I - Dos veículos – arts. 419 e 420
  - Seção II – Das aeronaves e embarcações – art. 421
  - Seção III - Dos demais produtos sujeitos ao Imposto Seletivo – arts. 422 e 423

- CAPÍTULO V - Da sujeição passiva – arts. 424 e 425
- CAPÍTULO VI - Da empresa comercial exportadora – arts. 426 e 427
- CAPÍTULO VII - Da pena de perdimento – arts. 428 e 429
- CAPÍTULO VIII - Da apuração – arts. 430 a 431
- CAPÍTULO IX - Do pagamento – arts. 432 e 433

TÍTULO III - Do Imposto Seletivo sobre importações – arts. 434 a 435

TÍTULO IV - Disposições finais – arts. 436 a 438

LIVRO III - DAS DEMAIS DISPOSIÇÕES

TÍTULO I - Da Zona Franca De Manaus, das áreas de livre comércio e da devolução do IBS e da CBS ao turista estrangeiro

- CAPÍTULO I - Da zona franca de Manaus – arts. 439 a 457
- CAPÍTULO II - Das áreas de livre comércio – arts. 458 a 470
- CAPÍTULO III – Da devolução do IBS e da CBS ao turista estrangeiro – art. 471

TÍTULO II – Das Compras governamentais – arts. 472 e 473

TÍTULO III – Disposições transitórias – art. 474

- CAPÍTULO I – Da avaliação quinquenal – arts. 475 e 476
- CAPÍTULO II - Da compensação de eventual redução do montante entregue nos termos do art. 159, Incisos I e II, da CF/88 em razão da substituição do IPI Pelo IS – arts. 477 a 479
- CAPÍTULO III – Do Comitê Gestor do IBS
  - Seção I – Disposições gerais – art. 480
  - Seção II – Do Conselho Superior do CGIBS – arts. 481 e 482
  - Seção III – Da instalação do Conselho Superior – arts. 483 e 484

o **CAPÍTULO IV** – Do período de transição das operações com bens imóveis
  * *Seção I – Das operações iniciadas antes de janeiro de 2029*
    * Subseção I – Da incorporação – art. 485
    * Subseção II – Do parcelamento do solo – art. 486
    * Subseção III – Da locação, da cessão onerosa e do arrendamento do bem imóvel – art. 487
  * *Seção II – Das operações iniciadas a partir de 1º de janeiro de 2029 – art. 488*
  * *Seção III – Disposições finais – arts. 489 e 490*

TÍTULO IV – Disposições finais – arts. 491 a 544

A LC nº 214/25 nos apresenta uma sequência adequada para o entendimento das características dessa Reforma Tributária. Assim, buscamos elaborar um resumo de seus principais tópicos, procurando uma escrita menos formal e mais didática. São citados os respectivos artigos ao lado das seções trabalhadas.

1.3.1 Do IBS e da CBS sobre operações com bens e serviços

Das hipóteses de incidência (arts. 4º a 7º)

O IBS e a CBS incidem principalmente sobre operações com bens ou serviços que sejam onerosas, ou seja, aquelas que envolvem algum tipo de contraprestação. Essa definição forma uma **base ampla**, incluindo alienações, locações, concessões, doações com benefícios ao doador, entre outros. Podem incidir também sobre determinadas operações não onerosas, como fornecimento de bens e serviços a valores abaixo do mercado para uso pessoal de indivíduos associados ao contribuinte, bem como brindes e bonificações, a menos que estas estejam documentadas adequadamente. Há também operações não sujeitas a esses tributos, por exemplo a prestação de serviços por pessoas físicas em contextos específicos, transferências de bens entre estabelecimentos do mesmo contribuinte, certas movimentações financeiras e de participações societárias, bem como doações sem contraprestação. Porém, operações que, na essência, configuram transações onerosas, mesmo que disfarçadas como exceções, ainda podem ser tributadas.

Aos fornecimentos simultâneos de bens e serviços sem especificação dos valores, serão aplicadas as regras do fornecimento principal, ou o regime mais oneroso, dependendo de como os fornecimentos são classificados. A não incidência dos tributos sobre determinadas operações é cuidadosamente descrita, incluindo as especificidades sobre doações e transferências de recursos sem fins lucrativos.

Das imunidades (arts. 8º a 9º)

Referente às imunidades, se destacam as operações isentas do IBS e CBS, cujo um dos principais objetivos é garantir que determinados setores e atividades de interesse público ou cultural sejam protegidos de encargos tributários, o que pode incentivar suas operações e serviços.

As exportações de bens e serviços são umas das operações imunes, promovendo a competitividade dos produtos e serviços brasileiros no mercado internacional, como, por exemplo, as *commodities* do agronegócio. Também há concessão de imunidade para diversas entidades, como órgãos governamentais, instituições religiosas, partidos políticos, sindicatos, e organizações educacionais e de assistência social sem fins lucrativos. Esta isenção busca apoiar atividades que são consideradas de interesse público ou essenciais para a sociedade, tais como a propagação de fé, educação, assistência social, e a livre expressão de ideias.

A imunidade é também estendida a produtos culturais e de informação, como livros, jornais, periódicos, e materiais musicais de autores e artistas brasileiros, exceto na fase industrial de replicação de mídias ópticas. Também há imunidade para os serviços de comunicação por meio de radiodifusão livre e gratuita, bem como transações com ouro quando este for classificado como ativo financeiro ou instrumento cambial. Para as entidades governamentais e suas fundações, a imunidade é limitada a operações que se relacionam diretamente com suas finalidades essenciais. No entanto, esta não se aplica a atividades econômicas que sejam similares às de empreendimentos privados ou que envolvam pagamento por parte de usuários.

A legislação define claramente o que constitui uma entidade religiosa, assistencial ou beneficente, destacando sua natureza jurídica e suas funções. Apesar das imunidades concedidas, estas entidades não são isentas de tributos sobre a aquisição de bens e serviços necessários para suas atividades.

Essas disposições refletem um equilíbrio entre a necessidade de arrecadação fiscal e o incentivo a atividades que promovem o bem-estar social, cultural e econômico, assegurando que esses setores possam operar sem o ônus adicional de tributações que poderiam limitar sua atuação e impacto positivo na sociedade.

Do momento da ocorrência do fato gerador (art. 10)

O momento da ocorrência do fato gerador indica quando a obrigação tributária se concretiza, possibilitando uma administração fiscal coerente e previsível. É definido como o instante em que ocorre o fornecimento ou o pagamento, considerando-se o que acontecer primeiro. Isso inclui operações com bens ou serviços, mesmo que sejam de execução continuada ou fracionada. Em situações nas quais não é possível determinar o momento exato da entrega ou do término do serviço, como em fornecimentos de água tratada, saneamento, gás encanado, telecomunicações, internet e energia elétrica, o fato gerador ocorre quando o pagamento se torna devido. Este critério é aplicável também em casos de geração, transmissão, distribuição e comercialização dessas utilidades ao consumidor final. Além disso, o pagamento é considerado o fato gerador para aquisições de bens e serviços por órgãos da Administração Pública direta, autarquias e fundações públicas.

Há situações particulares para operações como as de transporte e fornecimento: o início do transporte é o fato gerador para serviços que começam no país, enquanto o término é considerado para transportes iniciados no exterior. Outros serviços têm seu fato gerador no término do fornecimento. Quando um bem é encontrado sem documentação fiscal adequada ou é adquirido por licitação pública, esses momentos são considerados o fato gerador.

Do local da operação (art. 11)

A correta definição do local da operação é fundamental para se definir a jurisdição fiscal aplicável e garantir a correta repartição de receitas entre diferentes entes federativos. Ele varia conforme a natureza do bem ou serviço envolvido, por exemplo: para bens móveis intangíveis, considera-se o local da entrega ao destinatário; já no caso de bens imóveis e serviços vinculados a imóveis, o local é onde o imóvel está situado.

Especificidades são previstas para situações como serviços de eventos, transportes, e exploração de vias. Por exemplo, os serviços de planejamento de eventos são atribuídos ao local do evento, enquanto o transporte de carga é atribuído ao local de entrega. Serviços de comunicação assentados em infraestruturas fixas são tributados no local do terminal de instalação. Já para serviços e bens imateriais, inclusive direitos, é considerado o local do domicílio principal do destinatário.

Operações não presenciais são tratadas, estipulando que o destino final é o local indicado pelo comprador. Em compras de veículos automotores, a operação é atribuída ao domicílio do destinatário. Em casos de licitações públicas ou quando há irregularidades fiscais, o local é onde o bem se encontra.

Considerando-se imóveis situados em mais de um município, prevalece o município com maior área e o conceito de domicílio principal, fundamental para determinar o local da operação, difere para pessoas físicas e jurídicas, baseado em habitação e estabelecimento, respectivamente. Métodos alternativos são indicados quando o cadastro regular não existe, utilizando endereços declarados ou obtidos por métodos como geolocalização.

Também há a regulamentação de operações com energia elétrica, atribuindo o local da operação ao ponto de disponibilização ou ao estabelecimento principal do adquirente, conforme a natureza da transação. Em casos de destinatários no exterior, o local da operação se refere ao domicílio do adquirente.

Da base de cálculo (arts. 12 e 13)

A base de cálculo é, em geral, o valor integral da operação, compreendendo todos os acréscimos, encargos, juros, multas, descontos condicionais, e valores de transporte quando estes são parte da operação. Este valor inclui também tributos e preços públicos cobrados pelo fornecedor. Não integram a base de cálculo do IBS e da CBS o próprio montante do IBS e da CBS, bem como o IPI, descontos incondicionais, reembolsos recebidos por operações em nome de terceiros, e outros tributos especificados por um período determinado.

Em situações em que o valor da operação não é claro – como a falta de valor explícito, operações sem determinação monetária, ou entre partes relacionadas, a base de cálculo deve ser ajustada para refletir o valor de mercado. Também, se o valor for declarado em moeda estrangeira, ele deve ser convertido para a moeda nacional utilizando a taxa de câmbio do Banco Central do Brasil. Quando instrumentos financeiros derivativos são utilizados fora das condições de mercado para ocultar valores, os ganhos desses derivativos devem ser incluídos na base de cálculo. Em caso de devolução ou cancelamento, a base de cálculo permanece a mesma da operação original.

A administração tributária pode arbitrar o valor da operação se os documentos fiscais não forem apresentados, se houver documentação inidônea, ou se o valor declarado for notoriamente inferior ao de mercado. Nesses casos, a base de cálculo pode ser determinada pelo valor de mercado, pelo custo do bem ou serviço acrescido de despesas operacionais, ou por preços sugeridos por fabricantes ou entidades setoriais.

Das alíquotas (arts. 14 a 20)

Cada ente federativo tem a competência para fixar suas **alíquotas--padrão**: a União define a CBS, enquanto estados e municípios determinam suas alíquotas de IBS, com o Distrito Federal acumulando ambas as atribuições.

As alíquotas podem ser vinculadas ou independentes das **alíquotas de referência** da esfera federativa, e, na ausência de legislação específica, aplica-se a alíquota de referência. Qualquer elevação de alíquota que não resulte da fixação da alíquota de referência deverá respeitar o princípio da anterioridade nonagesimal, conforme a CF/88. O estado de Pernambuco tem uma competência especial para operações no distrito estadual de Fernando de Noronha.

As alíquotas do IBS são calculadas a partir da soma das alíquotas estaduais e municipais no destino das operações, enquanto que para o Distrito Federal aplica-se uma alíquota única. A uniformidade das alíquotas para todas as operações é exigida, salvo exceções previstas na legislação, e qualquer alteração que modifique a arrecadação deve ser compensada por ajustes nas alíquotas de referência, conduzidas pelo Senado Federal com base em cálculos elaborados pelo CG-IBS e o Poder Executivo, e homologados pelo Tribunal de Contas da União. Além disso, novos projetos de lei que alterem a arrecadação do IBS ou CBS devem ser acompanhados de estimativas de impacto, assegurando que mudanças legislativas sejam bem-informadas e fiscalmente responsáveis.

Da sujeição passiva (arts. 21 a 26)

Os artigos apresentados definem quem são os contribuintes do IBS e da CBS, estabelecendo os critérios para a determinação da responsabilidade tributária e as condições sob as quais diferentes entidades podem optar ou são obrigadas a participar do regime regular desses tributos. Os principais objetivos são clarificar as obrigações tributárias e assegurar um sistema fiscal equilibrado e equitativo.

O contribuinte do IBS e da CBS é geralmente o fornecedor que realiza operações no decorrer de uma atividade econômica, habitual, profissional, ou em volume considerável. Esses contribuintes são obrigados a se inscrever nos cadastros pertinentes, a menos que optem por regimes especiais como o Simples Nacional ou o MEI, que têm suas próprias regras. Os optantes pelo Simples Nacional poderão exercer a opção de apurar e recolher o IBS e a CBS pelo regime regular.

Empresas que operam no exterior e realizam negócios no Brasil também são consideradas contribuintes, devendo cumprir as obrigações de cadastro e recolhimento, exceto quando as operações são realizadas exclusivamente por meio de plataformas digitais.

Plataformas digitais, mesmo aquelas domiciliadas no exterior, são responsáveis pelo recolhimento dos tributos nas operações que intermediam, especialmente quando o fornecedor está fora do país. Elas devem fornecer informações detalhadas sobre as operações e garantir o cumprimento das obrigações fiscais dos participantes.

Diversas entidades, incluindo condomínios, consórcios, sociedades em conta de participação, e certos fundos de investimento, não são contribuintes-padrão, mas podem optar pelo regime regular ou são obrigados a cumprir certas obrigações tributárias conforme suas atividades e receitas. Responsabilidades solidárias também são impostas a indivíduos ou entidades que participem em operações sem documentação fiscal adequada ou que contribuam para o descumprimento das obrigações tributárias.

A legislação também esclarece que certas entidades sem fins lucrativos, como planos de autogestão de saúde e entidades de previdência complementar fechadas, não são contribuintes do IBS e da CBS, desde que cumpram requisitos de imunidade fiscal e não apropriem créditos nas suas aquisições.

Das modalidades de extinção dos débitos (arts. 27 a 37)

Os débitos do IBS e da CBS, resultantes de operações com bens ou serviços, podem ser extintos por meio de algumas modalidades específicas. Primeiramente, pode ocorrer a compensação com créditos de IBS e CBS apropriados pelo contribuinte, conforme os artigos 47 a 56 e outras disposições dessa lei complementar. Outra forma é o pagamento direto pelo contribuinte ou o recolhimento na liquidação financeira da operação, conhecido como *split payment*, de acordo com os artigos 31 a 35. O adquirente também pode realizar o recolhimento, conforme o artigo 36, ou o pagamento pode ser feito por quem a lei complementar designar como responsável conforme artigo 37.

O parágrafo único esclarece que, nos casos de compensação e pagamento direto, a extinção dos débitos será aplicada aos valores não extintos do IBS e CBS sobre operações ocorridas no período de apuração, seguindo a ordem cronológica do documento fiscal, conforme regulamento. Nos casos de liquidação financeira e recolhimento pelo adquirente, a extinção estará vinculada à operação respectiva. Na hipótese de pagamento por responsável designado, a extinção será vinculada à operação específica ou, se não houver uma operação específica, aplicada conforme a compensação e pagamento direto.

Em relação às operações com energia elétrica ou direitos relacionados, o recolhimento do IBS e CBS sobre geração, comercialização, distribuição e transmissão será feito exclusivamente por diferentes agentes. A distribuidora fará o recolhimento se a venda for para adquirente no ambiente de contratação regulada. O alienante fará o recolhimento em aquisições no ambiente livre ou quando o adquirente não estiver no regime regular de IBS e CBS. O adquirente será responsável pelo recolhimento em aquisições multilaterais, e a transmissora fará o recolhimento na prestação de transmissão a consumidores conectados diretamente à rede básica.

O primeiro parágrafo detalha que o recolhimento ocorre somente no fornecimento para consumo ou para contribuinte não sujeito ao regime regular de IBS e CBS. No serviço de transmissão, o fornecimento é considerado no momento em que o pagamento pelo serviço se torna devido. O terceiro parágrafo esclarece que a energia elétrica fornecida pela distribuidora à unidade consumidora é excluída da base de cálculo da CBS e do IBS, na quantidade correspondente à energia injetada na rede pela mesma unidade, adicionando créditos de energia originados na própria unidade no mesmo mês, meses anteriores ou outra unidade do mesmo titular.

A exclusão mencionada aplica-se apenas a consumidores do Sistema de Compensação de Energia Elétrica, conforme a Lei nº 14.300, de 2022, e apenas à energia produzida por microgeração e minigeração, com potências específicas. No entanto, essa exclusão não se aplica a custos como disponibilidade, energia reativa, demanda de potência, encargos de conexão ou uso do sistema, componentes tarifárias não relacionadas ao custo da energia, e outros valores cobrados pela distribuidora.

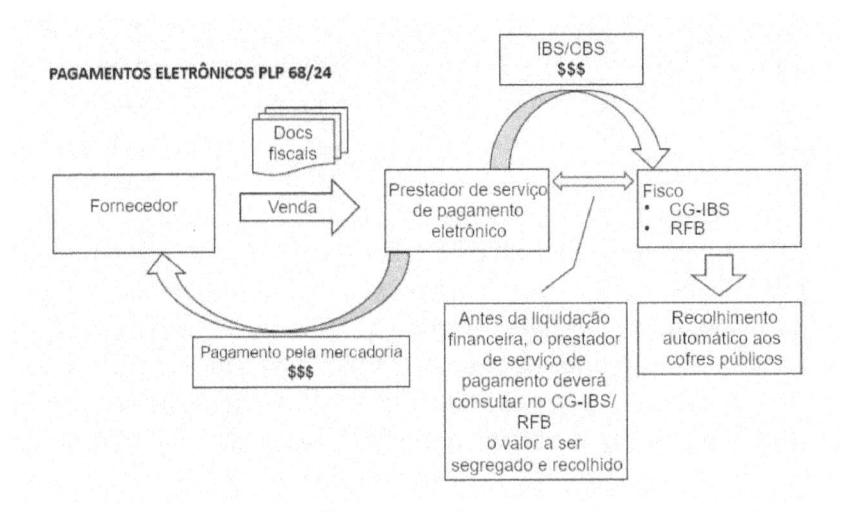

```
                                    IBS/CBS
                                     $$$
PAGAMENTOS ELETRÔNICOS PLP 68/24
                          Docs
                          fiscais
   ┌──────────┐      ┌──────────────┐      ┌──────────┐
   │Fornecedor│─Venda→│Prestador de  │⇄     │  Fisco   │
   │          │      │serviço de    │      │ • CG-IBS │
   │          │      │pagamento     │      │ • RFB    │
   │          │      │eletrônico    │      └──────────┘
   └──────────┘      └──────────────┘            ↓
                                          Recolhimento
                     Antes da liquidação  automático aos
                     financeira, o prestador cofres públicos
   Pagamento pela mercadoria  de serviço de
            $$$               pagamento deverá
                              consultar no CG-IBS/
                              RFB
                              o valor a ser
                              segregado e recolhido
```

Fonte: Elaborada pelo autor, 2024.

A base legal do *split payment* na Reforma Tributária encontra-se no art. 156-A da CF/88:

> Art. 156-A [...]
> § 5º Lei complementar disporá sobre:
> [...]
> II - o regime de compensação, podendo estabelecer hipóteses em que o aproveitamento do crédito ficará condicionado à verificação do efetivo recolhimento do imposto incidente sobre a operação com bens materiais ou imateriais, inclusive direitos, ou com serviços, desde que:
> [...]
> b) o recolhimento do imposto ocorra na liquidação financeira da operação;

Do pagamento indevido ou a maior e do ressarcimento (arts. 38 a 40)

Em caso de pagamento indevido ou a maior, a restituição do IBS e da CBS ao contribuinte só será devida se a operação não tiver gerado crédito para o adquirente dos bens ou serviços e se o disposto no artigo 166 do Código Tributário Nacional for observado.

Quanto ao ressarcimento, o contribuinte que apurar saldo a recuperar pode solicitar seu ressarcimento integral ou parcial. Se a solicitação não for feita ou for parcial, o saldo remanescente se torna crédito do contribuinte, que poderá ser utilizado para compensação ou ressarcido posteriormente. A solicitação de ressarcimento será analisada pelo Comitê Gestor do IBS, no caso do IBS, e pela RFB, para a CBS. O prazo para apreciação é de até 30 dias para contribuintes em programas de conformidade, até 60 dias para pedidos que atendam ao artigo 40, e até 180 dias nos demais casos. Se não houver manifestação dentro desses prazos, o crédito será ressarcido em 15 dias. Caso ocorra fiscalização antes do fim desses prazos, eles são suspensos, e os créditos homologados são ressarcidos em até 15 dias após a fiscalização, que não pode exceder 360 dias. Se a fiscalização não for encerrada nesse prazo, o crédito será ressarcido em 15 dias. O ressarcimento não impede a fiscalização posterior dos créditos nem afeta a conclusão do procedimento. O valor dos saldos credores será corrigido pela taxa Selic mais 1% a partir do segundo mês após o pedido, exceto se o contribuinte optar pelo Simples Nacional ou MEI, ou por não ser contribuinte de IBS e CBS, situações em que os prazos podem ser suspensos por até 5 anos. Em caso de descumprimento dos prazos, o saldo será corrigido diariamente pela Selic.

Os prazos de ressarcimento mais curtos se aplicam aos créditos de IBS e CBS para bens e serviços do ativo imobilizado do contribuinte e para pedidos de ressarcimento até 150% do valor médio mensal da diferença entre os créditos apropriados e os débitos de IBS e CBS. O cálculo do valor médio mensal considera informações dos 24 meses anteriores, excluindo créditos do ativo imobilizado. O regulamento prevê a aplicação dessas disposições, incluindo o uso de estimativas iniciais e ajustes conforme a alíquota do IBS entre 2029 e 2033. O valor ajustado pode contemplar variações sazonais e de expansão econômica do contribuinte. Bens e serviços do ativo imobilizado incluem aqueles contabilizados como ativo de contrato, intangível ou financeiro por concessionárias de serviços públicos.

Dos regimes de apuração (arts. 41 a 46)

O regime regular do IBS e da CBS engloba todas as regras de incidência e apuração previstas na lei complementar, incluindo aquelas aplicáveis a regimes diferenciados e específicos. O contribuinte que não optar pelo Simples Nacional ou pelo MEI, conforme a Lei Complementar nº 123, de 2006, estará sujeito a este regime regular. Aqueles que optarem pelo Simples Nacional ou MEI seguem as regras desses regimes, mas podem escolher apurar e recolher o IBS e a CBS pelo regime regular, seguindo o disposto na mesma lei complementar. Essa opção, no entanto, veda a saída do regime regular caso o contribuinte tenha recebido ressarcimento de créditos dos tributos no ano corrente ou anterior.

A apuração do IBS e da CBS consolida todas as operações de todos os estabelecimentos do contribuinte, com pagamento e pedidos de ressarcimento centralizados em um único local. Essa apuração abrange todos os débitos e créditos, inclusive daqueles em regimes diferenciados, salvo exceções expressas. O período de apuração é mensal, com regulamento definindo prazos para conclusão e vencimento dos tributos.

Para cada período, o contribuinte deve apurar o saldo do IBS e da CBS, que é a diferença entre débitos do período e créditos apropriados, incluindo créditos presumidos e saldos anteriores não utilizados. Podem ser feitos ajustes positivos ou negativos nesse saldo, como o estorno de créditos indevidamente apropriados. O resultado pode ser um saldo a recolher, que deve ser pago, ou um saldo a recuperar, que pode ser usado para ressarcimento ou compensação. A apuração implica confissão de dívida e constitui o crédito tributário, devendo ser entregue ao Comitê Gestor do IBS e à RFB no prazo estabelecido.

O Comitê Gestor e a RFB podem apresentar uma apuração assistida do saldo, baseada em documentos fiscais eletrônicos e outras informações. Se o contribuinte confirma ou ajusta essa apuração, isso também implica confissão de dívida. Na ausência de manifestação do contribuinte, presume-se correto o saldo apurado. Tanto a apuração assistida quanto a confissão de dívida são suficientes para exigir os valores do IBS e da CBS. O saldo resultante será um saldo a recolher ou a recuperar, conforme o caso, e a apuração assistida deve ser uniforme e sincronizada para ambos os tributos.

Da não cumulatividade (arts. 47 a 56)

O contribuinte que está sob o regime regular pode apropriar créditos do IBS e da CBS quando ocorre a extinção dos débitos relativos às operações como adquirente, exceto para uso ou consumo pessoal e outras exceções previstas na lei complementar. A apropriação de créditos deve ser feita separadamente para o IBS e a CBS, sem compensação entre eles, e depende da comprovação da operação por meio de documento fiscal eletrônico válido. Os valores dos créditos apropriados correspondem aos débitos destacados no documento fiscal de aquisição e extintos, ou a valores de crédito presumido. Isso se aplica também a aquisições de optantes pelo Simples Nacional. Em operações com combustíveis tributados em regime específico, não é necessária a comprovação de extinção dos débitos para apropriação dos créditos, que serão equivalentes aos valores registrados no documento fiscal. Se um bem adquirido for perdido, danificado ou roubado, o crédito deve ser estornado, proporcionalmente ao tempo de vida útil e taxas de depreciação. No caso de devolução ou cancelamento de operações por adquirente não contribuinte, o fornecedor pode apropriar créditos com base nos débitos incidentes na operação devolvida ou cancelada.

Quando o pagamento do IBS e da CBS é realizado pelo Simples Nacional sem opção pelo regime regular, optantes do Simples não podem apropriar créditos, mas contribuintes no regime regular podem apropriar créditos dos tributos pagos na aquisição de bens e serviços de optantes pelo Simples. Operações sujeitas a alíquota reduzida não levam ao estorno dos créditos apropriados, a menos que explicitamente indicado. Créditos de débitos extintos podem ser apropriados em casos de falência decretada, desde que a aquisição não tenha permitido apropriação de créditos, a operação esteja registrada na contabilidade e os pagamentos aos credores do falido sejam encerrados definitivamente.

Não é necessário extinguir débitos para apropriação de créditos se não houver recolhimento na liquidação financeira da operação ou pelo adquirente. Apropriação de créditos nestes casos depende de destaque correto do IBS e CBS no documento fiscal. Operações imunes, isentas ou com alíquota zero, diferimento ou suspensão não permitem apropriação de créditos, exceto créditos presumidos expressamente previstos. A suspensão permite apropriação de créditos apenas quando débitos são extintos, sem apropriação de créditos sobre acréscimos legais. Imunidade e isenção anulam créditos de operações anteriores proporcionalmente, mas não para exportações e operações específicas mencionadas na lei. Em alíquota zero, créditos de operações anteriores são mantidos.

Créditos apropriados podem ser usados para compensação com saldo a recolher vencido, não extinto e não inscrito em dívida ativa, com débitos do mesmo período ou subsequentes, seguindo ordem cronológica. Alternativamente, pode-se solicitar ressarcimento. Créditos são apropriados e usados pelo valor nominal, sem correção monetária, exceto para ressarcimento com juros conforme previsto. O direito de usar créditos expira após cinco anos do período subsequente à apropriação. Transferência de créditos para outras pessoas ou entidades é proibida, exceto em fusão, cisão ou incorporação, em que créditos podem ser transferidos para a sucessora, mantendo a data original de apropriação. As regras desta seção aplicam-se a todas as hipóteses de apropriação e uso de créditos do IBS e da CBS previstas na lei.

Dos bens e serviços para uso e consumo pessoal (art. 57)

Os bens e serviços considerados de uso ou consumo pessoal incluem itens como joias, pedras e metais preciosos, obras de arte e antiguidades de valor histórico, bebidas alcoólicas, derivados do tabaco, armas e munições, além de bens recreativos, esportivos e estéticos. Também se enquadram nessa categoria os bens e serviços adquiridos ou produzidos pelo contribuinte que são fornecidos sem custo ou a um valor abaixo do mercado para o próprio contribuinte, se for pessoa física, ou para pessoas físicas que sejam sócias, acionistas, administradores, membros de conselhos e comitês, e seus parentes próximos.

Entre os bens e serviços considerados de uso ou consumo pessoal estão imóveis residenciais e relacionados à sua manutenção, veículos e os custos associados à sua aquisição e uso, como seguro e combustível. No caso de sociedades que gerenciam bens e ativos financeiros de pessoas físicas, os bens e serviços relacionados a essa gestão também são considerados de uso pessoal.

Contudo, não se consideram de uso ou consumo pessoal aqueles bens e serviços usados predominantemente na atividade econômica do contribuinte. Isso inclui bens comercializados ou usados na fabricação de outros bens, armas e munições de empresas de segurança, e serviços oferecidos no local de trabalho, como uniformes, equipamentos de proteção, alimentação e bebida não alcoólica, serviços de saúde, creche, planos de saúde, vale-transporte, vale-refeição e vale-alimentação, além de benefícios educacionais para empregados.

Bens e serviços não relacionados a atividades econômicas de uma pessoa física contribuinte pelo regime regular são considerados de uso pessoal. Não é possível apropriar créditos sobre esses bens e serviços. Se houver apropriação de créditos para aquisição de bens ou serviços de uso pessoal, será necessário pagar débitos equivalentes, com acréscimos legais desde a data da apropriação. No caso de fornecimento temporário de bens, os débitos são calculados proporcionalmente ao tempo de uso. O regulamento detalhará como identificar a pessoa física destinatária desses bens e serviços.

1.3.2 Da operacionalização do IBS e da CBS

Disposições gerais (CG-IBS x RFB) (art. 58)

O artigo trata da cooperação entre o CG-IBS e a RFB[21] para a administração eficaz e integrada do IBS e da CBS. O principal objetivo é otimizar a administração desses tributos por meio de soluções conjuntas e integradas, garantindo eficiência e uniformidade nos processos fiscais, por meio de uma plataforma unificada, que será gerida conjuntamente por ambos os organismos. Essa plataforma visa centralizar as operações fiscais, desde o pagamento dos tributos até a gestão de documentos fiscais eletrônicos, promovendo uma maior sinergia entre os órgãos responsáveis e facilitando o cumprimento das obrigações tributárias pelos contribuintes.

Para a apuração correta do IBS e da CBS, tanto o CG-IBS quanto as administrações tributárias devem seguir diretrizes em termos de forma, conteúdo e prazos, que serão definidos em atos conjuntos.

---

21 Usaremos a sigla RFB no decorrer do livro quando nos referirmos à Receita Federal do Brasil.

Isso assegurará que todas as operações sejam tratadas de maneira consistente e conforme os padrões estabelecidos, minimizando discrepâncias e melhorando a precisão na arrecadação de tributos.

Além disso, os documentos fiscais eletrônicos, que são obrigatórios para o registro das operações com bens e serviços, devem ser compartilhados com todos os entes federativos no momento de sua autorização ou recepção. Isso promove transparência e uniformidade, utilizando padrões técnicos comuns para assegurar que todas as informações estejam acessíveis e possam ser utilizados por todos os níveis do governo.

Do cadastro com identificação única (art. 59)

Delineiam os requisitos de registro e integração de cadastros para pessoas físicas, jurídicas e imóveis no contexto do IBS e da CBS. O objetivo central é criar um sistema de registro único e integrado que facilite a administração tributária e simplifique o cumprimento das obrigações fiscais.

Estabelece que todos os contribuintes, incluindo pessoas físicas, jurídicas e entidades sem personalidade jurídica, devem se registrar em um cadastro com identificação única. Para pessoas físicas, utiliza-se o Cadastro de Pessoas Físicas (CPF); para pessoas jurídicas e entidades sem personalidade jurídica, o Cadastro Nacional da Pessoa Jurídica (CNPJ); e, para imóveis, o Cadastro Imobiliário Brasileiro (CIB). Esse sistema de registro é projetado para fornecer uma base de dados centralizada e acessível que apoia a administração eficiente dos impostos.

As informações nestes cadastros serão integradas, sincronizadas e compartilhadas em tempo real por meio de um ambiente nacional de dados que conecta as administrações tributárias federal, estaduais, distrital e municipais. Este ambiente será gerido de forma compartilhada pelo CG-IBS para Gestão da Rede Nacional para Simplificação do Registro e da Legalização de Empresas e Negócios (CGSIM), promovendo a transparência e a eficiência na gestão tributária.

As administrações tributárias têm a permissão para gerenciar dados adicionais e atributos específicos necessários para a gestão fiscal do IBS e da CBS, garantindo a flexibilidade na aplicação de requisitos fiscais específicos sem comprometer a integridade do sistema cadastral nacional.

Além disso, o uso do Domicílio Tributário Eletrônico (DTE) unificado e obrigatório para todas as entidades e pessoas jurídicas inscritas no CNPJ facilita a comunicação eletrônica entre as administrações tributárias e os contribuintes, contribuindo para uma interação mais ágil e eficiente com o sistema fiscal.

Do documento fiscal eletrônico (art. 60)

Estabelecem a obrigatoriedade da emissão de documentos fiscais eletrônicos para transações envolvendo bens e serviços, incluindo exportações e importações, como parte do regime do IBS e da CBS. Essa exigência visa assegurar a transparência e a precisão na apuração e declaração dos tributos devidos.

Especifica que o sujeito passivo deve emitir um documento fiscal eletrônico para cada operação realizada. As informações contidas nesse documento têm caráter declaratório, funcionando como uma confissão do valor do IBS e da CBS devidos, conforme registrado. Isso implica uma responsabilidade direta do contribuinte em garantir que os valores informados sejam precisos e refletem corretamente a transação efetuada. A obrigatoriedade de emissão inclui não apenas operações normais, mas também aquelas que são imunes, isentas, sujeitas a alíquota zero ou suspensão. Além disso, a transferência de bens entre estabelecimentos do mesmo contribuinte também requer a emissão desse documento, garantindo um registro completo e rastreável de todas as movimentações de bens e serviços.

Os regulamentos que regem o IBS e a CBS podem exigir a inclusão de informações complementares, necessárias para a correta apuração desses tributos. Isso permite às autoridades fiscais um controle mais rigoroso e uma melhor monitorização das atividades comerciais dos contribuintes, facilitando a fiscalização e evitando a evasão fiscal.

Dos programas de incentivo à cidadania fiscal (art. 61)

O CG-IBS e a RFB poderão instituir programas de incentivo à cidadania fiscal por meio de estímulo à exigência, pelos consumidores, da emissão de documentos fiscais. Esses programas poderão ser financiados pelo montante equivalente a até 0,05% (cinco centésimos por cento) da arrecadação do IBS e da CBS. O regulamento poderá prever hipóteses em que as informações apresentadas nos termos do inciso I do § 1º do art. 32 desta lei complementar poderão ser utilizadas para identificar o adquirente que não seja contribuinte do IBS e da CBS nos respectivos documentos fiscais eletrônicos, garantida a opção do adquirente por outra forma de identificação.

> Art. 32 [...]
> § 1º O fornecedor é obrigado a incluir no documento fiscal eletrônico informações que permitam: I - a vinculação das operações com a transação de pagamento;
> [...]

Disposições transitórias (art. 62)

Estabelece obrigações para a União, os estados, o Distrito Federal e os municípios no que diz respeito à adaptação dos sistemas de emissão de documentos fiscais eletrônicos para incluir dados padronizados que facilitem a apuração do IBS e da CBS. Isso inclui a atualização dos sistemas autorizadores e aplicativos simplificados para permitir que os contribuintes informem corretamente os dados relacionados a esses tributos.

Os documentos fiscais eletrônicos, uma vez recebidos, validados e autorizados, devem ser compartilhados com um ambiente nacional de uso comum, gerido pelo CG-IBS, envolvendo todas as administrações tributárias. Este compartilhamento é essencial para garantir a integridade e a eficiência do sistema tributário nacional.

A partir de 1º de janeiro de 2026, os municípios e o Distrito Federal estão especificamente obrigados a permitir que seus contribuintes emitam a Nota Fiscal de Serviços Eletrônica (NFS-e) de padrão nacional em um ambiente nacional, ou, caso utilizem sistemas próprios, compartilhar esses documentos em conformidade com um leiaute padronizado. Esta obrigação, que se estende até 31 de dezembro de 2032, visa unificar e simplificar a emissão e o compartilhamento de documentos fiscais em todo o país.

O padrão e o leiaute dos documentos fiscais são definidos em convênios entre as administrações tributárias e geridos pelo Comitê Gestor da NFS-e, assegurando a consistência e a interoperabilidade dos dados fiscais. O ambiente nacional da NFS-e serve como um repositório centralizado, garantindo a integridade e a disponibilidade das informações fiscais.

Além disso, o CG-IBS e a RFB têm a possibilidade de definir soluções alternativas à plataforma NFS-e, desde que respeitem o leiaute do padrão nacional para fins de compartilhamento.

O não cumprimento dessas disposições resultará na suspensão temporária de transferências voluntárias, impondo uma sanção que incentiva a adesão ao novo sistema. O objetivo principal dessas medidas é criar um sistema fiscal mais eficiente e transparente, que suporte uma melhor gestão e fiscalização dos tributos em âmbito nacional, promovendo a harmonização fiscal e a diminuição da burocracia para contribuintes e administrações tributárias.

1.3.3 Do IBS e da CBS sobre importações

Da hipótese de incidência (art. 63)

O IBS e a CBS incidem sobre a importação de bens ou serviços do exterior, independentemente de quem realiza a importação, seja uma pessoa física, uma entidade jurídica ou uma entidade sem personalidade jurídica. Isso se aplica mesmo que a entidade não esteja inscrita ou obrigada a se inscrever no regime regular desses tributos, e independentemente da finalidade da importação. As regras que se aplicam a essas importações são as mesmas estabelecidas para operações onerosas, salvo se houver alguma disposição específica neste capítulo que indique o contrário.

Da importação de bens imateriais e serviços (art. 64)

A importação de serviços ou bens imateriais, como direitos, ocorre quando um residente ou domiciliado no exterior fornece algo que é consumido no Brasil, mesmo que o fornecimento ocorra fora do país. Isso inclui o uso, exploração, aproveitamento, fruição ou acesso a bens imateriais e serviços. A prestação de serviços por alguém do exterior é considerada uma importação se for realizada no Brasil, relacionada a bens imóveis ou móveis no Brasil, ou se um bem móvel é enviado para o exterior para serviço e retorna ao Brasil após a conclusão.

Se o consumo de serviços ou bens imateriais ocorrer tanto no Brasil quanto no exterior, somente a parte consumida no Brasil será considerada importação. Bens imateriais e serviços incluídos no valor aduaneiro de bens materiais importados também estão sujeitos ao IBS e CBS.

Para importação de bens imateriais ou serviços, o fato gerador do imposto ocorre conforme definido pela lei, e a base de cálculo é o valor da operação. As alíquotas aplicáveis são as mesmas de um fornecimento similar no Brasil. O local da importação define as alíquotas específicas para o IBS. O adquirente no Brasil é o contribuinte, mas se o adquirente estiver no exterior, o destinatário no Brasil será o contribuinte. O fornecedor no exterior é solidariamente responsável pelo pagamento do IBS e CBS, e plataformas digitais também são responsáveis nos casos de importação por meio delas.

Regras específicas se aplicam a importações sob regimes específicos, e o consumo eventual por não residentes temporários no Brasil não é considerado importação.

Da importação de bens materiais – fato gerador (arts. 65 e 66)

Tratam da incidência do IBS e da CBS sobre a importação de bens materiais no Brasil, detalhando as condições em que esses tributos são aplicáveis ou isentos.

O fato gerador principal para a incidência do IBS e da CBS sobre a importação de bens materiais é a entrada desses bens no território nacional. Para efeitos fiscais, presume-se a entrada de bens que tenham sido registrados como importados, mesmo em caso de extravio, exceto para malas e remessas postais internacionais. No entanto, existem várias exceções nas quais a importação de bens materiais não está sujeita a esses tributos. Isso inclui bens que retornam ao país por motivos como consignação não concretizada, defeitos técnicos que exigem reparo ou substituição, ou devoluções devido a mudanças nas regras de importação pelo país importador. Outras situações incluem erros comprovados de expedição, bens destinados à reposição de itens defeituosos, bens sujeitos a perda pela autoridade aduaneira, e bens destruídos sob controle aduaneiro.

Concede a isenção do IBS e da CBS para bagagens de viajantes e tripulantes e remessas internacionais entre pessoas físicas sem intermediação de plataforma digital.

Da importação de bens materiais – do momento da apuração (art. 67)

Para o cálculo do IBS e da CBS na importação de bens materiais, o fato gerador é considerado ocorrido em várias situações. Primeiro, ocorre na liberação dos bens submetidos a despacho para consumo, que se refere ao despacho aduaneiro para bens importados de forma definitiva. Isso também se aplica a bens sob regime suspensivo de tributação ou contidos em remessas internacionais e conduzidos por viajantes sob regime comum.

Além disso, o fato gerador acontece na liberação de bens submetidos ao regime especial de admissão temporária para uso econômico. Também ocorre no lançamento do crédito tributário correspondente para bens incluídos como bagagem, acompanhada ou não, bens em manifestos ou declarações equivalentes que foram extraviados, ou bens importados sem declaração de importação. Essas definições garantem que o imposto seja aplicado de maneira consistente em diferentes cenários de importação.

Da importação de bens materiais – do local de importação de bens materiais (art. 68)

Determina o local de incidência do IBS e da CBS para importações de bens materiais, estabelecendo critérios precisos para identificar a localização relevante para fins tributários. Esta definição é fundamental para assegurar a correta aplicação dos tributos e a alocação das receitas fiscais.

Primeiramente, o local da importação é designado como o local da entrega dos bens ao destinatário final. Isso inclui bens recebidos por meio de remessa internacional, assegurando que a tributação ocorra no ponto de destino real dos bens. Esta abordagem garante que as importações sejam tributadas de acordo com o local onde os bens são efetivamente consumidos ou utilizados, refletindo o princípio de tributação no destino. Em segundo lugar, para mercadorias entrepostadas, o local de importação é definido como o domicílio principal do adquirente. Mercadorias entrepostadas são aquelas que estão em estoque ou em trânsito para armazenamento temporário antes do despacho final. Definindo o domicílio principal do adquirente como o local relevante, o artigo assegura que a responsabilidade tributária seja claramente atribuída ao comprador final, mesmo se os bens passarem por diferentes localidades durante o processo de importação.

Por último, no caso de extravio de bens, o local onde o extravio é caracterizado torna-se o ponto de referência para a importação. Esta disposição garante que, mesmo em situações de perda ou extravio dos bens, a responsabilidade tributária seja adequadamente atribuída e processada conforme a legislação.

Da importação de bens materiais – da base de cálculo (arts. 69 e 70)

Definem a base de cálculo do IBS e da CBS para importações de bens materiais, especificando como essa base deve ser composta e convertida em moeda nacional. São essenciais para garantir uma aplicação precisa e consistente dos tributos sobre importações, assegurando que todos os custos associados à importação sejam considerados de forma abrangente.

A base de cálculo é determinada pelo valor aduaneiro dos bens importados, ao qual se adicionam uma série de outros encargos tributários e taxas aplicáveis. Estes incluem o Imposto de Importação, Imposto Seletivo, taxa de utilização do Siscomex, AFRMM[22], Cide-Combustíveis, além de direitos *antidumping*, compensatórios e medidas de salvaguarda. Essa abordagem assegura que todos os custos incidentes sobre os bens até o momento de sua liberação sejam contabilizados, proporcionando uma visão completa do valor tributável da importação.

Para fins de cálculo, valores expressos em moeda estrangeira devem ser convertidos para a moeda nacional usando a taxa de câmbio empregada para o Imposto de Importação, garantindo que as oscilações cambiais posteriores não afetem a base de cálculo já

---

22 AFRMM – Adicional ao Frete para Marinha Mercante.

estabelecida. Isso traz estabilidade e previsibilidade ao processo, permitindo que importadores calculem de forma precisa suas obrigações fiscais.

Esclarecem também que o IPI, ICMS e ISSQN não compõem a base de cálculo do IBS e da CBS, promovendo clareza e evitando a dupla tributação sobre os mesmos valores.

Da importação de bens materiais – da alíquota (art. 71)

As alíquotas aplicadas sobre a importação são as mesmas que incidem sobre a aquisição do bem no mercado interno. Isso assegura que não haja distorções fiscais entre bens importados e aqueles adquiridos localmente, promovendo uma competição justa e equilibrada entre produtos nacionais e importados. Para tanto, a definição do local da importação é essencial para a determinação das alíquotas estaduais, distritais e municipais do IBS, seguindo as diretrizes do art. 68. Esta determinação assegura que a arrecadação tributária seja alocada corretamente de acordo com o destino final dos bens, refletindo o princípio da tributação no local de consumo.

Em casos nos quais os bens importados não podem ser identificados devido a extravio, consumo ou descrição genérica, aplicam-se as alíquotas-padrão do local de destino. Isso garante que, mesmo na ausência de informações específicas, a tributação ocorra de maneira eficiente e equitativa, evitando lacunas fiscais e garantindo a arrecadação.

Da importação de bens materiais – da sujeição passiva (arts. 72 a 75)

Estabelecem as responsabilidades dos contribuintes e responsáveis pelo IBS e pela CBS na importação de bens materiais, além de delinear as obrigações de inscrição para fins de cumprimento das obrigações fiscais associadas.

Identifica como contribuintes do IBS e da CBS aqueles que promovem a entrada de bens materiais de procedência estrangeira no território nacional, incluindo tanto o importador direto quanto o adquirente de mercadorias entrepostadas. No caso de importações por conta e ordem de terceiros, o adquirente dos bens importados é considerado o importador responsável, garantindo clareza sobre quem é responsável pelo pagamento dos tributos.

Define os responsáveis substitutos para o pagamento do IBS e da CBS, em casos específicos de extravio ou descumprimento de regime aduaneiro. Isso inclui o transportador, quando há extravio durante o transporte, e o depositário, quando o extravio ocorre sob sua custódia. Além disso, o beneficiário de regimes aduaneiros especiais também pode ser responsabilizado se não cumprir com as obrigações do regime.

Estabelece a responsabilidade solidária de várias partes que, de algum modo, participam ou facilitam o processo de importação. Isso inclui a pessoa que registra a declaração de importação em nome de outra, o encomendante predeterminado, representantes de transportadores estrangeiros, operadores de transporte multimodal, e tomadores de serviços ou contratantes de afretamento para transporte internacional.

E, finalmente, obriga todos esses sujeitos passivos a se inscreverem conforme regulamentação específica, assegurando que todas as partes envolvidas no processo de importação estejam devidamente registradas para fins de cumprimento das obrigações fiscais.

Da importação de bens materiais – do pagamento (arts. 76 e 77)

Estabelecem os parâmetros para o pagamento do IBS e da CBS relacionados à importação de bens materiais, destacando a obrigatoriedade de quitação desses tributos e os momentos específicos para o seu pagamento.

Determina que o pagamento do IBS e da CBS deve ser efetuado até a entrega dos bens despachados para consumo, mesmo se essa entrega ocorrer antes da liberação aduaneira. Isso assegura que todas as importações sejam tributadas de forma eficiente e em tempo hábil. Além disso, permite que o sujeito passivo antecipe o pagamento no momento do registro da declaração de importação, facilitando o fluxo do processo importador. Caso haja diferença nos tributos devidos por conta dessa antecipação, ela é ajustada sem acréscimos moratórios, promovendo flexibilidade e eficiência no processo fiscal.

Para operadores certificados no Programa Brasileiro de Operador Econômico Autorizado (Programa OEA), o pagamento pode ser postergado, conforme regulamento específico, proporcionando tratamento diferenciado a operadores que mantêm alto nível de conformidade e segurança, incentivando a adesão ao programa.

Reforça que o IBS e a CBS são devidos independentemente da inscrição do sujeito passivo nos regimes regulares desses tributos, da finalidade dos bens importados ou de eventual penalidade de perdimento aplicada após a liberação dos bens. Isso garante que todas as importações sejam uniformemente tributadas, sem exceções baseadas em status de registro ou destinação dos bens.

Adicionalmente, é especificado que diferenças percentuais em bens a granel, devido a quebras ou variações naturais na manipulação, não serão consideradas para a exigência de IBS e CBS até um limite estipulado por regulamento. Essa medida reconhece as particularidades do manuseio de certos bens e oferece flexibilidade prática às operações de importação.

Da importação de bens materiais – da não cumulatividade (art. 78)

Os contribuintes que estão sujeitos ao regime regular do IBS e da CBS, conforme mencionado no artigo 72, assim como aqueles que adquirem bens pelo regime de remessa internacional citado no artigo 95, têm a possibilidade de apropriar e usar créditos. Esses créditos correspondem aos valores de IBS e CBS que foram efetivamente pagos na importação de bens materiais. Essa utilização de créditos deve respeitar as diretrizes estabelecidas nos artigos 47 a 56 desta lei complementar, assegurando que os contribuintes possam compensar os valores pagos nas importações em suas operações tributárias futuras.

1.3.4 Do IBS e da CBS sobre exportações

Disposições gerais (art. 79)

São imunes ao IBS e à CBS as exportações de bens e de serviços para o exterior, nos termos do art. 8º (Das Imunidades), asseguradas ao exportador a apropriação e a utilização dos créditos relativos às operações nas quais seja adquirente de bem ou de serviço, observadas as vedações ao creditamento previstas nos arts. 49 e 51, as demais disposições dos arts. 47 e 52 a 57 desta lei complementar e o disposto neste Capítulo.

Da exportação de bens imateriais e de serviços (art. 80)
Discute as condições sob as quais serviços e bens imateriais, incluindo direitos, são considerados exportações para fins da aplicação do IBS e da CBS. O foco principal é definir de forma clara as situações em que essas transações são qualificadas como exportações, o que tem implicações diretas nos tributos incidentes.

Primeiramente, é considerada exportação o fornecimento de serviços ou bens imateriais para um adquirente ou destinatário que reside ou está domiciliado no exterior, desde que o consumo ocorra também fora do país. Isso reflete a intenção de tributar apenas as transações que efetivamente usam recursos no exterior, evitando a dupla tributação de operações que não afetam o mercado interno. Além disso, são detalhados casos específicos que configuram exportação: serviços relacionados a bens imóveis situados fora do Brasil, serviços prestados a bens móveis que entram temporariamente no país e retornam ao exterior após a prestação do serviço, e transporte de carga para exportação quando contratado por entidades no exterior. Tais disposições garantem que operações internacionais sejam tratadas de maneira coerente e que a movimentação de bens e serviços através das fronteiras respeite a legislação tributária internacional.

Outro ponto é a consideração parcial de exportação quando parte de um serviço ou bem imaterial é consumida dentro e fora do país; somente a parcela consumida no exterior é tratada como exportação. Isso assegura que o benefício fiscal de exportação seja corretamente aplicado apenas às porções que realmente se qualificam, preservando a integridade da base tributária doméstica. Regras adicionais, aplicáveis a regimes específicos de exportação, também são mencionadas, assegurando que as transações que operam sob condições especiais sejam tratadas de acordo com normas específicas, proporcionando clareza e equidade no tratamento tributário.

Da exportação de bens materiais (arts. 81 a 83)
Detalham os aspectos da imunidade e suspensão do IBS e da CBS aplicáveis às exportações de bens materiais. Estabelecem critérios para a aplicação dessas imunidades e suspensões, além de delinear os procedimentos administrativos para garantir a conformidade fiscal das empresas envolvidas.

Define as condições para a aplicação da imunidade do IBS e da CBS sobre exportações que não resultam na saída física dos bens do território nacional. Isso inclui a incorporação de bens a produtos sob admissão temporária por compradores estrangeiros, entregas a órgãos governamentais em situações específicas, e vendas para empresas sediadas no exterior, como aeronaves ou embarcações para atividades de exploração de petróleo. Estas disposições visam assegurar que as exportações, mesmo quando realizadas em território nacional, não sejam tributadas, incentivando o comércio exterior e atividades de interesse nacional.

Permite a suspensão do pagamento do IBS e da CBS para empresas comerciais exportadoras, desde que atendam a critérios específicos, como certificação no Programa OEA, patrimônio líquido adequado, e regularidade fiscal. Essa suspensão se converte em alíquota zero após a efetiva exportação dos bens, incentivando as empresas a manterem operações de exportação ágeis e fiscalmente eficientes. No entanto, a responsabilidade pelo pagamento dos tributos suspensos recai sobre a empresa exportadora se os bens não forem exportados dentro do prazo estabelecido, ou se ocorrerem operações que redirecionem os bens para o mercado interno.

Trata do cancelamento da habilitação de empresas que não cumprirem os critérios estabelecidos para a suspensão do IBS e da CBS. Este processo envolve a notificação e possibilidade de regularização pela empresa, garantindo que apenas aqueles em conformidade com as exigências fiscais mantenham o benefício da suspensão. O processo de cancelamento é rigoroso, com procedimentos para contestação e recurso, assegurando justiça e transparência.

1.3.5 Dos regimes aduaneiros especiais

Do regime de trânsito (art. 84)

Fica suspenso o pagamento do IBS e da CBS incidentes na importação enquanto os bens materiais estiverem submetidos ao regime aduaneiro especial de trânsito aduaneiro, em qualquer de suas modalidades, observada a disciplina estabelecida na legislação aduaneira.

Dos regimes de depósito (arts. 85 ao 87)

O pagamento do IBS e da CBS sobre a importação de bens materiais é suspenso enquanto esses bens estiverem sob um regime aduaneiro especial de depósito, conforme estabelecido na legislação aduaneira. O regulamento específico discriminará os tipos de regimes aduaneiros especiais de depósito aplicáveis.

No entanto, essa suspensão não se aplica aos bens que estão no regime aduaneiro especial de depósito alfandegado certificado. Esses bens, quando admitidos nesse regime, são considerados exportados segundo o regulamento.

Além disso, o pagamento do IBS e da CBS também é suspenso na importação e aquisição no mercado interno de bens materiais que estejam sob o regime aduaneiro especial de lojas francas. Esse regime também se aplica ao fornecimento de bens destinados ao uso ou consumo a bordo de aeronaves em tráfego internacional com destino ao exterior, desde que entregues em áreas alfandegadas primárias ou portos organizados alfandegados.

Dos regimes de permanência temporária (arts. 88 e 89)

O pagamento do IBS e da CBS é suspenso quando bens materiais são importados sob um regime aduaneiro especial de permanência temporária no país ou de saída temporária, conforme as diretrizes da legislação aduaneira. O regulamento especificará os tipos de regimes de permanência temporária.

Para bens admitidos temporariamente para uso econômico no Brasil, a suspensão do pagamento dos impostos é parcial. Isso significa que os tributos são pagos proporcionalmente ao tempo que os bens permanecem no país. Essa proporcionalidade é calculada aplicando-se uma taxa de 0,033% por dia sobre o montante dos impostos originalmente devidos. Se o pagamento ocorrer após a data de vencimento, os valores serão corrigidos pela taxa Selic, além de outros acréscimos legais.

Até o final de 2040, a suspensão total do pagamento se aplica a bens destinados à exploração e produção de petróleo e gás natural, e atividades relacionadas ao gás natural liquefeito, conforme especificado em regulamento. Também se aplica a bens importados temporariamente por empresas na Zona Franca de Manaus, conforme o Decreto-Lei nº 288, com suspensão total dos tributos durante sua permanência.

No caso de importação temporária de aeronaves por meio de arrendamento mercantil por contribuintes do regime regular, o pagamento do IBS e CBS na importação é dispensado. No entanto, esses impostos incidem sobre os pagamentos das contraprestações do arrendamento, de acordo com o regime específico para serviços financeiros em importações.

Dos regimes de aperfeiçoamento (arts. 90 a 92)
O pagamento do IBS e da CBS é suspenso para bens materiais sob o regime aduaneiro especial de aperfeiçoamento, conforme previsto na legislação aduaneira. O regulamento especificará os tipos de regimes de aperfeiçoamento e poderá incluir tanto bens importados quanto adquiridos no mercado interno. O regime especial de drawback, na modalidade de suspensão, também está incluído, com requisitos e condições definidos pelo regulamento.

Bens sob o **regime de *drawback*** que não são usados no processo produtivo de bens finais para exportação, ou que são empregados de forma inadequada para o mercado interno, estarão sujeitos ao pagamento de IBS e CBS. Se a destinação para o mercado interno ocorrer após 30 dias do prazo de exportação, os tributos devidos serão acrescidos de multa e juros.

O Regime Aduaneiro Especial de Entreposto Industrial sob Controle Informatizado (Recof) é considerado um regime de aperfeiçoamento. No entanto, as modalidades de isenção e restituição do **regime de *drawback*** não se aplicam ao IBS e à CBS.

Quando bens nacionais ou nacionalizados saem temporariamente do país para transformação, beneficiamento, montagem, conserto, reparo ou restauração, o IBS e a CBS na reentrada são calculados sobre a diferença dos valores devidos na operação de transformação e os valores devidos se os bens fossem importados do país da operação, ou sobre o valor dos bens e serviços usados no conserto ou reparo. O regulamento pode definir outras operações de industrialização aplicáveis a essas regras.

Observação: o artigo 93 trata do regime aduaneiro especial aplicável ao setor de petróleo e gás (Repetro); os artigos 94 a 97 tratam dos regimes de bagagem e remessas internacionais; e o artigo 98 trata do regime de fornecimento de combustível para aeronave em tráfego internacional.

1.3.6 Das zonas de processamento de exportação (arts. 99 a 104)

Descrevem as condições sob as quais as importações e aquisições no mercado interno realizadas por empresas operando em Zonas de Processamento de Exportação (ZPEs) podem ser feitas com suspensão do pagamento do IBS e da CBS. Este regime visa fomentar a competitividade e a atratividade das ZPEs, que são áreas econômicas designadas para a produção de bens voltados à exportação.

Estabelece que a suspensão se aplica a máquinas, aparelhos, instrumentos e equipamentos adquiridos para incorporação ao ativo imobilizado de empresas autorizadas a operar em ZPEs. A suspensão é aplicável tanto a bens novos quanto usados, desde que estes sejam parte de um conjunto industrial incluído no capital social da empresa. Caso os bens sejam usados de maneira não conforme ou revendidos antes de dois anos, a suspensão é revertida, e os tributos devem ser recolhidos com correção pela taxa Selic e multa de mora.

Expande essa suspensão para incluir matérias-primas, produtos intermediários e materiais de embalagem usados na produção de bens destinados à exportação. A suspensão se converte em alíquota zero quando o produto final é exportado, garantindo que os insumos adquiridos para a produção de exportações não sejam onerados indevidamente. Inclui-se aqui a energia elétrica destinada à produção de energia limpa, como hidrogênio e amônia verde.

Permite que produtos industrializados ou adquiridos para industrialização possam ser vendidos no mercado interno, desde que os tributos suspensos sejam pagos com os devidos acréscimos. Isso oferece flexibilidade às empresas, permitindo uma eventual destinação alternativa para seus produtos.

Estabelece que o mesmo tratamento tributário se aplica a transações entre empresas operando em ZPEs, incentivando a cooperação e o desenvolvimento industrial nessas áreas.

Reduz a zero as alíquotas do IBS e da CBS sobre serviços de transporte de bens para e a partir das ZPEs, diminuindo custos logísticos e incentivando o fluxo de mercadorias.

Por fim, assegura que todas essas disposições respeitem a disciplina estabelecida na legislação aduaneira específica para ZPEs, integrando as normas fiscais e aduaneiras para promover um ambiente favorável ao desenvolvimento exportador. Esses artigos objetivam fortalecer a competitividade das ZPEs, promovendo investimentos e exportações por meio de incentivos fiscais cuidadosamente estruturados.

1.3.7 Dos regimes dos bens de capital

Do Regime Tributário para Incentivo à Modernização e à Ampliação da Estrutura Portuária (Reporto) (art. 105)

Estabelece um regime de suspensão do pagamento do IBS e da CBS para importações e aquisições no mercado interno realizadas por beneficiários do Regime Tributário para Incentivo à Modernização e à Ampliação da Estrutura Portuária (Reporto). O objetivo é promover o desenvolvimento e modernização da infraestrutura portuária no Brasil, incentivando investimentos em ativos imobilizados essenciais para a eficiência e segurança das operações portuárias e de transporte ferroviário.

Este regime aplica-se a máquinas, equipamentos, peças de reposição e outros bens destinados exclusivamente a atividades como carga, descarga, armazenagem, movimentação de mercadorias, apoio operacional, proteção ambiental, segurança e monitoramento, dragagens, e treinamento de trabalhadores. A suspensão também abrange bens utilizados no transporte ferroviário, seguindo classificações específicas da Nomenclatura Comum do Mercosul (NCM/SH).

A suspensão dos tributos converte-se em alíquota zero após cinco anos, incentivando a utilização prolongada dos bens no setor portuário. No entanto, qualquer transferência de propriedade desses bens dentro desse período requer autorização do CG-IBS e da RFB, além do recolhimento dos tributos suspensos, corrigidos pela taxa Selic e acrescidos de multa de mora. Transferências para outros beneficiários do Reporto podem manter a suspensão, desde que o novo proprietário assuma a responsabilidade tributária desde o início.

O regime estabelece que peças de reposição devem ter um valor mínimo de 20% do valor da máquina ou equipamento ao qual se destinam. Apenas empresas fora do Simples Nacional podem aderir ao Reporto, garantindo que os benefícios se apliquem a empresas de maior porte, capazes de investir significativamente na modernização portuária.

Os beneficiários podem realizar operações sob esse regime até 31 de dezembro de 2028, oferecendo um horizonte temporal definido para planejamentos de longo prazo. Este incentivo visa aumentar a competitividade e a eficiência dos portos brasileiros, essencial para o comércio exterior e a logística nacional.

Do Regime Especial de Incentivos para o Desenvolvimento da Infraestrutura (Reidi) (art. 106)

Estabelece um regime de suspensão do pagamento do IBS e da CBS para importações e aquisições no mercado interno de máquinas, aparelhos, instrumentos, equipamentos novos e materiais de construção destinados a obras de infraestrutura. Este regime é parte do Regime Especial de Incentivos para o Desenvolvimento da Infraestrutura (Reidi) e visa promover o desenvolvimento de infraestrutura no Brasil, facilitando investimentos em ativos imobilizados.

A suspensão do pagamento dos tributos aplica-se também à importação e aquisição de serviços necessários para essas obras, bem como à locação de equipamentos destinados a serem incorporados ao ativo imobilizado. Após a incorporação ou utilização dos bens e serviços na obra, a suspensão é convertida em alíquota zero, incentivando a finalização dos projetos.

Se o beneficiário do Reidi não utilizar ou incorporar adequadamente os bens, materiais ou serviços na infraestrutura, ele deve recolher os tributos suspensos, acrescidos de multa de mora e corrigidos pela taxa Selic, assumindo a responsabilidade fiscal dessas operações.

Os benefícios estendem-se a receitas reconhecidas durante a execução de obras que resultam em ativos intangíveis ou financeiros, representando direitos de exploração ou recebimento financeiro. Isso inclui projetos já em andamento e habilitados junto à RFB.

Os incentivos podem ser usufruídos por cinco anos a partir da habilitação no Reidi, proporcionando um período significativo para o planejamento e execução de projetos de infraestrutura. No entanto, empresas optantes pelo Simples Nacional não podem aderir ao Reidi, garantindo que o regime se destine a empresas com maior capacidade de gestão e implementação de grandes projetos de infraestrutura.

Este regime visa estimular a construção e modernização da infraestrutura necessária para o desenvolvimento econômico, reduzindo os custos iniciais e aliviando a carga tributária sobre investimentos significativos em ativos fixos e serviços relacionados.

Observação: o artigo 107 trata do Regime Tributário para Incentivo à Atividade Naval (Renaval).

Da desoneração da aquisição de bens de capital (art. 108 ao 111)

O artigo 108 assegura que, ao adquirir bens de capital, o contribuinte tem direito a um crédito integral e imediato de IBS e CBS, conforme especificado nos artigos 47 a 56. No entanto, um ato conjunto do Poder Executivo da União e do Comitê Gestor do IBS pode definir situações em que a importação e aquisição de bens de capital, por contribuintes no regime regular, sejam realizadas com suspensão do pagamento desses tributos. Nessas situações, o artigo 108 não se aplica.

O ato conjunto detalhará quais bens são abrangidos e o prazo do benefício. Essa suspensão de pagamento se converte em alíquota zero após o bem ser incorporado ao ativo imobilizado do adquirente, respeitando o prazo definido. Se o bem não for incorporado, o beneficiário deve recolher os tributos suspensos com multa e juros, a partir da data dos fatos geradores, sendo responsável como contribuinte para importações ou responsável para aquisições internas. Essa regra também se aplica a empresas do Simples Nacional inscritas no regime regular.

As alíquotas do IBS e da CBS são reduzidas a zero para o fornecimento e importação de tratores, máquinas, e implementos agrícolas destinados a produtores rurais não contribuintes, e veículos de transporte de carga para transportadores autônomos não contribuintes. Isso se aplica a bens de capital listados em regulamento. Além disso, bens incorporados ao ativo imobilizado incluem aqueles contabilizados como ativo de contrato, intangível ou financeiro por concessionárias de serviços públicos, de acordo com normas contábeis aplicáveis.

1.3.8 Da devolução personalizada do IBS e da CBS (*cashback*) e da Cesta Básica Nacional de Alimentos

Da devolução personalizada da IBS e da CBS *(cashback)* (arts. 112 a 124)

A legislação estabelece que pessoas físicas de famílias de baixa renda terão o direito à devolução integral da CBS pela União e do IBS pelos estados, Distrito Federal e municípios. O responsável por receber essas devoluções deve ser o chefe de uma família de baixa renda cadastrada no CadÚnico, com renda familiar per capita de até meio salário-mínimo, residente no Brasil e com CPF regular. A inclusão no sistema de devoluções é automática, mas é possível solicitar exclusão a qualquer momento. Os dados pessoais coletados serão tratados conforme a Lei Geral de Proteção de Dados e só poderão ser utilizados por órgãos públicos ou, anonimamente, por institutos de pesquisa.

A devolução da CBS será gerida pela RFB, que normatizará e supervisionará sua execução, definindo procedimentos para calcular e pagar os valores devolvidos, além de adotar medidas para mitigar fraudes e promover a transparência. A devolução do IBS será gerida pelo Comitê Gestor do IBS, seguindo atribuições semelhantes. As devoluções ocorrerão no momento definido em regulamento, como na cobrança de serviços domésticos de energia elétrica e telecomunicações, e devem ser transferidas às famílias em até 10 dias após apuração.

As devoluções são calculadas aplicando-se um percentual sobre o valor do tributo relativo ao consumo, considerando dados de documentos fiscais e a renda familiar disponível. O percentual é de 100% para CBS e 20% para IBS em certos casos – como gás liquefeito e serviços básicos – e 20% para ambos nos demais casos. Governos locais podem fixar percentuais maiores de devolução, diferenciados por renda familiar ou tipo de serviço, mas sem alterar o percentual da CBS em operações específicas.

Em localidades com dificuldades operacionais, podem ser adotados procedimentos simplificados para cálculo das devoluções, considerando faixas de renda e pressão tributária. A parcela creditada às famílias não pode exceder o ônus do tributo suportado. As devoluções são deduzidas da arrecadação por anulação da receita e podem ser administradas de forma integrada por meio de soluções unificadas entre União, estados e municípios.

As devoluções serão baseadas no consumo familiar a partir de janeiro de 2027 para CBS e janeiro de 2029 para IBS. A devolução geral é o valor apurado pelos percentuais estabelecidos, enquanto a devolução específica é a diferença entre esse valor e percentuais definidos pelas esferas federativas. A devolução geral é considerada no cálculo das alíquotas de referência para equilibrar a arrecadação entre os entes federativos.

Da Cesta Básica Nacional de Alimentos (art. 125)

Ficam reduzidas a zero as alíquotas do IBS e da CBS incidentes sobre as vendas de produtos destinados à alimentação humana relacionados no *Anexo I* desta lei complementar, com a especificação das respectivas classificações da NCM/SH, que compõem a Cesta Básica Nacional de Alimentos, criada nos termos do art. 8º da EC nº 132/23.

1.3.9 Dos regimes diferenciados do IBS e da CBS

Disposições gerais (art. 126)

A legislação institui regimes diferenciados para o IBS e a CBS, aplicados uniformemente em todo o território nacional. Esses regimes podem incluir a aplicação de alíquotas reduzidas ou a concessão de créditos presumidos, com os ajustes necessários nas alíquotas de referência para manter o equilíbrio da arrecadação. Esses regimes também se aplicam à importação de bens e serviços, desde que atendam aos requisitos específicos.

Qualquer mudança nas operações beneficiadas por esses regimes, seja por acréscimo, exclusão ou substituição, só entrará em vigor após o cumprimento de requisitos constitucionais específicos. No entanto, isso não se aplica a certas disposições da lei complementar, desde que, em conjunto, não aumentem a alíquota de referência mais do que 0,02 ponto percentual em relação à CBS ou ao IBS nos âmbitos estadual ou municipal.

As reduções de alíquotas são aplicadas sobre as alíquotas-padrão do IBS e da CBS de cada ente federativo, conforme estipulado pela lei. Para apropriar os créditos presumidos, é necessário que o adquirente emita um documento fiscal eletrônico, identificando o fornecedor, e que haja pagamento efetivo ao fornecedor.

Da redução de 30% das alíquotas do IBS e da CBS (art. 127)

As alíquotas do IBS e da CBS sobre a prestação de serviços por profissionais que exercem atividades intelectuais científicas, literárias ou artísticas são reduzidas em 30%. Isso se aplica a profissionais como administradores, advogados, arquitetos, assistentes sociais, bibliotecários, biólogos, contabilistas, economistas, economistas domésticos, profissionais de educação física, engenheiros, estatísticos, médicos veterinários, museólogos, químicos, profissionais de relações públicas, técnicos industriais e agrícolas.

A redução se aplica a serviços prestados por pessoas físicas, desde que estejam vinculados à habilitação profissional, e a pessoas jurídicas que cumpram certos requisitos: os sócios devem ter habilitações diretamente relacionadas aos objetivos da sociedade e estar sob fiscalização de um conselho profissional, não podem ter sócios que sejam pessoas jurídicas, nem ser sócios de outras pessoas jurídicas, e não podem exercer atividades diferentes das habilitações dos sócios. Além disso, os serviços devem ser prestados diretamente pelos sócios, com a ajuda de auxiliares ou colaboradores.

A redução de alíquotas não é impedida pela natureza jurídica da sociedade, pela reunião de diferentes profissionais desde que cada um atue em sua área, nem pela forma de distribuição de lucros. No entanto, essas regras não se aplicam à prestação de serviços por pessoa jurídica na área de educação física, desde que sob fiscalização de um conselho profissional.

Da redução de 60% das alíquotas do IBS e da CBS – das disposições gerais (art. 128)[23]

Institui uma redução de 60% nas alíquotas do IBS e da CBS aplicáveis a operações envolvendo uma ampla gama de bens e serviços essenciais. Esse benefício fiscal é direcionado a áreas consideradas prioritárias para o bem-estar social e a segurança nacional, com o objetivo de tornar esses serviços e produtos mais acessíveis à população e também abrange setores fundamentais como educação e saúde, incluindo serviços prestados nessas áreas e dispositivos médicos. Também estão incluídos dispositivos de acessibilidade para pessoas com deficiência, promovendo a inclusão e a igualdade de acesso.

Medicamentos e alimentos destinados ao consumo humano são contemplados, visando reduzir os custos básicos de vida e melhorar a saúde pública. Produtos de higiene pessoal e limpeza, especialmente aqueles consumidos majoritariamente por famílias de baixa renda,

---

23   Redução de 60%: Serviços de educação – Anexo II; Serviços de saúde – Anexo III; Dispositivos médicos – Anexo IV; Dispositivos de acessibilidade – Anexo V; Composições para nutrição destinadas a pessoas com erros inatos de metabolismo – Anexo VI; Alimentos destinados ao consumo humano – Anexo VII; Produtos de higiene pessoal e limpeza para famílias de baixa renda – Anexo VIII; Insumos agropecuários e aquícolas – Anexo IX; Produções nacionais artísticas, culturais, de eventos, jornalísticas e audiovisuais – Anexo X; Bens e serviços relacionados à soberania e à segurança nacional, da informação e cibernética – Anexo XI.

são igualmente beneficiados, o que pode contribuir para a redução das desigualdades sociais.

Abrange ainda o **setor agropecuário, incluindo produtos *in natura* e insumos, apoiando a sustentabilidade e a competitividade do agronegócio brasileiro**. Setores culturais e de entretenimento, como produções artísticas, culturais, jornalísticas, e eventos, também são incentivados, reconhecendo sua importância para a identidade nacional e dinamismo econômico.

Além disso, a redução é estendida a áreas como comunicação institucional e atividades desportivas, reforçando o papel dessas atividades na coesão social e no desenvolvimento saudável da população. Por fim, bens e serviços relacionados à segurança nacional e cibernética são incluídos, sublinhando a importância de manter uma infraestrutura segura e resiliente.

O principal objetivo dessa redução tributária é aliviar a carga fiscal sobre setores cruciais e estratégicos, promovendo acessibilidade, desenvolvimento social, econômico e cultural, e garantindo a segurança e soberania nacionais em diversas frentes.

Observação: os artigos 129 a 134 tratam da redução em 60% das alíquotas do IBS e da CBS para serviços de educação, saúde, dispositivos médicos, dispositivos de acessibilidade próprios para pessoas com deficiência e medicamentos.

Da redução de 60% das alíquotas do IBS e da CBS de alimentos destinados ao consumo humano e dos produtos de higiene pessoal e limpeza destinados majoritariamente a famílias de baixa renda (arts. 135 e 136)

Ficam reduzidas em 60% (sessenta por cento) as alíquotas do IBS e da CBS incidentes sobre o fornecimento dos alimentos destinados ao consumo humano e sobre o fornecimento dos produtos de higiene pessoal e limpeza relacionados no Anexo VII e Anexo VIII respectivamente, desta lei complementar, com a especificação das respectivas classificações da NCM/SH.

Da redução de 60% das alíquotas do IBS e da CBS para produtos agropecuários, agrícolas, pesqueiros, florestais e extrativistas vegetais *in natura* **(art. 137)**

Um produto é considerado *in natura* quando está em sua forma natural e não passou por nenhum processo de industrialização ou embalagem para apresentação. No entanto, ele não perde essa condição se apenas passar por secagem, limpeza, debulha de grãos, descaroçamento, congelamento, resfriamento ou simples acondicionamento, desde que essas operações sejam para transporte, armazenamento ou exposição para venda.

O regulamento estabelecerá quais produtos podem ser acondicionados em embalagens de preservação, com aditivos ou conservantes, sem perder sua condição de *in natura*, para manter a integridade e características originais. Além disso, o fornecimento de produtos florestais inclui também os serviços ambientais de conservação ou recuperação da vegetação nativa, mesmo que estes serviços sejam oferecidos como manejo sustentável em sistemas agrícolas, agroflorestais e agrossilvopastoris, de acordo com a legislação específica.

Da redução de 60% das alíquotas do IBS e da CBS para insumos agropecuários e aquícolas (art. 138)

As alíquotas do IBS e da CBS são reduzidas em 60% para o fornecimento de insumos agropecuários e aquícolas listados no Anexo IX desta lei complementar, que especifica as classificações da NCM/SH e da NBS. Esta redução aplica-se apenas aos produtos registrados como insumos agropecuários ou aquícolas quando necessário, junto ao órgão competente do Ministério da Agricultura e Pecuária.

O recolhimento do IBS e da CBS é diferido em certas operações com esses insumos, quando o fornecimento é feito por um contribuinte do regime regular para outro contribuinte do mesmo regime ou para um produtor rural não contribuinte que vende para adquirentes com direito a créditos presumidos. O mesmo se aplica às importações realizadas por contribuintes ou produtores rurais não contribuintes nas mesmas condições.

O diferimento só abrange a parte dos insumos usados na produção de bens vendidos para adquirentes com direito aos créditos presumidos. Se o fornecimento ou o produto resultante não estiver coberto pelo diferimento, for isento, não tributado ou tiver alíquota zero, ou se a operação não tiver documento fiscal, o diferimento é encerrado. Nesses casos, o recolhimento dos tributos será feito pelo contribuinte que encerrar a fase do diferimento, conforme as regras tributárias aplicáveis.

A lista de insumos do Anexo IX será revisada a cada 120 dias pelo Ministro da Fazenda e o Comitê Gestor do IBS, com consulta ao Ministério da Agricultura e Pecuária, para incluir novos insumos que atendam às mesmas finalidades dos já contemplados e produtos para fabricação exclusiva de defensivos agropecuários.

Observação: os artigos 139 a 142 tratam da redução em 60% das alíquotas do IBS e da CBS para setores específicos diversos.

Da redução a zero das alíquotas do IBS e da CBS – das disposições gerais (art. 143)

As alíquotas do IBS e da CBS são reduzidas a zero para operações que envolvem uma série de bens e serviços específicos, conforme as definições e disposições estabelecidas neste capítulo. Esses itens incluem dispositivos médicos, dispositivos de acessibilidade para pessoas com deficiência, medicamentos, produtos de cuidados básicos à saúde menstrual, além de produtos como hortaliças, frutas e ovos. Também estão incluídos os automóveis de passageiros adquiridos por pessoas com deficiência ou com transtorno do espectro autista, assim como aqueles adquiridos por motoristas profissionais para uso como táxi. Além disso, serviços prestados por Instituições Científicas, Tecnológicas e de Inovação sem fins lucrativos também se beneficiam dessa redução de alíquota.

Observação: os artigos 144 a 147 tratam da redução a zero para setores diversos e pessoas com características específicas.[24]

---

24 Redução a alíquota zero: dispositivos médicos – Anexo XII; dispositivos de acessibilidade para pessoas com deficiência – Anexo XIII; medicamentos – Anexo XIV; produtos hortícolas, frutas e ovos – Anexo XV.

Da redução a zero das alíquotas do IBS e da CBS – dos produtos hortícolas, frutas e ovos (art. 148)

Ficam reduzidas a zero as alíquotas do IBS e da CBS incidentes sobre o fornecimento dos produtos hortícolas, frutas e ovos relacionados no Anexo XV desta lei complementar, com a especificação das respectivas classificações da NCM/SH. Não perdem as características os produtos mencionados no *caput* deste artigo e no Anexo XV desta lei complementar, ainda que tenham sido ralados, cortados, picados, fatiados, torneados, descascados, desfolhados, lavados, higienizados, embalados ou resfriados, mesmo que misturados, desde que não cozidos.

Observação: os artigos 149 a 155 tratam dos automóveis de passageiros adquiridos por pessoas com deficiência ou com transtorno do espectro autista e por motoristas profissionais que destinem o automóvel à utilização na categoria de aluguel (táxi); o artigo 156 trata dos serviços prestados por instituição científica, tecnológica e de inovação (ICT) sem fins lucrativos; o artigo 157 trata do transporte público coletivo de passageiros rodoviário e metroviário de caráter urbano, semiurbano e metropolitano; e, finalmente, os artigos 158 a 163 tratam da reabilitação urbana de zonas históricas e de áreas críticas de recuperação e de reconversão urbanística.

Do produtor rural e do produtor rural integrado não contribuinte (arts. 164 ao 168)

Produtores rurais, sejam pessoas físicas ou jurídicas, que obtêm receita inferior a R$ 3.600.000,00 no ano-calendário, não são considerados contribuintes do IBS e da CBS, incluindo também os produtores rurais integrados. Um produtor rural integrado é aquele que se liga a um integrador por contrato, recebendo bens ou serviços para produção e fornecimento de matéria-prima ou produtos finais. Se a receita do produtor ultrapassar o limite durante o ano, ele se torna contribuinte a partir do segundo mês subsequente. Porém, se o excesso de receita não ultrapassar 20% do limite, os efeitos só se aplicam no ano seguinte. Para atividades iniciadas no ano, o limite é proporcional aos meses de atividade.

No caso de associações ou cooperativas de produtores com receita inferior ao limite e compostas exclusivamente por produtores físicos, os mesmos critérios se aplicam. Se um produtor participa de outra entidade agropecuária, as receitas são somadas para verificar o limite. Produtores podem optar por se registrar como contribuintes do IBS e CBS a qualquer momento, com efeitos a partir do mês seguinte à solicitação. Essa escolha é irretratável para o ano em questão e subsequentes, salvo disposição em contrário. Aqueles com receita acima do limite antes da vigência da lei serão automaticamente contribuintes.

Produtores podem renunciar à sua escolha de se registrar como contribuintes, deixando de ser contribuintes no ano-calendário seguinte. O limite de receita é atualizado anualmente pelo IPCA. Contribuintes sob o regime regular podem apropriar créditos presumidos dos tributos em aquisições de bens e serviços de produtores não contribuintes. O documento fiscal deve detalhar o valor da operação, o crédito presumido e o valor líquido fiscal.

Para bens de produtores integrados, o valor da operação baseia-se no contrato de integração. Os percentuais para crédito presumido são definidos anualmente e se baseiam na proporção do IBS e CBS cobrados em relação ao total de bens adquiridos. Esses percentuais podem variar conforme o tipo de bem ou serviço. Créditos presumidos podem ser usados para deduzir o IBS e CBS devidos ou para ressarcimento. O direito a créditos presumidos também se aplica a cooperativas em relação a associados não contribuintes, com exceções para bens enviados para beneficiamento e retornados. De 2027 a 2031, o período de análise para definir percentuais pode ser menor que cinco anos, dependendo das informações disponíveis.

Observação: os artigos 169 a 250 tratam do transporte autônomo de carga pessoa física não contribuinte, dos resíduos e demais materiais destinados à reciclagem, reutilização, cooperativa ou outra forma de organização popular, dos bens móveis usados adquiridos de pessoa física não contribuinte para revenda, dos regimes específicos do IBS e da CBS referentes a combustíveis, dos serviços financeiros e dos planos de assistência de saúde.

1.3.10 Dos regimes específicos do IBS e da CBS

Dos bens imóveis – disposições gerais (arts. 251 a 253)

As operações com bens imóveis por contribuintes que apuram IBS e CBS no regime regular estão sujeitas a um regime específico. As pessoas físicas que realizam tais operações também são consideradas contribuintes do regime regular em casos de locação, cessão onerosa e arrendamento de imóveis quando, no ano anterior, a receita dessas atividades ultrapassa R$ 240.000,00 e envolve mais de três imóveis distintos; alienação ou cessão de direitos de mais de três imóveis; e alienação de mais de um imóvel construído pelo alienante nos cinco anos anteriores. Se no ano corrente essas operações ultrapassarem os limites estabelecidos, a pessoa física será considerada contribuinte do regime regular. O valor de R$ 240.000,00 será atualizado pelo IPCA, e o regulamento definirá o que são bens imóveis distintos.

O IBS e a CBS incidem sobre alienações, cessões, locações, serviços de administração e intermediação, e serviços de construção civil relacionados a imóveis. Certas operações, como permutas de imóveis, constituição de direitos reais de garantia e operações por organizações gestoras de fundo patrimonial, não estão sujeitas à tributação, exceto pela torna em permutas.

Na permuta entre contribuintes do regime regular, o valor do redutor de ajuste é mantido para uso em futuras operações com o imóvel recebido. Para permutas de unidades a construir, o redutor é aplicado proporcionalmente. Essas regras também se aplicam a compras e vendas seguidas de confissão de dívida e promessa de dação em pagamento, desde que realizadas na mesma data.

Locação e arrendamento de imóveis residenciais por períodos não superiores a 90 dias são tributados como serviços de hotelaria. Em alienações de imóveis usados como garantia e consolidados pelo credor, aplicam-se disposições específicas da lei. As operações de pessoas físicas sujeitas ao regime regular que não estão relacionadas à sua atividade econômica seguem regras específicas.

Dos bens imóveis – do momento da ocorrência do fato gerador (art. 254)

O fato gerador do IBS e da CBS ocorre em diferentes momentos, dependendo da operação com bens imóveis. Na alienação de um imóvel, o fato gerador acontece no ato da alienação, o que inclui adjudicação, contratos de alienação, mesmo que sejam promessas, cartas de reserva ou quaisquer documentos representativos de compromisso, ou ainda quando uma condição suspensiva é cumprida. No caso de cessão ou de qualquer ato oneroso que transfere ou constitui direitos reais sobre imóveis, o fato gerador ocorre na celebração do ato, incluindo ajustes posteriores, exceto os de garantia. Para locação, cessão onerosa ou arrendamento de imóveis, o fato gerador acontece no momento do pagamento. O mesmo se aplica aos serviços de administração e intermediação de imóveis, em que o fato gerador também é o momento do pagamento. Já nos serviços de construção civil, o fato gerador ocorre no momento do fornecimento. Para locações e serviços de administração, o IBS e a CBS são devidos a cada pagamento efetuado.

Dos bens imóveis – da base de cálculo – disposições gerais (arts. 255 e 256)

A base de cálculo do IBS e da CBS é determinada pelo valor da operação relacionada ao bem imóvel. Isso inclui o valor de alienação, locação, cessão onerosa, arrendamento, cessão ou transferência de direitos reais, além das operações de administração, intermediação e serviços de construção civil. O valor da operação incorpora juros, variações monetárias devido a taxas de câmbio ou índices legais ou contratuais, atualização monetária em vendas com cláusula de correção do saldo devedor, e outros valores especificados na legislação.

No caso de locação, cessão onerosa ou arrendamento, não são incluídos na base de cálculo os tributos e emolumentos sobre o imóvel, nem as despesas de condomínio. Para serviços de intermediação imobiliária com mais de um corretor, a base de cálculo para IBS e CBS considera apenas a remuneração ajustada com cada corretor, excluindo valores pagos diretamente pelos contratantes ou repassados entre corretores. Cada corretor é responsável pelo imposto sobre sua parte da remuneração.

Nos serviços de construção civil prestados a não contribuintes do regime regular, o prestador só pode apropriar créditos de IBS e CBS até o valor do débito do serviço prestado, quando há fornecimento de materiais de construção. Essa regra não se aplica quando o serviço é prestado à Administração Pública, autarquias ou fundações públicas.

As administrações tributárias podem determinar o valor de referência de um imóvel usando uma metodologia específica que considera preços de mercado, informações de administrações tributárias, serviços registrais e notariais, além de características do imóvel. Este valor pode ser usado como prova em arbitramentos e deve ser divulgado no Sistema Nacional de Gestão de Informações Territoriais (Sinter), estimado para todos os imóveis no CIB, e atualizado anualmente. O valor de referência pode ser contestado por meio de um procedimento específico, e os serviços registrais e notariais devem compartilhar informações com as administrações tributárias via Sinter.

Dos bens imóveis – da base de cálculo – do redutor de ajuste (arts. 257 e 258)

A partir de 1º de janeiro de 2027, cada imóvel de propriedade de contribuintes sujeitos ao regime regular do IBS e da CBS terá um valor vinculado chamado redutor de ajuste, que será utilizado exclusivamente para reduzir a base de cálculo nas alienações desses imóveis. Esse redutor é composto por um valor inicial e outros valores adicionais, todos corrigidos pelo IPCA ou outro índice similar até a data em que os tributos são devidos na alienação do imóvel.

Na venda do imóvel, o redutor mantém seu valor e critério de correção se o comprador também for contribuinte regular; caso contrário, o redutor é extinto. Em fusões ou divisões de imóveis, o valor do redutor é ajustado proporcionalmente ao valor de mercado ou à área dos imóveis resultantes. Em loteamentos realizados por parceria, o redutor é aplicado conforme os percentuais do contrato de parceria.

A ausência de regulamentação sobre a utilização do redutor não impede seu uso conforme a lei. O valor inicial do redutor, para imóveis já existentes ou em construção até 31 de dezembro de 2026, é baseado no valor de aquisição atualizado ou no valor de referência. Para imóveis adquiridos após essa data, corresponde ao valor de aquisição. Se o valor de referência não estiver disponível, pode-se usar uma estimativa de valor de mercado.

O redutor é limitado ao valor de aquisição ajustado pelo IPCA se a venda ocorrer antes de três anos da aquisição, se o imóvel foi adquirido de um contribuinte regular, ou se não houver comprovação do pagamento de impostos devidos. Integram o redutor o ITBI, laudêmio e contrapartidas urbanísticas e ambientais pagas, desde que não já incluídas no valor inicial do redutor.

Contrapartidas municipais incluem doação de áreas públicas e outras obrigações registradas para aprovação do empreendimento. Não é permitida a apropriação de créditos de IBS e CBS sobre bens e serviços adquiridos para essas contrapartidas. A data de constituição dos valores incluídos no redutor é a data de pagamento ou transferência ao poder público.

Dos bens imóveis – da base de cálculo – do redutor social (arts. 259 e 260)

Na venda de um imóvel residencial novo ou de um lote residencial por contribuintes do regime regular do IBS e CBS, pode-se aplicar um redutor social à base de cálculo desses tributos. Para imóveis residenciais novos, o redutor é de R$ 100.000,00, enquanto para lotes residenciais, é de R$ 30.000,00, limitado ao valor da base de cálculo após deduzir o redutor de ajuste. Um imóvel residencial é definido como uma unidade em área urbana ou rural destinada a residência, conforme as normas locais. Um lote residencial é uma unidade resultante do parcelamento de solo urbano ou objeto de condomínio de lotes. Um imóvel novo é aquele que não foi ocupado ou usado, segundo regulamentação.

O redutor social pode ser utilizado apenas uma vez por imóvel, e seu valor será atualizado mensalmente pelo IPCA. Em atividades de loteamento realizadas via contrato de parceria, o redutor é aplicado proporcionalmente conforme os percentuais do contrato.

Para locação, cessão onerosa ou arrendamento de imóveis para uso residencial, os contribuintes podem deduzir um redutor social de R$ 600,00 por imóvel na base de cálculo do IBS e CBS, também atualizado mensalmente pelo IPCA.

Dos bens imóveis – da alíquota, da incorporação imobiliária e do parcelamento do solo, da sujeição passiva e das disposições finais (arts. 261 a 270)

As alíquotas do IBS e da CBS são reduzidas em 50% para operações gerais detalhadas no capítulo, e em 70% especificamente para locação, cessão onerosa e arrendamento de bens imóveis. Na incorporação imobiliária e parcelamento de solo, os tributos são devidos a cada pagamento, e considera-se unidade imobiliária como terrenos, lotes de desmembramento, terrenos de loteamento, unidades de incorporação e prédios para venda. O contribuinte pode compensar créditos apropriados dos tributos pagos, e eventuais saldos credores podem ser ressarcidos ou compensados após a conclusão dos projetos.

Os redutores de ajuste e social devem ser deduzidos proporcionalmente ao valor total do imóvel em cada parcela. Para lotes e imóveis novos com pagamentos iniciados antes de 2027, os redutores são aplicados retroativamente. Os contribuintes incluem alienantes, cessionários, locadores, adquirentes em leilões judiciais, prestadores de serviços de construção e de administração imobiliária. Em casos de adjudicação, remição e arrematação judicial, a operação é tributada conforme o regime do imóvel.

Em caso de copropriedade, os coproprietários podem optar por recolhimento unificado dos tributos. Nas sociedades em conta de participação, o sócio ostensivo deve recolher os tributos sobre operações imobiliárias, sem excluir valores devidos a sócios participantes. Todos os imóveis devem ser inscritos no Cadastro de Imóveis Brasileiros (CIB) do Sinter, com prazos específicos para adequações dos sistemas pela Administração Pública e serviços notariais. Certidões negativas de débitos serão emitidas para imóveis, e obrigações acessórias podem ser estabelecidas pelo Comitê Gestor do IBS e a RFB para terceiros envolvidos nas operações.

Cada obra de construção civil receberá identificação no cadastro do CIB, e a apuração dos tributos será feita por empreendimento, vinculado a um CNPJ ou CPF específico, considerando cada obra como centro de custo distinto. Os documentos fiscais devem indicar o número do cadastro da obra nas aquisições relacionadas.

Das sociedades cooperativas (arts. 271 e 272)
As sociedades cooperativas têm a opção de adotar um regime específico para o IBS e a CBS, no qual as alíquotas desses tributos são reduzidas a zero em certas operações. Isso se aplica quando um associado fornece bens ou serviços à cooperativa de que faz parte, e quando a cooperativa fornece bens ou serviços a associados que estão sob o regime regular do IBS e da CBS.

Além disso, essa redução de alíquotas também se aplica a operações entre diferentes níveis de cooperativas, como singulares, centrais, federações e confederações, incluindo operações com bancos cooperativos. Também se aplica quando uma cooperativa de produção agropecuária fornece bens a um associado não sujeito ao regime regular, desde que os créditos apropriados pela cooperativa para esses bens sejam anulados. No caso de serviços financeiros fornecidos pela cooperativa a seus associados, inclusive aqueles cobrados por tarifas e comissões, a redução de alíquota também é aplicável.

A cooperativa deve optar por esse regime no ano anterior ao início de sua vigência ou no início de suas operações. Contudo, o fornecimento de insumos agropecuários e aquícolas, sujeito ao diferimento mencionado no artigo 138, não é elegível para essa redução.

Quanto aos associados que estão no regime regular do IBS e CBS, incluindo cooperativas singulares, eles podem transferir os créditos das operações anteriores às operações em que fornecem bens e serviços, bem como os créditos presumidos, para a cooperativa de que fazem parte. Essa transferência se aplica apenas aos bens e serviços utilizados na produção dos bens ou serviços fornecidos à cooperativa, conforme as diretrizes regulamentares.

Observação: os artigos 273 a 316 referem-se a bares, restaurantes, hotelaria, parques de diversão e temáticos, transporte coletivo de passageiros e agências de viagem e de turismo, da sociedade anônima de futebol, das missões diplomáticas, repartições consulares e operações alcançadas por tratado internacional, das disposições comuns aos regimes específicos, dos regimes próprios da CBS referente ao Programa Universidade para Todos (PROUNI) e do regime automotivo.

1.3.11 Da administração do IBS e da CBS

Do regulamento do IBS e da CBS (art. 317)

Compete ao CG-IBS editar o regulamento do IBS e ao Poder Executivo da União editar o regulamento da CBS. As disposições comuns a ambos os tributos, inclusive suas alterações posteriores, serão aprovadas por ato conjunto do CG-IBS e do Poder Executivo da União e constarão tanto no regulamento do IBS quanto no regulamento da CBS.

Da administração do IBS e da CBS – da harmonização do IBS e da CBS (arts. 318 a 323)

O Comitê Gestor do IBS, a Receita Federal do Brasil (RFB) e a Procuradoria-Geral da Fazenda Nacional trabalham juntos para harmonizar normas, interpretações, obrigações acessórias e procedimentos relacionados ao IBS e à CBS. Para isso, podem firmar convênios que permitam assistência mútua e o compartilhamento de informações tributárias.

A harmonização desses tributos é garantida por duas instâncias: o Comitê de Harmonização das Administrações Tributárias, composto por representantes da RFB e do Comitê Gestor do IBS, e o Fórum de Harmonização Jurídica das Procuradorias, que inclui representantes da Procuradoria-Geral da Fazenda Nacional e das Procuradorias indicadas pelo Comitê Gestor do IBS. Ambas as instâncias são presididas alternadamente por representantes das diferentes entidades, de acordo com seus regimentos internos.

Esses órgãos colegiados se reúnem regularmente, tomando decisões por unanimidade dos presentes e com quórum mínimo de três quartos dos representantes. Os membros são designados por autoridades competentes e elaboram seus regimentos internos por meio de resoluções.

O Comitê de Harmonização das Administrações Tributárias tem a função de uniformizar a regulamentação e interpretação das leis do IBS e CBS, prevenir litígios e deliberar sobre obrigações e procedimentos comuns. As resoluções que aprovarem vinculam administrações tributárias em todos os níveis de governo.

O Fórum de Harmonização Jurídica das Procuradorias atua como órgão consultivo para o Comitê, analisando controvérsias jurídicas relevantes e disseminadas. Essas questões são suscitadas por autoridades como o Presidente do Comitê Gestor do IBS e o Ministro da Fazenda. As resoluções do Fórum são obrigatórias para as Procuradorias em todas as esferas governamentais.

Um ato conjunto entre o Comitê e o Fórum deve ser observado em todos os atos administrativos, normativos e decisórios das administrações tributárias e procuradorias, garantindo a uniformidade das práticas e decisões.

Observação: os artigos 324 a 341 referem-se à fiscalização e lançamentos de ofício.

1.3.12 Da transição para o IBS e para a CBS

Da fixação das alíquotas do IBS durante a transição (arts. 342 a 344)

A transição para a implementação do IBS deve seguir os critérios estabelecidos nesta seção, considerando também disposições específicas. Entre 2029 e 2032, haverá uma redução nas alíquotas do imposto previsto no artigo 155, II, da Constituição Federal, assim como uma diminuição dos benefícios fiscais relacionados a esse imposto. O mesmo ocorrerá com o imposto previsto no artigo 156, III, da Constituição Federal, no mesmo período. Além disso, as alíquotas de referência do IBS serão fixadas para os anos de 2029 a 2033 e para 2034 e 2035.

Para os eventos ocorridos de 1º de janeiro a 31 de dezembro de 2026, o IBS será aplicado com uma alíquota estadual de 0,1%. Nesse período, a arrecadação do IBS não seguirá as vinculações e destinações constitucionais. Em vez disso, será integralmente destinada ao financiamento do Comitê Gestor do IBS e ao Fundo de Compensação de Benefícios Fiscais do ICMS.

De 1º de janeiro de 2027 a 31 de dezembro de 2028, o IBS será cobrado com uma alíquota estadual e uma alíquota municipal de 0,05% cada. Essas alíquotas serão ajustadas para operações com alíquotas reduzidas dentro de regimes tributários diferenciados. Elas também se aplicam aos regimes específicos mencionados nesta lei complementar, respeitando as bases de cálculo, exceto para combustíveis, em que as alíquotas serão aplicadas no momento da incidência da CBS.

Da fixação das alíquotas da CBS durante a transição (arts. 345 a 347)
A transição para a CBS segue critérios específicos estabelecidos nesta seção. Entre 2027 e 2033, a alíquota de referência da CBS será determinada de acordo com os artigos 353 a 359, com ajustes previstos no artigo 368 para o período de 2030 a 2033. Para os anos de 2034 e 2035, as alíquotas de referência serão fixadas conforme os artigos 366 e 369.

Durante o ano de 2026, a CBS será cobrada com uma alíquota de 0,9%. Nos anos seguintes, de 2027 a 2028, a alíquota da CBS será ajustada conforme determinado no artigo 14, com uma redução de 0,1 ponto percentual. No entanto, essa redução não se aplica aos combustíveis que seguem um regime específico tratado nos artigos 172 a 180.

A redução da alíquota será proporcional em operações com alíquotas reduzidas dentro de regimes tributários diferenciados e será aplicada aos regimes específicos, respeitando suas bases de cálculo. Durante esse período, o valor de IBS recolhido, conforme o artigo 344, pode ser deduzido do valor da CBS a ser pago por contribuintes sujeitos ao regime específico de combustíveis mencionado.

Das disposições comuns ao IBS e à CBS em 2026 (art. 348)
Durante o ano de 2026, os montantes recolhidos de IBS e CBS serão compensados com valores devidos das contribuições previstas no artigo 195, inciso I, alínea "b", e inciso IV, assim como a contribuição para o PIS mencionada no artigo 239 da Constituição Federal. Caso um contribuinte não tenha débitos suficientes para essa compensação, o valor recolhido pode ser compensado com

qualquer outro tributo federal, segundo a legislação vigente, ou pode ser ressarcido em até 60 dias, mediante solicitação.

As alíquotas do IBS e da CBS, conforme descritas nos artigos 343 e 346, serão aplicadas com redução para operações sujeitas a alíquotas reduzidas em regimes tributários diferenciados. Elas também se aplicam a regimes específicos, respeitando suas bases de cálculo, mas não se aplicam a operações envolvendo combustíveis e biocombustíveis mencionados nos artigos 172 a 180, nem a contribuintes do Simples Nacional.

Os contribuintes que cumprirem as obrigações acessórias estabelecidas na legislação estão dispensados do recolhimento de IBS e CBS para os fatos geradores ocorridos durante 2026. No entanto, mesmo dispensados, eles devem continuar pagando integralmente as Contribuições mencionadas nos artigos 195 e 239 da Constituição Federal.

Da fixação das alíquotas de referência de 2027 a 2035 – disposições gerais (art. 349)

Estabelece diretrizes para a fixação das alíquotas de referência do IBS e da CBS para os anos de 2027 a 2033, com ênfase na coordenação entre o Senado Federal, o Tribunal de Contas da União (TCU), e outras entidades governamentais. A resolução do Senado definirá essas alíquotas, que influenciam a arrecadação tributária em âmbito nacional, estadual, distrital e municipal, além de prever redutores para operações da Administração Pública direta e indireta.

A determinação das alíquotas de referência é realizada no ano anterior à sua aplicação, baseada em cálculos fornecidos pelo TCU, que recebe propostas do Poder Executivo e do CG-IBS. Esses cálculos são fundamentais para garantir que as alíquotas sejam ajustadas corretamente considerando as necessidades fiscais e econômicas do país. Caso o Senado Federal não fixe as alíquotas no prazo estipulado, os valores calculados pelo TCU serão temporariamente utilizados, garantindo continuidade na aplicação das taxas.

Os cálculos propostos devem seguir uma metodologia específica, elaborada pelo CG-IBS e pelo Poder Executivo, e homologada pelo TCU. Essa metodologia deve considerar critérios estabelecidos nos artigos subsequentes e pode ser ajustada conforme necessário para assegurar a sua adequação e precisão.

Também garante que todo o processo de definição das alíquotas e do redutor seja transparente e baseado em dados disponíveis e compartilhados entre os órgãos responsáveis. Isso inclui o respeito às normas de compartilhamento de informações fiscais, conforme estabelecido no Código Tributário Nacional, assegurando uma abordagem integrada e colaborativa na administração fiscal.

Em essência, o principal objetivo é criar um sistema tributário eficiente e equilibrado, permitindo ajustes nas alíquotas que reflitam as necessidades fiscais do país, ao mesmo tempo que se promove estabilidade e previsibilidade para os contribuintes. A coordenação entre múltiplos níveis de governo e órgãos de controle é essencial para alcançar uma implementação harmoniosa e eficaz dessas políticas fiscais.

Da fixação das alíquotas de referência de 2027 a 2035 – da receita de referência (art. 350)

Estabelece os critérios para a determinação das receitas de referência que serão utilizadas no cálculo das alíquotas de referência do IBS e da CBS. Essas receitas de referência são essenciais para garantir que as alíquotas estabelecidas sejam adequadas às necessidades fiscais dos diferentes níveis de governo no Brasil.

Para a União, a receita de referência inclui as contribuições sociais específicas mencionadas na CF/88, bem como os impostos sobre importação e sobre operações de seguros. Isso assegura que o cálculo seja abrangente e reflita as principais fontes de receita do governo federal.

Para os estados e o Distrito Federal, a receita de referência abrange o imposto sobre circulação de mercadorias e serviços (ICMS), além de contribuições para fundos estaduais já existentes em 2023, que são condições para tratamentos tributários diferenciados. Esta abordagem reconhece a diversidade das receitas estaduais e a importância dos fundos regionais na estrutura fiscal.

Para os municípios, a receita de referência é baseada no imposto sobre serviços (ISS), refletindo sua principal fonte de arrecadação.

O artigo especifica que as receitas devem incluir valores obtidos por meio de legislações específicas, como a Lei Complementar nº 123, e incorpora também juros e multas, abrangendo tanto valores inscritos quanto não inscritos em dívida ativa. Isso oferece uma visão completa e detalhada da capacidade de arrecadação tributária.

As receitas estaduais de contribuições são ajustadas para não incluir produtos primários e semielaborados substituídos por contribuições semelhantes e são baseadas em uma média dos anos de 2021 a 2023, corrigida pela variação do ICMS. Isso permite uma avaliação justa e consistente ao longo do tempo.

Para assegurar a precisão e a uniformidade do cálculo, o CG-IBS é encarregado de desenvolver a metodologia apropriada, que deve ser homologada pelo Tribunal de Contas da União. Essa metodologia deve estar pronta até junho de 2026, garantindo tempo suficiente para sua implementação.

Esses critérios e metodologias são projetados para proporcionar um sistema fiscal equilibrado e sustentável, que responda efetivamente às necessidades de arrecadação de cada nível de governo, enquanto suporta a implementação eficiente do IBS e da CBS.

Da fixação das alíquotas de referência de 2027 a 2035 – do cálculo das alíquotas de referência (art. 351)

Detalha os critérios para calcular a alíquota de referência do IBS e da CBS, com foco na discriminação das receitas provenientes de diferentes tipos de operações e importações. A intenção é assegurar que as alíquotas reflitam com precisão as diversas realidades fiscais e econômicas.

Os cálculos devem considerar receitas oriundas de operações e importações sujeitas a alíquotas-padrão, reduzidas em 60% e 30%, além das receitas decorrentes de regimes específicos de tributação, como o Simples Nacional. Isso garante que cada modalidade de tributação seja adequadamente representada na determinação das alíquotas.

A receita é discriminada por esfera federativa, considerando as aquisições em que a receita é destinada ao ente federativo adquirente. O artigo também considera o impacto de reduções de receita devido à concessão de créditos presumidos e devoluções de IBS e CBS a pessoas físicas, detalhando cada modalidade para assegurar um cálculo abrangente das alíquotas de referência.

Importante notar que o cálculo exclui operações contratadas pela Administração Pública e aquelas que não geram direito a crédito para os adquirentes. Além disso, a receita total inclui valores provenientes de legislações específicas e a arrecadação de dívidas ativas, mas exclui valores de IBS retidos para compensação futura.

O processo de cálculo é feito inicialmente com base nos documentos fiscais e ajustado para garantir que o valor total corresponda à receita real, conforme apurado pelo método estabelecido. Isso assegura transparência e precisão na definição das alíquotas, ajustando-as conforme as nuances do sistema tributário brasileiro, e equilibrando a arrecadação com as políticas de incentivo fiscal e justiça tributária.

Da fixação das alíquotas de referência de 2027 a 2035 – do cálculo das alíquotas de referência da CBS (arts. 352 a 359)

Entre 2027 e 2033, o cálculo das alíquotas de referência da CBS será baseado na receita de referência da União em anos anteriores, estimativas de quanto a CBS arrecadaria se as alíquotas e legislações fossem aplicadas nos anos-base, e estimativas de receitas do Imposto Seletivo e do IPI sob as alíquotas e legislações vigentes. As estimativas da CBS serão calculadas usando a alíquota de referência e outras alíquotas legais, aplicadas à base de cálculo estimada em cada ano-base.

Para calcular as receitas dos impostos mencionados, as alíquotas vigentes serão aplicadas às bases de cálculo estimadas nos anos-base. As estimativas podem considerar dados de arrecadação de tributos sobre bens e serviços, dados macroeconômicos, bases de cálculo de anos posteriores corrigidas para valores do ano-base, entre outros. Alíquotas específicas ou valores determinados em moeda corrente serão ajustados para refletir a variação de preços.

Para 2027, a alíquota de referência será definida com base nas estimativas de receitas da CBS, Imposto Seletivo e IPI para os anos-base de 2024 e 2025, com equivalência entre a média dessas receitas em relação ao PIB e a média da receita de referência da União em relação ao PIB de 2012 a 2021. Esse método de equivalência será aplicado para cada ano até 2033, ajustando a alíquota de acordo com estimativas de anos-base dois anos antes do ano de vigência.

Em 2028, a alíquota será baseada nas estimativas de 2025 e 2026, e assim por diante, até que para 2033, as estimativas dos anos-base 2030 e 2031 sejam usadas. A cada ano, a equivalência entre as médias das razões das receitas e do PIB determinará as alíquotas, sempre em comparação com o histórico de 2012 a 2021.

Da fixação das alíquotas de referência de 2027 a 2035 – do cálculo das alíquotas de referência do IBS (arts. 360 a 365)

Para calcular as alíquotas de referência estadual e municipal do IBS para os anos de 2029 a 2033, é necessário considerar a receita de referência das respectivas esferas federativas em anos anteriores e fazer uma estimativa de quanto seria a receita do IBS se as alíquotas e legislações vigentes fossem aplicadas nos anos-base. Essa estimativa é feita aplicando as alíquotas de referência e outras alíquotas previstas na legislação do IBS em uma base de cálculo estimada para cada categoria de receita ou redução de receita.

O cálculo das alíquotas específicas para cada ano segue padrões que garantem que as receitas estaduais e municipais estimadas sejam proporcionais às receitas de referência em anos anteriores. Para 2029, a meta é que a receita estadual e municipal do IBS em 2027 represente 10% das receitas de referência dos estados e municípios, respectivamente. Em 2030, essa proporção sobe para 20%, usando uma média das receitas de 2027 e 2028 como referência.

Para 2031, a estimativa média das receitas estaduais e municipais do IBS de 2028 e 2029 deve ser equivalente a 30% da média das receitas de referência ajustadas desses anos. Em 2032, essa proporção aumenta para 40%, e para 2033, as receitas dos anos de 2030 e 2031 são ajustadas para que a média da receita do IBS seja proporcional às receitas de referência aumentadas desses anos.

Esses cálculos levam em conta ajustes nas legislações do IBS, considerando tanto a receita da CBS quanto a do IBS em anos anteriores, ajustando para diferenças na legislação entre o ano-base e o ano de vigência, e, onde necessário, usando outras fontes de informação para assegurar que as bases de cálculo reflitam com precisão os cenários econômicos e legais vigentes.

Da fixação das alíquotas de referência de 2034 a 2035 (art. 366)

A alíquota de referência da CBS e as alíquotas de referência estadual e municipal do IBS em 2034 e 2035 serão aquelas fixadas para 2033.

Do limite para as alíquotas de referência de 2030 a 2035 (arts. 367 a 369)

Para entender os artigos 368 e 369, é importante definir alguns termos fundamentais. O "Teto de Referência da União" é a média da receita, entre 2012 e 2021, como proporção do PIB, incluindo impostos e contribuições específicas mencionadas na Constituição Federal. O "Teto de Referência Total" envolve receitas de impostos e contribuições de diversos artigos constitucionais, em relação ao PIB, no mesmo período. A "Receita-Base da União" refere-se à receita da CBS e do Imposto Seletivo, também em proporção ao PIB. Já a "Receita-Base dos Entes Subnacionais" é a receita de estados, Distrito Federal e municípios com o IBS, após deduções, também em relação ao PIB. A "receita-base total" soma a receita-base da União e a dos entes subnacionais, ajustada por multiplicadores específicos para cada ano de 2029 a 2033.

Em 2030, a alíquota de referência da CBS será reduzida se a média da receita-base da União em 2027 e 2028 exceder o Teto de Referência da União. Essa redução é calculada para garantir que a média da Receita-Base se iguale ao Teto de Referência, sendo definida em pontos percentuais e aplicada às alíquotas de 2030 a 2033. O Senado Federal determinará o montante da redução durante a fixação das alíquotas. Importante destacar que essa revisão não afetará a cobrança ou restituição de valores de anos anteriores.

Para 2035, as alíquotas de referência da CBS e do IBS serão reduzidas se a média da Receita-Base Total entre 2029 e 2033 exceder o Teto de Referência Total. A redução será proporcionalmente distribuída entre as alíquotas de referência da CBS e as estaduais e municipais do

IBS, novamente definida em pontos percentuais. O Senado Federal fixará essa redução, respeitando critérios e prazos legais, sem afetar tributos de anos anteriores ou transferências entre entes federativos.
Observação: o art. 370 trata do redutor a ser aplicado sobre as alíquotas da CBS e da IBS nas operações contratadas pela Administração Pública de 2027 a 2033.

Do limite para redução das alíquotas do IBS de 2029 a 2077 (art. 371)
Entre 2029 e 2077, os estados, o Distrito Federal e os municípios estão proibidos de estabelecer alíquotas do IBS que sejam inferiores ao necessário para atender às retenções mencionadas nos dispositivos transitórios da Constituição Federal. Para garantir isso, as alíquotas definidas por esses entes federativos devem ser, no mínimo, iguais ao valor resultante da aplicação dos percentuais anuais especificados no **Anexo XVI** sobre a alíquota de referência de cada esfera governamental.

Se um ente federativo tentar fixar uma alíquota abaixo desse limite, o valor mínimo conforme calculado será o que prevalecerá. Isso assegura que as alíquotas do IBS sejam suficientes para cumprir as obrigações constitucionais e mantenham um padrão mínimo necessário em todo o país.
Observação: os arts. 372 a 377 tratam da transição aplicável ao regime de compras governamentais e do reequilíbrio de contratos de longo prazo.

Da utilização do saldo credor do PIS/COFINS (arts. 378 a 383)
Os créditos da Contribuição para o PIS/Pasep e da COFINS, que não foram apropriados ou utilizados até sua extinção, permanecerão válidos e podem ser usados conforme as regras estabelecidas. Esses créditos devem estar devidamente registrados e podem ser compensados com valores devidos à CBS ou ressarcidos em dinheiro, desde que cumpram os requisitos legais vigentes na data da extinção. Bens devolvidos após 1º de janeiro de 2027, referentes a vendas anteriores, geram direito à apropriação de crédito da CBS correspondente ao valor das contribuições que incidiram sobre essas operações. Este crédito só pode ser compensado com a CBS, sem ressarcimento ou compensação com outros tributos.

Os créditos relacionados à depreciação, amortização ou quotas mensais continuarão sendo apropriados como créditos presumidos da CBS, seguindo as leis específicas. Se um bem que permite apropriação parcelada de créditos for alienado antes da completa apropriação, não será permitido o crédito das parcelas restantes. Contribuintes no regime regular da CBS podem apropriar crédito presumido sobre estoques de bens materiais em 1º de janeiro de 2027, em situações específicas, como bens sujeitos a regimes de apuração cumulativa ou tributação diferenciada.

Esse crédito presumido aplica-se apenas a bens novos adquiridos de empresas brasileiras ou importados para revenda ou produção de bens. Não se aplica a bens adquiridos com alíquota zero ou isentos, bens de uso pessoal, bens do ativo imobilizado, ou imóveis. O cálculo do crédito presumido para bens nacionais usa um percentual de 9,25% sobre o valor do estoque, enquanto para bens importados equivale ao valor da contribuição paga na importação, sem considerar adicionais de alíquota. O crédito deve ser apurado até junho de 2027 e usado em 12 parcelas mensais, apenas para compensação com a CBS.

A utilização dos créditos das contribuições tem prioridade sobre os créditos de CBS, e o direito de usar esses créditos extingue-se após cinco anos desde a apropriação.

Dos critérios, limites e procedimentos relativos à compensação de benefícios fiscais ou financeiro-fiscais do ICMS – disposições gerais (arts. 384 e 385)

As pessoas físicas ou jurídicas que têm benefícios onerosos relacionados ao ICMS, devido à redução desses benefícios entre 1º de janeiro de 2029 e 31 de dezembro de 2032, receberão compensação do Fundo de Compensação de Benefícios Fiscais ou Financeiro-Fiscais. Isso ocorre conforme critérios e limites para calcular o nível dos benefícios e sua redução, além de procedimentos para analisar os requisitos de habilitação para compensação estabelecidos nesta lei complementar.

Essa compensação cobre titulares de benefícios onerosos concedidos até 31 de maio de 2023, permitindo prorrogações ou renovações, desde que válidas até 31 de dezembro de 2032. Também inclui programas ou benefícios que migraram devido a mudanças na legislação estadual até a promulgação da Emenda Constitucional nº 132, em 20 de dezembro de 2023, caso o ato concessivo seja emitido até 90 dias após a publicação desta lei. No entanto, não se aplica a benefícios do § 2º-A do art. 3º da Lei Complementar nº 160.

Para a compensação, benefícios onerosos são entendidos como aqueles que geram repercussões econômicas, como isenções e incentivos fiscais, conforme o Código Tributário Nacional. Titulares de benefícios onerosos são aqueles que detêm o direito a esses benefícios, cumprindo as condições estabelecidas. O prazo certo refere-se ao tempo estabelecido para usufruir o benefício, até 31 de dezembro de 2032. Condições incluem contrapartidas que impõem ônus ou restrições, como implementação de empreendimentos, geração de empregos ou limitação de preços.

A repercussão econômica pode ser a parcela do ICMS apropriada pelo contribuinte devido a um benefício fiscal, descontos concedidos em antecipação de pagamento ou ganhos não realizados por redução de alíquotas. Um ato concessivo de benefício oneroso é qualquer ato administrativo que formalize a concessão do benefício a uma pessoa. Implementação e expansão de empreendimentos econômicos envolvem o estabelecimento e ampliação de atividades por empresas em áreas onde recebem subvenção.

Não se consideram condições contrapartidas que são apenas deveres obrigatórios, declarações de intenção sem ônus efetivo ou contribuições a fundos estaduais. No entanto, benefícios cuja contrapartida é a contribuição a fundos voltados para infraestrutura ou fomento econômico, constituídos até 31 de maio de 2023, são considerados onerosos. Para calcular a repercussão econômica de um benefício, deduzem-se valores de direitos renunciados e obrigações assumidas, como créditos de ICMS não aproveitados. Custos e investimentos realizados para usufruir benefícios onerosos não são considerados no cálculo. A Receita Federal pode identificar outras situações com repercussões econômicas equivalentes relativas ao ICMS.

Dos critérios, limites e procedimentos relativos à compensação de benefícios fiscais ou financeiro-fiscais do ICMS – das competências atribuídas à RFB (arts. 386 e 387)

A Receita Federal do Brasil (RFB) tem a responsabilidade de gerenciar as compensações dos benefícios onerosos associados ao ICMS, conforme descrito na legislação. Isso inclui estabelecer a forma e as informações necessárias para os requerimentos de habilitação e emitir normas complementares para que os requerentes cumpram as exigências legais. A RFB também analisa e, se tudo estiver em ordem, aprova esses requerimentos. Além disso, define que informações devem ser registradas na escrituração fiscal e contábil-fiscal, além de como os créditos devem ser demonstrados.

A RFB processa e revisa os créditos transmitidos pelos titulares habilitados, reconhecendo e autorizando os pagamentos quando não há irregularidades. Ela estabelece parâmetros de risco para automatizar o reconhecimento e pagamento dos créditos e define critérios de análise para revisão. Também regulamenta a retificação de informações e gerencia devoluções de pagamentos indevidos ou compensações de créditos irregulares.

A Receita é responsável ainda por padronizar representações por unidade federada e regulamentar prazos e aspectos procedimentais, garantindo o direito à ampla defesa e ao contraditório. Em caráter privativo, os Auditores-Fiscais da Receita Federal do Brasil elaboram decisões sobre o reconhecimento do direito à compensação e examinam a contabilidade e escrituração fiscal para revisar os créditos apresentados. Eles orientam os titulares sobre seus direitos à compensação e constituem créditos decorrentes de indébitos gerados durante o processo de compensação.

Dos critérios, limites e procedimentos relativos à compensação de benefícios fiscais ou financeiro-fiscais do ICMS – da habilitação do requerente à compensação (arts. 388 a 390)

As pessoas físicas ou jurídicas que desejam ser beneficiárias da compensação de benefícios onerosos devem ser habilitadas pela Receita Federal do Brasil (RFB). No entanto, essa compensação não se aplica a benefícios cobertos por outras formas de compensação previstas na Constituição, como indicado na Emenda Constitucional nº 132. O prazo para solicitar a habilitação vai de 1º de janeiro de 2026 a 31 de dezembro de 2028.

Para se qualificar, o requerente deve ser titular de um benefício oneroso concedido por uma unidade federada, com um ato concessivo emitido até 31 de maio de 2023, ou dentro do prazo específico mencionado na legislação. O ato deve definir claramente as condições e contrapartidas, ter um prazo de fruição até 31 de dezembro de 2032, e estar vigente durante o período relevante, mesmo que prorrogado. Além disso, é necessário que o benefício esteja registrado e depositado conforme exigido, e que o titular cumpra as condições do ato concessivo, apresente obrigações acessórias pertinentes, não tenha impedimentos legais, e tenha regularidade cadastral no CNPJ.

A habilitação pode ser negada se os requisitos não forem cumpridos, suspensa se o requerente deixar de atender temporariamente a esses requisitos, ou cancelada se deixar de atender-lhes permanentemente. A suspensão pode ser revertida se as condições que a motivaram forem corrigidas, mantendo a habilitação anteriormente concedida, sempre respeitando o direito à ampla defesa e ao contraditório.

Observação: os artigos 391 a 398 tratam de outros tópicos específicos dos critérios, limites e procedimentos relativos à compensação de benefícios fiscais ou financeiro fiscais do ICMS.

Dos critérios, limites e procedimentos relativos à compensação de benefícios fiscais ou financeiro-fiscais do ICMS – disposições finais (arts. 399 a 405)

Para verificar se as condições estabelecidas em um benefício oneroso foram cumpridas, todos os órgãos públicos e entidades devem fornecer à Receita Federal do Brasil (RFB) as informações necessárias. A RFB também publicará mensalmente uma lista dos beneficiários dessas compensações, incluindo detalhes como o tipo de benefício fiscal e o montante pago. Os pagamentos feitos como compensação terão o mesmo tratamento tributário aplicado aos benefícios fiscais concedidos pelo estado ou Distrito Federal, afetando IRPJ, CSLL, PIS e COFINS.

As Secretarias de Fazenda e a RFB criarão um grupo de trabalho para identificar os tipos de incentivos fiscais concedidos, analisar suas repercussões econômicas e propor ajustes nas obrigações acessórias dos beneficiários. A RFB desenvolverá um sistema eletrônico para processar todas as informações e procedimentos relacionados, com orçamento específico reservado a partir de 2025.

A União complementará os recursos do Fundo de Compensação de Benefícios Fiscais caso haja insuficiência, respeitando os limites do orçamento anual. Esses recursos não podem ser retidos ou desviados e não estão sujeitos a restrições de empenho.

O saldo do Fundo no final de 2032 será provisionado para cobrir créditos em processamento, créditos retidos e riscos judiciais. Qualquer saldo excedente será transferido ao Fundo Nacional de Desenvolvimento Regional em parcelas mensais, ajustadas conforme necessário. Se não houver saldo, o fundo será dissolvido e futuras compensações serão feitas por meio de dotações orçamentárias específicas. Eventuais recursos devolvidos ao fundo serão transferidos diretamente ao Fundo Nacional de Desenvolvimento Regional.

Da transição para o IBS e para a CBS – da transição aplicável aos bens de capital (arts. 406 e 407)

A venda de máquinas, veículos e equipamentos usados adquiridos até o final de 2032 está sujeita às alíquotas do IBS e da CBS, desde que a aquisição tenha sido documentada adequadamente e os bens tenham permanecido no ativo imobilizado do vendedor por mais de 12 meses. No caso da CBS, as alíquotas se aplicam a bens adquiridos até 2026 que tenham sido tributados pelo PIS/Pasep e COFINS. A partir de 2027, a alíquota da CBS fica reduzida a zero para a parte do valor de venda que não exceda o valor líquido de aquisição do bem, enquanto o restante segue a alíquota-padrão.

Para o IBS, as alíquotas se aplicam às vendas de bens adquiridos até 2032 que tenham sido sujeitos ao ICMS. A partir de 2029, a alíquota do IBS também é reduzida a zero para a parte do valor de venda dentro de parâmetros específicos, que variam conforme o ano de aquisição. O valor líquido de aquisição é calculado subtraindo valores de ICMS, PIS/Pasep e COFINS, ou usando alíquotas-padrão se esses valores não estiverem detalhados na nota fiscal.

A revenda desses bens segue regras semelhantes. Para bens adquiridos até 2026 que não permitiram crédito de PIS/Pasep e COFINS, a alíquota da CBS é reduzida a zero para a parte do valor de revenda que não excede o valor líquido de aquisição, exceto para bens adquiridos de pessoas físicas. A partir de 2027, se a aquisição beneficiou-se de alíquotas zero, essa redução se mantém na revenda para a parte do valor previamente beneficiada, enquanto o restante segue a alíquota-padrão. Bens contábeis de concessionárias são considerados ativos imobilizados para esses fins.

Da transição para o IBS e para a CBS – disposições finais (art. 408)

Durante o período de transição para o IBS e a CBS, há disposições específicas a serem observadas. Se, até o final de 2025, uma situação resultar em fato gerador para a Contribuição para o PIS/Pasep, COFINS ou suas versões de importação, e, a partir de 2026, também configurar fato gerador da CBS, a CBS não será exigida. Em vez disso, continuarão a ser exigidas as contribuições sociais mencionadas, conforme aplicável. No entanto, se a CBS for apurada e recolhida de acordo com regimes opcionais, ela será exigida, e as outras contribuições não serão.

Para operações até o final de 2026, em que o fato gerador do PIS/Pasep e da COFINS é reconhecido pelo regime de caixa, o fato gerador será considerado na data do auferimento da receita pelo regime de competência. As contribuições serão exigidas no recebimento da receita, mesmo após a extinção das contribuições, e a CBS não será exigida, exceto em regimes opcionais nos quais a CBS prevalece.

Entre 2029 e 2032, se a mesma operação resultar em fatos geradores para ICMS, ISS, e IBS em anos diferentes, prevalecerá a legislação do primeiro ano em que ocorreu. Se até o final de 2032 o elemento temporal do ICMS ou ISS não se completar, esses impostos não incidirão, e será devido apenas o IBS. A partir de 2033, o valor remanescente do IBS será apurado conforme a legislação vigente.

1.3.13   Do Imposto Seletivo (IS)[25]

Das disposições preliminares (arts. 409 a 411)

Estabelecem a criação e regulamentação do IS, conforme previsto na CF/88. Este imposto incide sobre a produção, extração, comercialização ou importação de bens e serviços considerados prejudiciais à saúde ou ao meio ambiente, como veículos, embarcações, aeronaves, produtos fumígenos, bebidas alcoólicas e açucaradas, bens minerais, e atividades como concursos de prognósticos e *fantasy sports*[26].

O IS é aplicado uma única vez sobre o bem ou serviço, sem a possibilidade de aproveitamento de créditos de operações anteriores ou geração de créditos para futuras operações. Esta característica visa simplificar a tributação e desestimular o consumo de produtos nocivos.

A administração e fiscalização do IS são de responsabilidade da RFB, garantindo que a arrecadação e o cumprimento das obrigações tributárias sigam os padrões estabelecidos pela legislação tributária nacional. A resolução de eventuais disputas administrativas relacionadas ao imposto será conduzida conforme as diretrizes do Decreto nº 70.235, que regula o processo administrativo fiscal no Brasil.

O principal objetivo do IS é atuar como uma ferramenta de política pública para desestimular o consumo de produtos prejudiciais, contribuindo para a promoção da saúde pública e a proteção ambiental, ao mesmo tempo em que proporciona uma fonte adicional de receita para o governo federal.

Das normas gerais do IS – do momento da ocorrência do fato gerador (art. 412)

Considera-se ocorrido o fato gerador do IS no momento da primeira comercialização do bem; da arrematação em hasta pública[27],

---

25   A relação de bens e serviços sujeitos ao IS encontra-se no Anexo XVII da LC nº 214/25.

26   Jogo que simula um campeonato esportivo.

27   Hasta pública é uma forma de fazer com que um devedor arrecade dinheiro para pagar suas dívidas que estão sendo executadas. É um ato da justiça em que se alienam bens do devedor, por meio de arrematação (leilão ou praça) do bem, para o pagamento de credores, despesas e custas processuais.

da transferência não onerosa de bem mineral extraído ou de bem produzido; da incorporação do bem ao ativo imobilizado pelo fabricante; da exportação de bem mineral extraído; do consumo do bem pelo produtor-extrativista ou fabricante; ou do fornecimento ou do pagamento do serviço, o que ocorrer primeiro.

Das normas gerais do IS – da não incidência (art. 413)
Ocorre a não incidência por meio da: imunidade do Imposto Seletivo para as exportações para o exterior dos bens e serviços, tais como veículos; embarcações e aeronaves; produtos fumígenos; bebidas alcoólicas; bebidas açucaradas; bens minerais e concursos de prognósticos e *fantasy sports* para as operações com energia elétrica e com telecomunicações. Também ocorre a não incidência do Imposto Seletivo sobre: os bens e serviços com redução em 60% (sessenta por cento) da alíquota-padrão do IBS e da CBS nos regimes diferenciados e nos serviços de transporte público coletivo de passageiros rodoviário e metroviário de caráter urbano, semiurbano e metropolitano.

Das normas gerais do IS – da base de cálculo (arts. 414 a 418)
Definem a base de cálculo e as regras aplicáveis ao IS, criado para incidir sobre bens e serviços prejudiciais à saúde ou ao meio ambiente. A base de cálculo do IS é determinada por diferentes critérios, dependendo da natureza da operação. Estes incluem o valor da venda, o valor de arremate, valores de referência em transações não onerosas, valor contábil em incorporações ao ativo imobilizado e a receita própria em atividades específicas mencionadas.

Para certos bens, como produtos fumígenos, a base de cálculo pode se basear no preço de venda no varejo, enquanto para outros, o valor de referência pode ser derivado de cotações e índices vigentes. Em transações entre partes relacionadas, a base de cálculo não pode ser inferior ao valor de mercado, garantindo que a tributação reflete operações justas e com base em preços comparáveis entre entidades independentes.

A base de cálculo do IS é abrangente, englobando todos os valores cobrados na operação, como juros, multas, encargos e tributos, exceto aqueles explicitamente excluídos, como a CBS, o IBS, e o próprio IS. Descontos incondicionais e bonificações que não dependem de eventos futuros também são excluídos da base de cálculo, exceto quando se aplicam alíquotas específicas.

Além disso, as devoluções de vendas permitem a compensação do IS pago, garantindo que os contribuintes possam ajustar suas obrigações fiscais em caso de retornos de mercadorias. A administração do IS é confiada à RFB, que supervisiona a arrecadação e resolve disputas administrativas.

Essas regras são projetadas para assegurar que o IS seja aplicado de maneira consistente e justa, proporcionando clareza e previsibilidade aos contribuintes ao mesmo tempo que promove políticas de saúde pública e proteção ambiental ao desestimular produtos e atividades nocivas.

Das normas gerais do IS – das alíquotas (arts. 419 a 423)

As alíquotas do Imposto Seletivo para veículos serão definidas em lei ordinária, considerando critérios como potência, eficiência energética, desempenho estrutural, reciclabilidade, pegada de carbono, densidade tecnológica, emissões de CO_2, e etapas fabris realizadas no país. Há uma redução a zero para veículos destinados a adquirentes com direito a um regime diferenciado, desde que o preço não ultrapasse R$ 200.000,00, e que seja reconhecido pela Receita Federal. Para aeronaves e embarcações, as alíquotas também são definidas por lei, podendo ser ajustadas conforme critérios de sustentabilidade, e havendo a possibilidade de alíquota zero para aquelas com zero emissões de CO_2.

Para outros produtos, as alíquotas são estabelecidas em lei, e nas operações com produtos fumígenos e bebidas alcoólicas, aplicam-se alíquotas *ad valorem* com alíquotas específicas que consideram teor alcoólico e volume. Para bens minerais, as alíquotas respeitam um máximo de 0,25%. As alíquotas para bebidas alcoólicas e produtos fumígenos serão escalonadas de 2029 a 2033 para incorporar diferenças entre as alíquotas de ICMS e as modais.

Pequenos produtores de bebidas alcoólicas podem ter alíquotas diferenciadas, progressivas com base no volume de produção. Para o gás natural usado como insumo industrial ou combustível de transporte, a alíquota é zero, mas se usado de forma diversa, o imposto deve ser recolhido acrescido de multa e juros.

Das normas gerais do IS – da sujeição passiva (arts. 424 e 425)

Estabelecem as condições e responsabilidades referentes ao IS, destacando quem está sujeito a este tributo e quem pode ser responsabilizado pelo seu pagamento. O contribuinte principal do IS inclui o fabricante na primeira comercialização ou em outras utilizações do bem, o importador na entrada do bem no país, o arrematante em leilões, o produtor-extrativista em atividades de extração e o fornecedor de serviços, mesmo que estrangeiro.

Além dos contribuintes diretos, existem responsabilidades atribuídas a outras partes no caso de irregularidades. Transportadores, possuidores e detentores de bens são obrigados a pagar o imposto se transportarem ou mantiverem produtos sem a documentação fiscal necessária. Também são responsáveis os proprietários ou detentores de produtos destinados à exportação que sejam encontrados no país em situação irregular, com algumas exceções claramente definidas, como produtos em trânsito para uso internacional, lojas francas ou destinados à exportação.

O fabricante pode ser solidariamente responsável se tiver contribuído para a irregularidade dos produtos destinados à exportação.

Das normas gerais do IS – da empresa comercial exportadora (arts. 426 e 427)

Abordam a isenção e as responsabilidades relativas ao IS no contexto de exportações, que não incide sobre o fornecimento de bens destinados especificamente à exportação para empresas comerciais exportadoras, desde que estas cumpram os requisitos estipulados. No entanto, essa isenção não se aplica a certos bens especificados, garantindo que o fornecimento para exportação esteja alinhado com as diretrizes fiscais estabelecidas.

Se o IS não for recolhido no fornecimento a empresas comerciais exportadoras, estas se tornam responsáveis pelo seu pagamento. O imposto é considerado devido no momento em que ocorre o fato gerador, conforme a legislação. Pagamentos espontâneos do imposto devem incluir multa de mora e correção pela Taxa SELIC, assegurando que as obrigações fiscais sejam cumpridas de forma justa e conforme às regulamentações financeiras.

Das normas gerais do IS – da pena de perdimento (arts. 428 e 429)

Estabelecem penalidades e restrições rigorosas para a manipulação e comercialização de produtos fumígenos e tabaco, reforçando o cumprimento das obrigações fiscais e legais. Impõe a pena de perdimento para produtos fumígenos transportados, armazenados ou expostos à venda sem a documentação fiscal adequada. Essa penalidade pode se estender ao veículo utilizado no transporte, se houver evidências de que o proprietário ou responsável facilitou ou se beneficiou do ato ilícito. O artigo detalha que a não exigência de documentação apropriada ou a adaptação de veículos para esconder mercadorias presumem a participação no ilícito.

Além disso, empresas de locação de veículos têm a responsabilidade de verificar os antecedentes dos locatários, sob risco de serem consideradas coniventes com práticas ilícitas. Essa rigorosa exigência busca inibir o comércio ilegal de produtos fumígenos, promovendo a regularidade fiscal e a segurança nas operações comerciais.

Limita a venda e remessa de tabaco em folhas a empresas industrializadoras de produtos como charutos e cigarros, e permite a comercialização apenas entre estabelecimentos que realizam beneficiamento e acondicionamento. O descumprimento dessas regras resulta em sanções severas, incluindo a aplicação de multas equivalentes ao valor comercial das mercadorias envolvidas. Essas medidas, além de garantir o cumprimento das normas fiscais, visam controlar a cadeia de produção e comercialização de tabaco, reduzindo o risco de evasão fiscal e comércio ilegal.

Das normas gerais do IS – da apuração (arts. 430 e 431)

Delineiam o processo de apuração do IS, estabelecendo que o período-padrão de apuração é mensal, com a possibilidade de redução mediante regulamentação. O regulamento do IS é responsável por definir detalhes cruciais, como o período exato de apuração (respeitando o limite mencionado), o prazo para concluir essa apuração e a data de vencimento do imposto.

Estas normas destacam a necessidade de uma abordagem consolidada para a apuração, exigindo que todas as operações realizadas por todos os estabelecimentos do contribuinte sejam integradas em uma única apuração fiscal. Este requisito de consolidação visa simplificar o cálculo e pagamento do imposto, garantindo precisão e conformidade com as obrigações fiscais.

Das normas gerais do IS – do pagamento (arts. 432 e 433)
Estabelecem as diretrizes para o pagamento do IS, focando a centralização e simplificação do procedimento de recolhimento do imposto devido. O IS deve ser pago pelo sujeito passivo, que é responsável por calcular e recolher o montante devido, assegurando o cumprimento das obrigações fiscais.

O artigo complementa ao indicar que esse pagamento será centralizado em um único estabelecimento, conforme definido por regulamento. Isso significa que, independentemente de quantos estabelecimentos o contribuinte possua, o pagamento do imposto será realizado por meio de um ponto centralizado. Essa centralização visa simplificar o processo de pagamento, reduzir a complexidade administrativa e facilitar a fiscalização por parte das autoridades tributárias.

Do IS sobre importações (arts. 434 e 435)
Abordam a incidência do IS sobre a importação de bens e serviços, delineando regras específicas para sua aplicação e isenções. Estabelece que o IS incide sobre a importação dos bens e serviços especificados anteriormente, destacando a abrangência do imposto ao incluir transações internacionais. Menciona que, com as devidas adaptações, algumas disposições gerais relativas à não incidência e à isenção são aplicáveis ao Imposto Seletivo. No entanto, ressalta que as regras de cálculo da base de cálculo para o IS devem seguir diretrizes específicas estabelecidas por lei ordinária, diferenciando-se das regras gerais aplicáveis a outros impostos.

Trata da alíquota aplicada ao gás natural importado, determinando que ela seja reduzida a zero quando o gás for destinado como insumo em processos industriais. Para isso, o importador precisa declarar formalmente esse uso específico. Caso o gás natural tenha um destino diferente do declarado, o importador é obrigado a pagar o IS com a alíquota regular, acrescido de penalidades.

Das disposições finais do IS (arts. 436 a 438)
Estabelecem diretrizes para a administração e atualização do IS, enfatizando aspectos relacionados à atualização de alíquotas, comunicação eletrônica e regulamentação. Prevê que as alíquotas específicas do Imposto Seletivo serão atualizadas anualmente conforme estabelecido por lei ordinária. Isso garante que as alíquotas se mantenham adequadas e atualizadas em relação a fatores econômicos e fiscais.

Introduz a possibilidade de a RFB implementar um sistema de comunicação eletrônica, designado como DTE (Domicílio Tributário Eletrônico). Este sistema será utilizado para notificações, intimações ou avisos, modernizando e agilizando a interação entre a administração tributária e os contribuintes, promovendo maior eficiência e transparência nos processos fiscais.

Delega ao chefe do Poder Executivo da União a responsabilidade de editar o regulamento do Imposto Seletivo. Isso assegura que as diretrizes operacionais e administrativas do imposto sejam definidas de forma centralizada, permitindo uma implementação uniforme e coerente em todo o território nacional.

1.3.14   Das demais disposições

Da Zona Franca de Manaus (arts. 439 a 457)
Estabelecem um conjunto de regras e benefícios fiscais aplicáveis à Zona Franca de Manaus, visando promover o desenvolvimento econômico e industrial da região enquanto preservam princípios tributários. Esses benefícios são aplicáveis até a data especificada no art. 92-A do ADCT e incluem incentivos para indústrias, defini-

ções de bens intermediários e finais, e exclusões para determinados produtos (como armas e bebidas alcoólicas).

> Art. 40 ADCT. É mantida a ZFM com suas características de área de livre comércio, de importação, de exportação, e de incentivos fiscais pelo prazo de vinte e cinco anos a partir da promulgação da Constituição.
> Art. 92 ADCT. São acrescidos dez anos ao prazo fixado no art. 40 deste ADCT.
> Art. 92-A ADCT. São acrescidos cinquenta anos ao prazo fixado no art. 92 deste ADCT.

Para as empresas se beneficiarem dos incentivos fiscais, é necessário estar inscrito na Suframa e ter projetos econômicos aprovados. A importação de bens para a Zona Franca pode ter a incidência de IBS e CBS suspensa, que se converte em isenção se os bens forem utilizados no processo produtivo. Operações de venda para a Zona Franca também podem ter alíquotas reduzidas a zero, facilitando a aquisição de bens nacionais. Além disso, são concedidos créditos presumidos de IBS e CBS para operações específicas, incentivando a produção local e a utilização de bens intermediários. Esses créditos só podem ser usados para compensar os valores de IBS e CBS devidos, impedindo ressarcimento em dinheiro. A partir de 2027, certas alíquotas de IPI para produtos fabricados na Zona Franca serão reduzidas a zero, estimulando a competitividade dos produtos da região.

Por último, o estado do Amazonas poderá instituir uma contribuição de contrapartida a partir de 2033, com o objetivo de financiar o ensino superior e fomentar o desenvolvimento local. Essa contribuição, calculada sobre o faturamento das indústrias incentivadas, será implementada gradualmente até 2077.

Das áreas de livre comércio (arts. 458 a 470)

Tratam dos benefícios fiscais aplicáveis às Áreas de Livre Comércio no Brasil, com validade até 31 de dezembro de 2050. As áreas contempladas incluem regiões específicas na Amazônia, Rondônia, Roraima, Amapá e Acre. Esses benefícios têm como objetivo fomentar o desenvolvimento econômico local, promovendo o uso de matérias-primas regionais e respeitando a legislação ambiental.

Para se habilitar aos incentivos, as empresas devem ser registradas na Suframa e ter seus projetos econômicos aprovados, assegurando que o processo produtivo utilize predominantemente matérias-primas regionais. A importação de bens para essas áreas pode ter a incidência de IBS e CBS suspensa, convertendo-se em isenção quando os bens são incorporados na produção local. Contudo, essa suspensão não se aplica a bens de uso pessoal ou aqueles explicitamente excluídos.

As alíquotas de IBS e CBS são reduzidas a zero para operações que destinam bens materiais industrializados de origem nacional a essas áreas, desde que as empresas estejam habilitadas e sujeitas ao regime regular ou ao Simples Nacional. Caso os bens não ingressem nas áreas de livre comércio conforme estipulado, os tributos suspensos devem ser pagos com os acréscimos legais.

Os artigos também concedem créditos presumidos de IBS e CBS para operações específicas, permitindo que esses créditos sejam usados apenas para compensar as obrigações fiscais desses mesmos tributos, com validade de seis meses para sua utilização.

Observação: o artigo 471 trata da devolução do IBS e da CBS ao turista estrangeiro; e os artigos 472 e 473 tratam das compras governamentais.

Das disposições transitórias (art. 474)

Entre os anos de 2027 e 2032, haverá uma redução progressiva nos percentuais de incidência ou creditamento do IBS e da CBS, conforme previsto em artigos específicos desta lei complementar. Em 2029, esses percentuais serão reduzidos para nove décimos do valor original. No ano seguinte, 2030, a redução será para oito décimos. Em 2031, os percentuais cairão para sete décimos, e, finalmente, em 2032, serão reduzidos a seis décimos. Essa redução escalonada ao longo dos anos afetará como esses tributos são aplicados ou creditados.

Das disposições transitórias – da avaliação quinquenal (arts. 475 e 476)

Estabelecem um sistema de avaliação quinquenal da eficácia das políticas fiscais relacionadas ao IBS e à CBS, além do IS. Essas avaliações, conduzidas pelo Poder Executivo da União e pelo CG-IBS, têm como objetivo analisar a eficiência, eficácia e efetividade dos diferentes regimes fiscais e políticas sociais, ambientais e de desenvolvimento econômico.

Abrange múltiplos aspectos: regimes aduaneiros especiais, zonas de processamento de exportação, devolução personalizada dos tributos, a Cesta Básica Nacional de Alimentos, e regimes diferenciados e específicos de IBS e CBS. As avaliações também consideram o impacto dessas políticas na promoção da igualdade de gênero e étnico-racial, bem como nas desigualdades de renda. Particularmente para a Cesta Básica, o foco está em garantir uma alimentação saudável e adequada, privilegiando alimentos in natura e consumidos majoritariamente por famílias de baixa renda. A avaliação pode levar à recomendação de ajustes nos regimes e políticas fiscais, com o Poder Executivo podendo propor mudanças legislativas ao Congresso Nacional. Essas mudanças podem incluir alterações na aplicação dos regimes e ajustes nos percentuais de redução de alíquotas, com a possibilidade de implementar regimes de transição.

Complementa essa abordagem ao focar especificamente a avaliação do Imposto Seletivo, realizada em paralelo à avaliação do IBS e CBS. O processo busca assegurar que as políticas tributárias não apenas sejam eficientes do ponto de vista econômico, mas também promovam objetivos sociais, ambientais e sanitários.

Das disposições transitórias – da compensação da eventual redução do montante entregue nos termos do art. 159, inciso I e II, da CF em razão da substituição do IPI pela IS (arts. 477 a 479)

Delineiam um mecanismo de compensação financeira para garantir que a substituição do IPI pelo IS não resulte em perda de receitas dos recursos distribuídos aos estados e municípios, nos termos do art. 159, incisos I e II, da CF. A partir de 2027, a União se compromete a compensar eventuais reduções nos valores entregues, garantindo estabilidade financeira.

> Art. 159. (CF/88) A União entregará
> I - Do produto da arrecadação do IR e proventos de qualquer natureza e sobre IPI e IS, 50% (cinquenta por cento), da seguinte forma

a) vinte e um inteiros e cinco décimos por cento ao Fundo de Participação dos estados e do Distrito Federal;
b) vinte e dois inteiros e cinco décimos por cento ao Fundo de Participação dos municípios;
c) três por cento, para aplicação em programas de financiamento ao setor produtivo das Regiões Norte, Nordeste e Centro-Oeste, através de suas instituições financeiras de caráter regional, de acordo com os planos regionais de desenvolvimento, ficando assegurada ao semiárido do Nordeste a metade dos recursos destinados à Região, na forma que a lei estabelecer;
d) um por cento ao Fundo de Participação dos municípios, que será entregue no primeiro decêndio do mês de dezembro de cada ano;
e) 1% (um por cento) ao Fundo de Participação dos municípios, que será entregue no primeiro decêndio do mês de julho de cada ano;
f) 1% (um por cento) ao Fundo de Participação dos municípios, que será entregue no primeiro decêndio do mês de setembro de cada ano
II - Do produto da arrecadação do IPI e IS, 10% (dez por cento) aos estados e ao Distrito Federal, proporcionalmente ao valor das respectivas exportações de produtos industrializados; [...]

Estabelece que a compensação será calculada mensalmente, considerando a diferença entre um valor de referência e os valores efetivamente entregues mensalmente com base na arrecadação do IPI e do Imposto Seletivo. Se a diferença for negativa, será deduzida do montante do mês seguinte; se for positiva, será repassada no segundo mês subsequente.

Detalha o cálculo do valor de referência, que para 2027 será baseado na média mensal de valores de 2022 a 2026, ajustada pela inflação (IPCA) e acrescida de 2%. A partir de 2028, o valor será corrigido com base na variação da arrecadação da CBS. Este valor serve como parâmetro para assegurar que os repasses não sofram oscilações prejudiciais.

Assegura que a compensação seguirá os mesmos critérios e prazos que os repasses constitucionais, proibindo a vinculação dos recursos a finalidades específicas, exceto para algumas áreas como saúde, educação e administração tributária, conforme previsto na Constituição. Além disso, impede qualquer retenção dos recursos de compensação, garantindo que cheguem integralmente aos estados, Distrito Federal e municípios.

Das disposições transitórias – do Comitê Gestor do IBS – disposições gerais (art. 480)

Até 31 de dezembro de 2025, foi instituído o Comitê Gestor do Imposto sobre Bens e Serviços (CGIBS), uma entidade pública com caráter técnico e operacional sob um regime especial. Localizado no Distrito Federal, o CGIBS tem independência técnica, administrativa, orçamentária e financeira. Ele atua sem qualquer vinculação, tutela ou subordinação hierárquica a órgãos da Administração Pública, conforme a Constituição Federal e a legislação complementar.

O regulamento único do IBS definirá um prazo máximo de até 12 meses para a realização de atividades de cobrança administrativa, a partir da constituição definitiva do crédito tributário. Após esse prazo, a administração tributária encaminhará o caso à procuradoria correspondente para as devidas providências de cobrança judicial ou extrajudicial. O CGIBS, em conjunto com a Secretaria Especial da Receita Federal do Brasil e a Procuradoria-Geral da Fazenda Nacional, poderá implementar soluções integradas para a administração e cobrança futuras do IBS e da CBS.

As normas comuns ao IBS e à CBS, estabelecidas no regulamento único do IBS, serão aprovadas conjuntamente pelo CGIBS e pelo Poder Executivo federal. Este regulamento também incluirá regras uniformes de conformidade tributária, orientação, autorregularização e tratamento diferenciado para contribuintes que participem de programas de conformidade do IBS estabelecidos pelos entes federativos.

As licitações e contratações do CGIBS seguirão as normas gerais aplicáveis às administrações públicas diretas, autárquicas e fundacionais de todas as esferas de governo. O CGIBS também observará o princípio da publicidade, divulgando seus atos normativos, preferencialmente, por meio eletrônico disponível na internet, garantindo transparência em suas operações.

Das disposições transitórias – do Comitê Gestor do IBS – do Conselho Superior do CGIBS (arts. 481 e 482)

O Conselho Superior do CGIBS, que é a instância máxima de deliberação do Comitê Gestor do Imposto sobre Bens e Serviços, é composto por 54 membros, sendo 27 representantes dos estados e do Distrito Federal, e 27 representantes dos municípios e do Distrito Federal. Os representantes dos estados e do Distrito Federal são indicados pelos Chefes dos Executivos locais, enquanto os dos municípios são eleitos de duas formas: 14 por voto igualitário entre municípios e Distrito Federal, e 13 por voto ponderado pela população.

Essas eleições são realizadas eletronicamente e apenas os Chefes dos Executivos Municipais em exercício podem votar. Garantem-se representantes de cada região do país, com o Distrito Federal podendo representar a Região Centro-Oeste. As eleições são organizadas por associações nacionais de municípios, que devem ter um significativo número de associados. Cada município pode indicar apenas um membro titular ou suplente.

Para as chapas de representantes eleitos pela população, é necessário o apoio de 20% dos municípios ou da população do país. A eleição é decidida por maioria simples, com possibilidade de segundo turno se necessário. Os membros eleitos podem ser substituídos por decisão majoritária dos votos dos municípios, ou destituídos pelo Chefe do Executivo que os indicou. Em caso de vacância, novas eleições devem ser realizadas.

Os membros do Conselho são escolhidos entre cidadãos de reputação ilibada e conhecimento em administração tributária. Para os estados e Distrito Federal, o representante geralmente é o Secretário de Fazenda ou cargo similar. Para os municípios, o representante não deve ter vínculo hierárquico com outra esfera federativa e deve ter experiência relevante em administração tributária.

Os membros são nomeados por um prazo específico e podem ser substituídos ou destituídos por várias razões, incluindo renúncia, condenação judicial ou processo administrativo. Suplentes assumem em caso de ausência ou impedimento do titular. Se um membro indicado com base em cargo específico deixar esse cargo, deve ser substituído em até 10 dias se não atender a outros requisitos.

Das disposições transitórias – do Comitê Gestor do IBS – da instalação do Conselho Superior (arts. 483 e 484)

O Conselho Superior do CGIBS deve ser instalado em até 120 dias após a publicação desta lei complementar. Para isso, os membros titulares e suplentes precisam ser indicados em até 90 dias, com a publicação no Diário Oficial da União. Os Chefes dos Executivos estaduais e do Distrito Federal indicam seus representantes, enquanto a seleção dos representantes municipais segue o processo eleitoral descrito na lei. A posse dos indicados ocorre no primeiro dia útil da segunda semana após a publicação de todos os membros no Diário Oficial ou na data limite mencionada, caso as indicações não estejam completas.

Os membros titulares elegem entre si o Presidente e os dois Vice-Presidentes do Conselho. O Presidente, então, comunica ao Ministro da Fazenda a instalação do Conselho e informa a conta bancária para receber o aporte inicial da União, conforme estabelecido no artigo 484. Até o recebimento desse aporte, as despesas do Conselho são custeadas pelos entes de origem dos membros. Após o aporte, o Conselho toma medidas para sua instalação e funcionamento pleno.

O regimento interno do CGIBS define como gerir suas finanças enquanto o sistema de execução orçamentária próprio não estiver disponível. A União, por meio de operação de crédito em 2025, destinará R$ 600 milhões ao CGIBS, reduzido de 1/12 por mês até a comunicação de instalação do Conselho. Esses valores são distribuídos em parcelas mensais iguais, começando em janeiro de 2025 ou no mês seguinte à comunicação, e creditados até o décimo dia de cada mês.

O financiamento é remunerado pela taxa Selic até seu reembolso à União, que ocorrerá em 20 parcelas semestrais a partir de junho de 2029. O CGIBS deve garantir à União um montante igual ou superior ao valor devido, podendo usar a arrecadação do IBS destinada ao seu financiamento. O Tribunal de Contas da União fiscaliza o CGIBS exclusivamente sobre esses recursos até seu ressarcimento completo.

Das disposições transitórias – do período de transição das operações com bens imóveis – das operações iniciadas antes de janeiro de 2029 – da incorporação (art. 485)

Para os contribuintes que realizam incorporação imobiliária sob o patrimônio de afetação, conforme especificado na Lei nº 4.591, de 1964, e tenham optado pelo regime específico antes de 1º de janeiro de 2029, há uma forma particular de recolhimento da CBS. As incorporações sob o regime de tributação especial, conforme os artigos 4º e 8º da Lei nº 10.931/2004, pagam CBS equivalente a 2,08% da receita mensal. Já as incorporações sob o regime dos parágrafos 6º e 8º do artigo 4º e parágrafo único do artigo 8º, pagam 0,53%.

Optar por este regime especial exclui qualquer outra forma de incidência de IBS e CBS sobre a incorporação, limitando a cobrança aos termos deste artigo. Não é permitida a apropriação de créditos de IBS e CBS para aquisições destinadas à incorporação sob patrimônio de afetação. Adicionalmente, a escolha por este regime impede a dedução de certos redutores de ajuste e social na venda de imóveis resultantes da incorporação.

Contribuintes no regime regular do IBS e CBS, ao adquirirem imóveis dessas incorporações, não podem apropriar créditos relacionados à aquisição. As operações tributadas pelo regime opcional formam um redutor de ajuste, como se o imóvel fosse adquirido de um não contribuinte do regime regular, conforme o artigo 258. Custos e despesas indiretos pagos pela incorporadora e apropriados a cada incorporação devem ser estornados.

Por fim, aplica-se a Lei nº 10.931, de 2004, exceto onde contradiz o que está disposto neste artigo, assegurando que as incorporações sigam o regime específico de tributação conforme estabelecido.

Das disposições transitórias – do período de transição das operações com bens imóveis – das operações iniciadas antes de janeiro de 2029 – do parcelamento do solo (art. 486)

Os contribuintes que realizam alienação de imóveis decorrentes de parcelamento do solo, com registro efetivado antes de 1º de janeiro de 2029, podem optar por recolher a CBS com base na receita bruta recebida. Neste regime, as operações são tributadas com uma alíquota de 3,65% sobre a receita bruta. Optar por este recolhimento exclui qualquer outra forma de incidência de IBS e CBS sobre o parcelamento do solo, limitando a tributação exclusivamente a esta forma.

Os contribuintes que escolhem este regime não podem apropriar créditos de IBS e CBS. Além disso, a opção impede a dedução dos redutores de ajuste e sociais previstos em outros artigos na alienação decorrente do parcelamento. Para aqueles que adquirem imóveis sob este regime, também não é possível apropriar créditos de IBS e CBS relativos à aquisição. As operações sob este regime formam um redutor de ajuste, similar ao caso de aquisição de um não contribuinte do regime regular.

A receita bruta inclui todas as receitas obtidas com a venda das unidades imobiliárias do parcelamento, além de receitas financeiras e variações monetárias relacionadas. O pagamento de CBS neste formato é definitivo, não dando direito a restituição ou compensação, exceto em caso de distrato da operação. As receitas e despesas do parcelamento não devem ser incluídas na base de cálculo da CBS para outras atividades do contribuinte.

Os custos indiretos pagos pelo contribuinte no mês são apropriados a cada parcelamento na proporção dos custos diretos de cada operação. Os créditos de IBS e CBS associados a esses custos devem ser estornados. Finalmente, o contribuinte deve manter uma escrituração contábil separada para cada parcelamento de solo que siga este regime de tributação.

Das disposições transitórias – do período de transição das operações com bens imóveis – das operações iniciadas antes de janeiro de 2029 – da locação, da cessão onerosa, e do arrendamento do bem imóvel (art. 487)

Os contribuintes que realizam locação, cessão onerosa ou arrendamento de imóveis por contratos firmados por prazo determinado têm a opção de recolher o IBS e a CBS com base na receita bruta recebida. Essa opção é válida exclusivamente para contratos com finalidade não residencial, firmados até a publicação desta lei, desde que sejam registrados em cartório ou disponibilizados para a Receita Federal e o Comitê Gestor do IBS até 31 de dezembro de 2025.

Para contratos residenciais, a opção se aplica pelo prazo original do contrato ou até 31 de dezembro de 2028, o que ocorrer primeiro, devendo a data ser comprovada por firma reconhecida, assinatura eletrônica ou pagamento da locação até o mês seguinte ao primeiro mês do contrato.

As operações sob este regime são tributadas em 3,65% sobre a receita bruta recebida. Optar por este regime exclui qualquer outra forma de incidência de IBS e CBS sobre a operação, limitando a tributação a este método. Os contribuintes que escolhem este regime não podem apropriar créditos de IBS e CBS relacionados às operações envolvidas. Além disso, não é permitido usar o redutor social do artigo 260.

A receita bruta inclui todas as receitas das operações, além de receitas financeiras e variações monetárias. O pagamento de IBS e CBS neste regime é definitivo, sem direito a restituição ou compensação. As receitas, custos e despesas destas operações não devem ser incluídas na base de cálculo do IBS e CBS para outras atividades do contribuinte.

Os custos e despesas indiretos pagos no mês são atribuídos a cada operação proporcionalmente às receitas geradas. Os créditos de IBS e CBS relacionados a esses custos devem ser estornados. Finalmente, o contribuinte deve manter uma escrituração contábil separada para identificar as operações sob este regime de tributação.

Das disposições transitórias – do período de transição das operações com bens imóveis – das operações Iniciadas a partir de 1º de janeiro de 2029 (art. 488)

A partir de 1º de janeiro de 2029, os contribuintes poderão deduzir da base de cálculo do IBS na venda de imóveis o valor pago na aquisição de bens e serviços entre 1º de janeiro de 2027 e 31 de dezembro de 2032, usados para incorporação, parcelamento do solo e construção do imóvel. Essa dedução corresponde ao valor das aquisições que estejam sujeitas ao ICMS ou ISS, sejam contabilizadas como custo direto de produção do imóvel e tenham documentação fiscal idônea.

Para imóveis resultantes de incorporação ou parcelamento do solo, também podem ser deduzidos custos e despesas indiretos pagos e sujeitos ao ICMS ou ISS. Esses custos devem ser proporcionais aos custos diretos do empreendimento em relação ao custo direto total do contribuinte. Os valores a deduzir são calculados com base na aquisição de bens e serviços, multiplicada por coeficientes que variam de 1 para aquisições até 2028, diminuindo gradualmente até 0,6 para aquisições em 2032.

Essa dedução não impede o direito à apropriação de créditos de IBS e CBS pagos, nem a aplicação de redutores de ajuste e social. No entanto, ela não se aplica se o contribuinte tiver optado pelos regimes especiais mencionados nos artigos 485 ou 486. Os valores deduzidos podem ser usados para ajustar a base de cálculo do IBS de períodos anteriores ou futuros relacionados ao mesmo imóvel ou empreendimento, caso excedam a base de cálculo do período em questão.

Das disposições transitórias – do período de transição das operações com bens imóveis – disposições finais (arts. 489 e 490)

A receita total arrecadada do IBS e da CBS, conforme estabelecido no artigo 487, será distribuída entre a CBS e as parcelas estadual e municipal do IBS, de acordo com as alíquotas de referência vigentes no momento da ocorrência do fato gerador. Isso garante que a distribuição dos tributos seja proporcional às alíquotas aplicáveis.

No que diz respeito ao Fundo de Arrendamento Residencial (FAR), regido pela Lei nº 10.188, de 12 de fevereiro de 2001, o artigo 490 especifica que o parágrafo 2º do artigo 6º não se aplica. Isso significa que o FAR pode manter todos os créditos de IBS e CBS relativos aos bens ou serviços que adquirir, mesmo que esses bens ou serviços sejam doados. Essa exceção permite que o FAR continue a operar de forma eficaz, sem perder benefícios fiscais devido à doação de bens ou serviços.

Observação: os artigos 491 a 544 tratam de disposições finais principalmente em relação a mudanças necessárias ocorridas na legislação em função dessa Lei Complementar nº 214/25.

1.3.15 Vetos do presidente da República ao texto do PLP nº 68/24 encaminhado pelo Congresso Nacional incorporados a LC nº 214/25

Foram vetados os seguintes artigos/incisos que retornam ao Congresso Nacional, que poderão mantê-los ou não:

- Art. 26, V e X, §1º, III, §§ 5º, 6º e 8º
- Art. 36, § 2º
- Art. 138, § 4º e § 9º, II
- Art. 183, §4º
- Art. 231, § 1º, III
- Art. 252, § 1º, III
- Art. 332, § 2ºArt. 334
- Art. 413, I
- Art. 429, § 4º
- Art. 444, § 5º
- Art. 454, § 1º, II
- Art. 462, § 5º
- Art. 494
- Art. 495
- Art. 517 (na parte em que inclui a alínea "b" ao inciso XII-A, do §1º, do art. 13, da LC nº 123/03)
- Art. 536
- Itens 1.4, 1.5, 1.8 e 1.9 do Anexo XI

Entre os pontos vetados pelo presidente da República, destacam-se:

- **Classificação de fundos de investimento**: (art. 26, V e X, §1º, III, §§ 5º, 6º e 8º) vetada a disposição legal que classificava os seguintes fundos de investimentos como "não contribuintes" do IBS e CBS – fundos de investimento imobiliário, fundos de investimento nas cadeias produtivas do agronegócio e fundos patrimoniais. (Nesse ponto, vale uma observação com relação ao agronegócio, especificamente em relação ao Fiagro ou Fundo de

Investimento em Cadeias Agroindustriais. É um tipo de fundo que aloca o patrimônio de seus investidores em ativos do agronegócio. O objetivo deste produto financeiro é disponibilizar uma carteira de investimentos composta por papéis ligados a um dos setores mais relevantes da economia brasileira. O veto presidencial torna os fundos contribuintes do IBS e da CBS).
- **Exportação de bens:** (art. 413, I) vetada a previsão de não incidência do Imposto Seletivo sobre exportações de bens e serviços para o exterior;
- **Importação de serviços financeiros:** (art. 231, § 1º, III) vetada a previsão de aplicação de alíquota zero, manutenção do direito de dedução dessas despesas da base de cálculo do IBS e da CBS ao importador de serviços financeiros;
- **Operações na Zona Franca de Manaus (ZFM):** (art. 454, § 1º, II) vetados os dispositivos que permitiam a apropriação de créditos de IBS em operações envolvendo mercadorias da ZFM;
- **Responsabilidade solidária em operações com IBS e CBS:** (art. 36, § 2º) vetada a previsão de responsabilidade solidária do adquirente em casos de inadimplência do fornecedor no pagamento de IBS e CBS.
- Entre outros.

1.4 Artigos da CF/88 fundamentais à Reforma

Resumidamente podemos elencar alguns pontos principais que serão tratados na Reforma Tributária, por meio da EC nº 132/23:

1.4.1 Inclusão do artigo 156-A (IBS):

O artigo estabelece o imposto sobre bens e serviços (IBS) de competência compartilhada entre estados, Distrito Federal e municípios, com as seguintes características:

- **Princípios e incidências:** o IBS é guiado pelo princípio da **neutralidade**, incidindo sobre operações com bens e serviços,

incluindo importações, enquanto exportações são isentas, mas com manutenção e aproveitamento de créditos (**base ampla**).
- **Legislação e alíquotas:** será regido por uma **legislação única e uniforme**, permitindo que cada ente federativo fixe alíquotas por lei específica, para todas as operações. O IBS será cobrado somando alíquotas estaduais e municipais do local de destino. Resolução do Senado Federal fixará **alíquota de referência do IBS para cada esfera federativa**, nos termos de lei complementar, que será aplicada se outra não houver sido estabelecida pelo próprio ente federativo. Os estados, o Distrito Federal e os municípios poderão optar por vincular suas alíquotas à alíquota de referência.
- **Não cumulatividade:** o IBS será não cumulativo, permitindo compensação de créditos, exceto para uso e consumo pessoal e algumas exceções constitucionais.
- **Base de cálculo e créditos:** o IBS não integrará sua própria base de cálculo, o chamado **"cálculo por fora"**, nem dos tributos previstos no IS e CBS e **não será objeto de incentivos fiscais**. Possíveis sujeitos passivos incluem pessoas envolvidas na operação, mesmo no exterior.
- **Distribuição da arrecadação:** um CG-IBS reterá créditos não compensados e distribuirá a arrecadação ao ente federativo de destino, seguindo regras definidas em lei complementar.
- **Regras complementares e desonerações:** lei complementar regulamentará compensações, ressarcimentos de créditos, e regimes específicos de tributação, assegurando desoneração de bens de capital e regimes aduaneiros especiais.
- **Regimes específicos:** são previstos para combustíveis, serviços financeiros, cooperativas, hotelaria, e transporte, com possibilidade de alíquotas uniformes nacionais.
- **Isenções e Imunidades:** isenções não geram créditos e anulam créditos anteriores, salvo exceções definidas por lei complementar. A legislação federal que altera a arrecadação deve ser compensada ajustando alíquotas de referência determinadas pelo Senado.

1.4.1.1 Resumo – a depender de disposição em lei complementar

Em relação ao § 5º, lei complementar disporá:

- I, "a", "b" e "c" – distribuição da arrecadação, sua forma de cálculo, tratamento das operações em que o imposto não seja recolhido tempestivamente, regras aplicáveis a regimes específicos e diferenciados de tributação.
- II, "a" e "b" – regime de compensação em que o aproveitamento ficará condicionado a verificação do recolhimento do tributo a partir de duas hipóteses: o adquirente efetue o recolhimento na aquisição ou na liquidação financeira *(split payment)*.
- III – a forma e o prazo para ressarcimento dos créditos acumulados
- IV, "a", "b" e "c" – os critérios para definição do destino da operação que pode ser o local da entrega, da disponibilização ou localização do bem, o da prestação ou a disponibilização do serviço ou o do domicílio ou da localização do adquirente ou destinatário do bem ou serviço [...]
- V – a desoneração da aquisição de bens de capital a ser implementada por meio crédito integral e imediato do imposto, diferimento ou redução de 100% da alíquota.
- VI – as hipóteses de diferimento e desoneração do imposto aplicáveis aos regimes aduaneiros especiais e às zonas de processamento de exportação.
- VII – o processo administrativo fiscal do imposto.
- VIII – hipóteses de devolução do imposto a pessoas físicas (limites e beneficiários) como forma de reduzir as desigualdades de renda *(cashback)*.
- IX – simplificação das obrigações acessórias[28].

---

28 Vide LC nº 199/23: instituí o Estatuto Nacional de Simplificação de Obrigações Tributárias Acessórias. Disponível em: https://www.planalto.gov.br/ccivil_03/leis/lcp/lcp199.htm.

Em relação ao § 6º – lei complementar disporá sobre regimes específicos.

- III, "a" e "b" – sociedades cooperativas, que será optativo, com vistas a assegurar sua competitividade, observados os princípios da livre concorrência e da isonomia tributária, definindo as hipóteses em que o imposto não incidirá sobre as operações realizadas entre a cooperativas seus associados ou vice-versa e entre cooperativas e definido também o regime de aproveitamento do crédito das etapas anteriores.

1.4.2 Inclusão no artigo 153, inciso VIII, parágrafo § 6º (IS):

O artigo 153, inciso VIII da CF/88 introduzido pela EC nº 132/23 estabelece o imposto sobre produtos e serviços que podem ser prejudiciais à saúde ou ao meio ambiente. Trata-se do "Imposto Seletivo", que não traz essa nomenclatura na EC nº 132/23. É de competência federal com a arrecadação dividida com os demais entes da federação será regulamentado por lei complementar. Apresenta as seguintes características e regras específicas:

- **Incidência e isenções:** esse imposto incide sobre a produção, extração, comercialização ou importação de bens e serviços prejudiciais à saúde ou ao meio ambiente. Isenções são aplicadas a exportações e operações envolvendo energia elétrica e telecomunicações, promovendo o incentivo ao comércio exterior e alívio ao setor de utilidades.
- **Incidência única:** o imposto ocorre apenas uma vez no ciclo econômico do bem ou serviço, o que simplifica o processo tributário e evita a cumulatividade.
- **Base de cálculo e alíquotas:** estabelece que o imposto não integrará sua própria base de cálculo, mas integrará a base de outros tributos (artigos ICMS, ISS, IBS e a CBS), garantindo que não haja duplicidade direta na cobrança. As alíquotas são fixadas

por lei ordinária e podem ser estabelecidas de forma específica (por unidade) ou *ad valorem* (percentual sobre o valor).

- **Fato gerador e base comum:** permite que o mesmo fato gerador e base de cálculo sejam utilizados para outros tributos, possibilitando uma harmonização tributária e eficiência administrativa.
- **Cobrança na extração:** na extração, o imposto será cobrado independentemente da destinação, com uma alíquota máxima de 1% do valor de mercado do produto.

1.4.3 Inclusão no artigo 195, inciso V, parágrafo § 15 ao § 19 (CBS):

O artigo 195, inciso V, parágrafos § 15 a § 19 da CF/88, introduzidos pela EC nº 132/23, abordam a contribuição social sobre bens e serviços (CBS). Este artigo sublinha a tentativa de se equilibrar a arrecadação necessária para a seguridade social com medidas de justiça social, por meio de um sistema flexível e regulamentado para diminuir desigualdades e evitar a cumulatividade tributária.

A seguir está um resumo detalhado e organizado em tópicos sobre as principais disposições e implicações deste artigo, o novo inciso e os parágrafos introduzidos:

- **Contribuição sobre bens e serviços:** o inciso V autoriza a criação de uma contribuição sobre bens e serviços, que será detalhada por meio de uma lei complementar. Esta contribuição é uma parte do esforço para financiar a seguridade social.
- **Fixação de alíquotas:** conforme § 15, a alíquota dessa contribuição pode ser estabelecida por uma lei ordinária, oferecendo flexibilidade ao legislador para ajustar a carga tributária conforme necessário.
- **Regulamentação e aplicações:** o § 16 integra diversas disposições do art. 156-A, estabelecendo diretrizes sobre **neutralidade, incidência, não cumulatividade, (cálculo por fora)** e especificações sobre a legislação uniforme, **aplicando-as também à CBS**.

- **Base de cálculo:** a CBS não integrará sua própria base de cálculo nem a de outros tributos, como especificado no § 17, o que evita a cumulatividade e a sobreposição de tributos, promovendo transparência e eficiência fiscal.
- **Devolução para redução de desigualdades:** o § 18 prevê que a lei definirá as condições para a devolução da CBS a pessoas físicas, com o objetivo de mitigar desigualdades de renda. Isso assegura que a política tributária também favoreça a redistribuição de renda.
- **Impacto fiscal e orçamentário:** conforme § 19, a devolução da CBS não afetará a receita corrente líquida da União, garantindo que essas restituições não comprometam o cálculo de limites fiscais e orçamentários, mantendo a saúde fiscal do Estado.

A alíquota prevista hoje, para o IVA dual é de 28% (12,5% para o IBS e 15,5% para a CBS), mas há grandes variações nessa previsão, chegando próxima a 30%. Mesmo considerando que será o maior IVA entre os aproximadamente 170 IVAs existentes no mundo, há de se olhar com cautela esse ponto, já que a comparação não leva em conta as nuances do sistema tributário de cada um dos países comparados. Pode ocorrer de um país ter uma alíquota de IVA menor, porém, uma alíquota sobre renda muito maior. Lembrando que grande parte da arrecadação do Brasil é feita sobre consumo e muitos países com IVA menor, arrecadam mais sobre renda e propriedade.

1.4.4 Tributação ambiental

Conforme Nunes (2024), a EC nº 132/23 algumas novas disposições para a CF/88 relativas à tributação ambiental:

- Criação de norma vinculando a concessão de incentivos regionais, sempre que possível, considerando critérios de sustentabilidade ambiental e redução nas emissões de carbono. (art. 43 § 4º)
- Autorização para que o IPVA tenha alíquotas diferenciadas também em função do impacto ambiental. (art. 155 § 6º II)

- Determinação de que 5% da cota-parte do IBS seja distribuída entre os municípios com base em indicadores de preservação ambiental, nos termos da lei estadual. (art. 158 § 6º III)
- Previsão de que a aplicação dos recursos do FNDR pelos estados e o DF priorizem projetos que prevejam ações de sustentabilidade ambiental e redução das emissões de carbono; (art. 159-A § 2º)
- Inclusão da defesa do meio ambiente entre os princípios constitucionais tributários. (art. 170 VI)
- Previsão de que o IS incida sobre a produção, a extração, a comercialização ou a importação de bens e serviços prejudiciais ao meio ambiente. (art. 153 VII)
- Criação de regime fiscal favorável para o hidrogênio de baixa emissão de carbono. (art. 225 § 1º VIII)

2. Cronograma de transição para o IBS, CBS e IS

Para permitir uma melhor adequação das empresas e das finanças públicas às mudanças, são sugeridos mecanismos de transição e com isso teremos durante um período (entre 2026 e 2033), um sistema híbrido, onde conviverão os tributos atuais com a CBS e IBS.

Transição entre a CBS, IBS, IS e IPI								
Tributo	2026	2027	2028	2029	2030	2031	2032	2033
IBS	0,1% Art. 125 ADCT	0,05% alíquota municipal e 0,05% alíquota estadual Art. 344 LC nº 214/25		Início em 01/01/2026. Alíquotas fixadas por lei específicas, cobradas pela somatória das alíquotas do estado e do município de destino da operação. Serão fixadas de forma a ser mantida a arrecadação atual dos tributos.				
ICMS redução	Art. 501 da LC nº 214/25 que altera a LC nº 87/96 incluindo art. 31-A			-10%	-20%	-30%	-40%	
ISSQN redução	Art. 508 da LC nº 214/25 que altera a LC nº 116/03 incluindo art. 8º-B			-10%	-20%	-30%	-40%	
CBS	0,9% Art. 125 ADCT	PIS e COFINS continuarão em 2025 e vão até 31/12/2026. Será testada entre 01/01/2026 a 31/12/2026 com alíquota de 0,9%. De 01/01/207 até 31/12/2033, passará a ser cobrada com alíquota plena fixada pelo Senado de forma a ser mantida a mesma arrecadação atual.						

Transição entre a CBS, IBS, IS e IPI								
Tributo	2026	2027	2028	2029	2030	2031	2032	2033
IS		Início da cobrança seletiva em 01/01/2027.						
IPI	Normal em 2026	Alíquota zero para produtos com alíquota inferior a 6,5% que tenham sido industrializados na ZFM em 2024, sendo que o Poder Executivo da União divulgará a lista dos produtos cuja alíquota de IPI tenha sido reduzida a zero nos termos deste artigo (art. 454) e do art. 126, inciso III, alínea "a", do ADCT.						

Fonte: Adaptado de Adabo, 2024.

Art. 129. (CF/88) Ficam extintos, a partir de 2033, os impostos previstos nos arts. 155 (*ICMS*), II, e 156, III (*ISS*), da CF/88.

2.1 Transição para o novo modelo de tributação[29]

São previstos dois períodos de transição: um geral, a ser iniciado em 2026 e concluído em 2033, ano em que os atuais tributos sobre o consumo serão extintos e o novo modelo estará plenamente vigente; e outro período de 50 anos, imperceptível para a sociedade, específico aos entes federativos.

2.1.1 Primeiro período de transição (2026 a 2033)

O primeiro período de transição é importante para calibragem da exata alíquota necessária para manter a arrecadação, para a implementação dos novos sistemas de arrecadação dos tributos e para que haja uma adaptação gradual dos preços, já que alguns bens e serviços poderão ficar mais baratos e outros mais caros. Este período também é necessário para se garantir a segurança jurídica dos investimentos feitos nos últimos anos, que levaram em conta incentivos fiscais e regimes diferenciados do sistema tributário atual.

---

29 Disponível em: https://www.gov.br/fazenda/pt-br/acesso-a-informacao/acoes-e-programas/reforma-tributaria/perguntas-e-respostas.

Para viabilizar o início da transição, ao longo de 2024 e 2025 será necessário aprovar as leis complementares que regulamentarão o IBS e a CBS, o Conselho Federativo do IBS, o Fundo de Desenvolvimento Regional e o ressarcimento dos saldos credores acumulados do ICMS, bem como estruturar o modelo de cobrança dos novos tributos.

O ano de 2026 será de calibragem das alíquotas e testes do sistema. Neste período, o IBS terá uma alíquota de 0,1% (art. 343 LC nº 214/25) e a CBS de 0,9% (art. 346 LC nº 214/25), sendo que o valor recolhido de ambos os tributos poderá ser utilizado para compensar o pagamento do PIS/COFINS e de outros tributos federais.

Em 2027 se iniciará a cobrança da CBS pela alíquota cheia extinguindo-se o PIS/COFINS. Neste mesmo ano, a alíquota do IPI será reduzida a zero para produtos com alíquota inferior a 6,5% que tenham sido industrializados na ZFM em 2024. O Poder Executivo da União divulgará a lista dos produtos cuja alíquota de IPI tenha sido reduzida a zero nos termos deste artigo (art. 454) e do art. 126, inciso III, alínea "a", do ADCT.

De 2029 a 2032, haverá a transição do ICMS e do ISSQN para o IBS, com a redução gradual das alíquotas do ICMS e do ISSQN e o aumento gradual da alíquota do IBS, de acordo com os percentuais a seguir: 10% em 2029; 20% em 2030; 30% em 2031 e 40% em 2032.

Em 2033, extingue-se o ICMS e o ISSQN e o novo modelo entra em vigência integralmente.

Durante o período de transição, o Senado Federal fixará as alíquotas de referência dos tributos, que serão adotadas automaticamente pela União, estados e municípios. Essas serão fixadas de forma a compensar a redução de receita do PIS/COFINS, no caso da União, do ICMS, no caso dos estados, e do ISS, no caso dos municípios. Prevê-se serem revisadas anualmente, durante o período de transição, visando à manutenção da carga tributária.

2.1.2 Segundo período de transição (2029 a 2078) para os entes federados

Esse modelo de longo prazo foi proposto para suavizar o impacto da reforma sobre a receita dos estados e municípios que terão suas receitas reduzidas em função da unificação do ICMS com o ISS, e principalmente pela adoção do princípio de destino e da mudança no critério de distribuição da cota-parte[30] do IBS.

O texto prevê que, de 2029 a 2078, uma parcela decrescente da receita será distribuída conforme a participação atual dos entes na receita total e uma parcela crescente será distribuída conforme a participação dos entes na receita distribuída pelo princípio do destino (art. 131. § 1º I, II e III ADCT).

A participação atual dos entes na receita total considerará, no caso dos estados, a arrecadação do ICMS **deduzida** a cota-parte e, no caso dos municípios, a arrecadação de ISSQN **acrescida** da cota-parte do ICMS recebida pelo município. Na prática, isso significa que a transição compensará os efeitos tanto da transição para o destino quanto a mudança nos critérios de distribuição da cota-parte (art. 131. § 2º I, II e III ADCT).

Durante todo o período, 5% da parcela do IBS distribuída pelo destino serão destinados a um seguro-receita, que visa compensar os entes com maior queda da participação no total da receita. Na prática, esse mecanismo de compensação faz com que haja um limite máximo de redução no coeficiente de participação dos entes na receita do IBS, relativamente à participação atual na receita de ICMS e ISS. Não será permitida, no entanto, compensação que resulte em receita por habitante do ente superior a três vezes a média nacional.

No final do período de transição, a receita do IBS será integralmente distribuída conforme o princípio do destino, conforme os critérios previstos na lei complementar, exceto pela dedução dos 5% destinados ao seguro-receita, que será progressivamente reduzido

---

30   Art. 158, inciso IV, da CF/88, prevê que 25% do total arrecadado com o ICMS pelo estado seja repassado aos municípios. Com o IBS o critério da distribuição da cota--parte será de 85%, no mínimo, proporcionalmente à população, 10% com base em indicadores de melhoria nos termos da lei estadual e 5% em montantes iguais para os municípios do estado. Em relação à CBS, a arrecadação pertence integralmente à União.

a partir do final desse período até 2098, nos termos definidos em lei complementar (art. 132 ADCT).

O mecanismo de transição proposto não é afetado pelas mudanças nas alíquotas promovidas pelos estados e municípios, ou seja, o acréscimo ou redução de receita decorrente de alteração da alíquota afetará apenas a receita do próprio estado ou município. Para garantir o funcionamento do modelo, os entes subnacionais não poderão fixar alíquotas próprias inferiores às necessárias para garantir as retenções durante o período de transição. Na sequência apresentamos o esquema de transição entre 2029 e 2078:

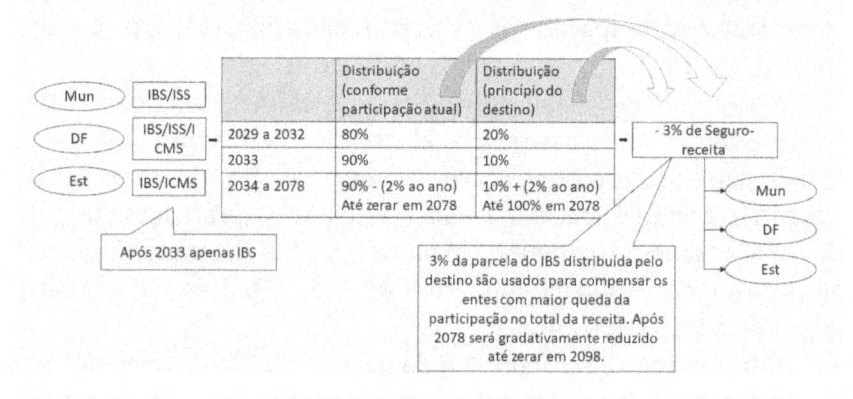

			Distribuição (conforme participação atual)	Distribuição (princípio do destino)
Mun	IBS/ISS			
DF	IBS/ISS/ICMS	2029 a 2032	80%	20%
		2033	90%	10%
Est	IBS/ICMS	2034 a 2078	90% - (2% ao ano) Até zerar em 2078	10% + (2% ao ano) Até 100% em 2078

Após 2033 apenas IBS

- 3% de Seguro-receita → Mun, DF, Est

3% da parcela do IBS distribuída pelo destino são usados para compensar os entes com maior queda da participação no total da receita. Após 2078 será gradativamente reduzido até zerar em 2098.

Fonte: Elaborada pelo autor, 2024.

2.2 Transição conforme ADCT – arts. 125 a 133

Conforme o art. 124 ADCT, a transição para o IBS e a CBS atenderá aos critérios estabelecidos nos arts. 125 a 133 do mesmo. Assim, vamos repassar um a um:

O **art. 125** estabelece diretrizes para a cobrança do IBS e da CBS em 2026, definindo como esses impostos serão geridos e utilizados.

Alíquotas de cobrança em 2026
- **IBS:** será cobrado a uma alíquota estadual de 0,1%.
- **CBS:** será cobrada a uma alíquota de 0,9%.

Compensação dos valores recolhidos

• O total arrecadado poderá ser utilizado para abater valores devidos das contribuições PIS/COFINS.

• Se o contribuinte não tiver débitos suficientes para essa compensação, poderá usar o valor para abater outros tributos federais ou solicitar um ressarcimento, que deve ser processado em até 60 dias.

Utilização da arrecadação do IBS

• Os valores arrecadados do IBS (0,1%) não seguirão as regras normais de distribuição previstas na Constituição. Eles serão destinados para financiar o CG-IBS e contribuir para o Fundo de Compensação de Benefícios Fiscais ou Financeiro-Fiscais relacionado ao imposto.

Dispensa do recolhimento

Durante o ano de 2026, contribuintes que seguirem corretamente as obrigações acessórias desses tributos podem ser dispensadas de pagá-los, conforme definido em lei complementar.

O **art. 126** define que a partir de 2027 serão cobrados:

• Passa a ser cobrada a CBS e o IS;
• Serão extintas o PIS/COFINS;
• O IPI terá suas alíquotas reduzidas a zero, exceto em relação aos produtos que tenham industrialização incentivada na Zona Franca de Manaus; e) **não incidirá de forma cumulativa no IS.**

O **art. 127** define que em 2027 e 2028:

• o IBS será cobrado à alíquota:
  • *estadual de 0,05% e*
  • *municipal de 0,05%.*

• No período referido, a alíquota da CBS será reduzida em 0,1 ponto percentual.

O **art. 128** define que de 2029 a 2032:

- as alíquotas do ICMS e ISSQN serão fixadas nas seguintes proporções das alíquotas fixadas nas respectivas legislações:
  - 9/10 em 2029;
  - 8/10 em 2030;
  - 7/10 em 2031; e
  - 6/10 em 2032.

- Os benefícios ou os incentivos fiscais ou financeiros relativos ao ICMS e ISSQN não alcançados serão reduzidos na mesma proporção.

O **art. 129** define que:

- Ficam extintos o ICMS e o ISS.

O **art. 130** do ADCT trata da definição das alíquotas referentes ao IBS e a CBS pelo Senado Federal, visando equilibrar a arrecadação nas diversas esferas governamentais conforme mudanças tributárias.
Objetivo:
- **Para a União (2027-2033):** a receita da CBS e IS deve compensar a redução das receitas de PIS/COFINS, IPI e IOF sobre seguros.
- **Para estados e DF (2029-2033):** o IBS deve compensar a redução do ICMS e de contribuições para fundos estaduais.
- **Para municípios e DF (2029-2033):** o IBS deve compensar a redução do ISS.

Definição das alíquotas:
- Serão estabelecidas no ano anterior à aplicação, calculadas pelo Tribunal de Contas da União e consideram os efeitos sobre regimes fiscais específicos que possam reduzir a arrecadação.

Termos importantes
- **Teto de referência:** média das receitas de impostos e contribuições (2012-2021) como proporção do PIB, calculada para diferentes períodos.

- **Receita-base:** a arrecadação efetiva comparada ao PIB para União e entes subnacionais.

Ajustes de alíquotas: a alíquota de referência da União será reduzida em 2030 se a média da receita com a CBS e o IS em proporção ao PIB superar o teto da carga tributária da União (média da receita de IPI, PIS/COFINS e IOF-Seguros em proporção ao PIB), de forma a igualar os dois valores. Já as alíquotas de todos os entes serão reduzidas em 2035 se a média da receita com IBS (deduzidas as receitas destinadas aos fundos estaduais de infraestrutura decorrentes da extinção gradativa do ICMS, exceto a das demais contribuições criadas nos termos do art. 136 do ADCT), a CBS e o IS em proporção ao PIB entre 2029 e 2033 (considerados ajustes da transição dos tributos) superar o teto de carga tributária total (média da receita de IPI, PIS/COFINS, IOF-Seguros, ICMS e ISSQN em proporção ao PIB), de forma a igualar os dois valores.

> Art. 136. (CF/88) Os estados que possuíam, em 30 de abril de 2023, fundos destinados a investimentos em obras de infraestrutura e habitação e financiados por contribuições sobre produtos primários e semielaborados estabelecidas como condição à aplicação de diferimento, regime especial ou outro tratamento diferenciado, relativos ao imposto de que trata o art. 155, II, da CF/88, poderão instituir contribuições semelhantes, não vinculadas ao referido imposto, observado [...]

Informações e cálculos: entes federativos e o CG-IBS devem fornecer dados ao Tribunal de Contas para o cálculo das alíquotas, sendo o cálculo baseado em propostas do Poder Executivo e do CG-IBS.

Revisão de alíquotas: não resultará em cobrança ou restituição de tributos de anos anteriores ou transferência de recursos entre entes federativos.

O **art. 131** do ADCT estabelece como será distribuída a arrecadação IBS entre os estados, Distrito Federal e municípios entre 2029 e 2077.

Retenção da arrecadação:
- De 2029 a 2032: 80% da arrecadação será retida.
- Em 2033: 90% serão retidos.

- De 2034 a 2077: a retenção começa em 90% e diminui gradualmente, 1/45 avos a menos a cada ano. (o que equivale a 2% ao ano).

Distribuição do montante retido
O valor retido será distribuído com base na receita média de cada ente federativo, de acordo com a seguinte estrutura:

- **Estados:** considerar a arrecadação do ICMS, após destinar 25% (cota-parte) aos municípios. Incluem receitas para fundos estaduais específicos.
- **Distrito Federal:** inclui a arrecadação do ICMS e do ISS.
- **Municípios:** consideram a arrecadação do ISS. Incluem a parcela correspondente aos 25% do ICMS (cota-parte) destinada aos municípios.

Distribuição do restante da arrecadação:
A parte da arrecadação do IBS não retida será distribuída de acordo com critérios definidos por uma lei complementar, seguindo diretrizes constitucionais.

Regulamentação: todas as distribuições serão feitas conforme estabelecido em uma lei complementar, garantindo que os recursos sejam alocados de maneira justa entre as diferentes esferas do governo.

O art. 132 estabelece a retenção de 5% do valor apurado dos impostos IBS, ICMS, e ISSQN para ser distribuído entre os entes federativos com menor capacidade fiscal. Essa distribuição visa ajudar os entes com menor receita em relação à média nacional.

Critérios de distribuição
A retenção considera a diferença entre:

- O valor arrecadado com base nas alíquotas de referência, após aplicação da cota-parte.
- A receita média de cada ente, limitada a três vezes a média nacional por habitante da respectiva esfera.

Distribuição dos recursos
- Os recursos são distribuídos primeiramente aos entes com menor capacidade fiscal.
- O objetivo é que todos os entes beneficiados cheguem a uma mesma relação entre o valor arrecadado acrescido do benefício e a receita média.

Redução gradativa
- Uma lei complementar definirá a redução gradual desse percentual entre 2078 e 2097, até que ele seja extinto.

O **art. 133** define que:

- o IPI, o ICMS, o ISSQN e o PIS/COFINS não integrarão a base de cálculo do IBS e da CBS.

3.
Aspectos tributários gerais

3.1 Princípio da não cumulatividade

A neutralidade está intimamente ligada ao princípio da **não cumulativo** que é aquele no qual o tributo é cobrado em cada etapa da cadeia produtiva podendo *ser* compensado com créditos tributários de etapas anteriores. Assim, há o direito aos créditos tributários sobre os tributos pagos nas compras que podem ser abatidos dos tributos devidos sobre as vendas. É adotado para incentivar a competitividade e promover a **neutralidade tributária** ao longo da cadeia produtiva e agora com a reforma passa a ser o padrão adotado. Independentemente de como a cadeia produtiva se estruture ao final a carga tributária gerada será a mesma, bem diferente de havia a possibilidade da adoção da cumulatividade.

O **princípio da não cumulatividade** é previsto constitucionalmente: Em relação ao IBS e CBS:

> **Art. 149-B.** (CF/88) O *IBS* e a *CBS*, observarão as mesmas regras em relação a: (Incluído pela EC nº 132/23)
> [...]
> IV - Regras de **não cumulatividade** e de creditamento.

Em relação ao IPI:

> **Art. 153.** (CF/88) Compete à União instituir impostos sobre:
> [...]
> IV– Produtos industrializados;
> [...]

§ 3º O imposto previsto no inciso IV:
II– Será **não cumulativo**, compensando-se o que for devido em cada operação com o montante cobrado nas anteriores;

Em relação ao ICMS:

Art. 155. (CF/88) Compete aos estados e ao Distrito Federal instituir impostos sobre: [...]
II– Operações relativas à circulação de mercadorias e sobre prestações de serviços de transporte interestadual e intermunicipal e de comunicação, ainda que as operações e as prestações se iniciem no exterior; (ICMS). (Conforme EC nº 132/23 será revogado em 2033)
[...]
§ 2º O imposto previsto no inciso II atenderá ao seguinte:
I– Será **não cumulativo**, compensando-se o que for devido em cada operação relativa à circulação de mercadorias ou prestação de serviços com o montante cobrado nas anteriores pelo mesmo ou outro estado ou pelo Distrito Federal;

Em relação ao IBS:

Art. 156-A. (CF/88) [...] (Incluído pela EC nº 132/23)
§ 1º O imposto previsto no *caput* será informado pelo princípio da neutralidade e atenderá ao seguinte:
[...]
VIII - será **não cumulativo**, compensando-se o imposto devido pelo contribuinte com o montante cobrado sobre todas as operações nas quais seja adquirente de bem material ou imaterial, inclusive direito, ou de serviço, excetuadas exclusivamente as consideradas de uso ou consumo pessoal especificadas em lei complementar e as hipóteses previstas nesta Constituição;

Em relação a seguridade Social (PIS/COFINS):

Art. 195. (CF/88) A seguridade social será financiada por toda a sociedade, de forma direta e indireta, nos termos da lei, mediante recursos provenientes dos orçamentos da União, dos estados, do Distrito Federal e dos municípios, e das seguintes contribuições sociais:

I– Do empregador, da empresa e da entidade a ela equiparada na forma da lei, incidentes sobre:
[...]
b) a receita ou o faturamento; (Conforme EC nº 132/23 será revogado em 2027)
[...]
IV– Do importador de bens ou serviços do exterior, ou de quem a lei a ele equiparar.
[...]
§ 12. A lei definirá os setores de atividade econômica para os quais as contribuições incidentes na forma dos incisos I, "b"; e IV do *caput*, **serão não cumulativas.**

Todos os tributos abarcados nessa reforma, tanto os novos (IBS e CBS) quanto os que estarão sendo gradativamente substituídos por eles (ICMS, ISS, PIS/COFINS, IPI), passam a adotar o princípio da **não cumulatividade**; logo, **geram créditos em todas as operações** excetuadas as consideradas de uso ou consumo pessoal[31] especificadas em lei complementar e as hipóteses previstas nesta Constituição.

Aqui vale uma ressalva: haverá situações pontuais em que não ocorrerá a geração de crédito, como, por exemplo, nas isenções e alíquotas zero

No glossário encontra-se explicação sobre o regime cumulativo.

3.1.1 Vantagens da não cumulatividade

É um regime mais justo, já que distribui a carga tributária ao longo da cadeia produtiva. Isso normalmente se reflete numa economia no recolhimento dos tributos entre os participantes da cadeia que pode ser direcionada para fortalecer o caixa da empresa ou propiciar novos investimentos.

---

31 Nessa situação, se houve o lançamento do crédito na aquisição de material de uso e consumo pessoal, deverá ser providenciado o estorno desse crédito ou um lançamento a débito para compensá-lo. Não confundir uso e consumo da empresa (em suas atividades) com o uso e consumo pessoal.

3.1.2 Exemplo da não cumulatividade[32]

No processo de fabricação e comercialização de uma CAMISA acontecem as seguintes etapas, supondo um IVA (IBS/CBS) com alíquota de 10%:

- **Produtor rural:** o produtor rural vende o algodão por R$ 50,00, mais o IVA de R$ 5,00.
- **Indústria de tecelagem:** ao comprar do produtor do algodão, a indústria de tecelagem paga R$ 55,00. A indústria então transforma o algodão em tecido, que vende por R$ 60,00, mais o IVA de R$ 6,00. Entretanto, ao recolher o tributo, a tecelagem desconta o valor de R$ 5,00 de IVA que pagou na aquisição do algodão, de modo a somente pagar ao fisco a diferença de R$ 1,00.
- **Fábrica de roupas:** ao comprar o tecido, a fábrica de roupas paga R$ 66,00. A fábrica então transforma o tecido numa camisa, pela qual cobrará R$ 100,00, mais o IVA de R$ 10,00. Entretanto, ao recolher o imposto, a fábrica de roupas desconta o valor de R$ 6,00 de IVA pago na aquisição do tecido, de modo a somente pagar ao fisco o valor de R$ 4,00.
- **Loja de roupas:** a loja de roupas compra a camisa da fábrica por R$ 110,00 e a coloca à venda por R$ 200,00, mais o IVA de R$ 20,00. Entretanto, ao recolher o imposto, o dono da loja desconta o valor de R$ 10,00 de IVA pago na aquisição da camisa, de modo a somente pagar ao fisco a diferença de R$ 10,00.
- **Consumidor:** por fim, o consumidor final pagará à loja o valor total de R$ 220,00, que corresponde justamente ao preço de R$ 200,00 mais o IVA de R$ 20,00.

---

32 Disponível em: https://www.gov.br/fazenda/pt-br/acesso-a-informacao/acoes-e-programas/reforma-tributaria/perguntaserespostasreformatributria.

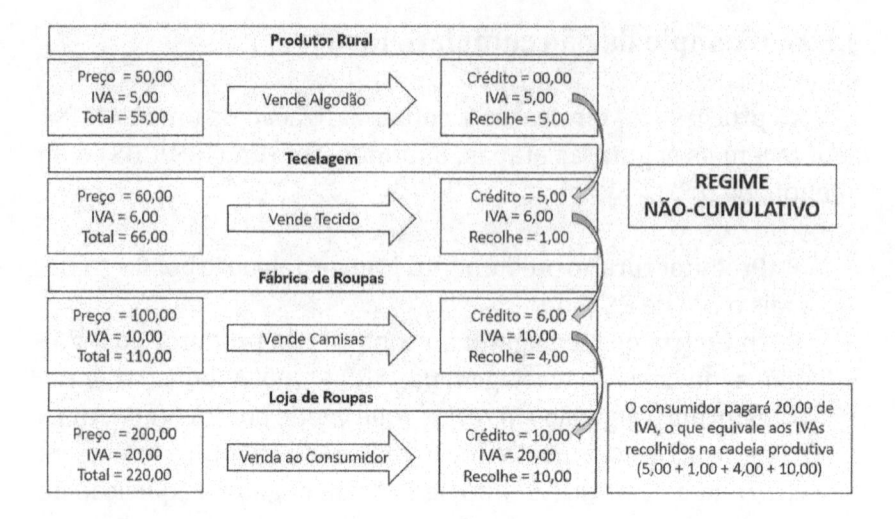

```
┌─────────────────────────────────┐
│         Produtor Rural          │
├──────────────┬──────────────────┤
│ Preço = 50,00│                  │   Crédito = 00,00
│ IVA = 5,00   │  Vende Algodão ──▶│  IVA = 5,00
│ Total = 55,00│                  │   Recolhe = 5,00
└──────────────┴──────────────────┘
            Tecelagem                                    ┌──────────────────┐
 Preço = 60,00                        Crédito = 5,00     │     REGIME       │
 IVA = 6,00      Vende Tecido ──▶     IVA = 6,00         │  NÃO-CUMULATIVO  │
 Total = 66,00                        Recolhe = 1,00     └──────────────────┘
          Fábrica de Roupas
 Preço = 100,00                       Crédito = 6,00
 IVA = 10,00     Vende Camisas ──▶    IVA = 10,00
 Total = 110,00                       Recolhe = 4,00
           Loja de Roupas                                O consumidor pagará 20,00 de
 Preço = 200,00                       Crédito = 10,00    IVA, o que equivale aos IVAs
 IVA = 20,00    Venda ao Consumidor ▶ IVA = 20,00        recolhidos na cadeia produtiva
 Total = 220,00                       Recolhe = 10,00    (5,00 + 1,00 + 4,00 + 10,00)
```

3.2 Isenção x imunidade x alíquota zero

- **Isenção:** é a exclusão do crédito tributário. É um tipo de benefício fiscal que dispensa o pagamento do imposto, mas não dispensa o cumprimento das obrigações acessórias dependentes da obrigação principal cujo crédito seja excluído, ou dela consequentes. (art. 175 CTN). Ou seja, há o fato gerador, há a obrigação, mas a isenção desobriga o recolhimento do imposto. Um determinado setor econômico ou produto isentos não poderá usufruir seus respectivos créditos tributários que terão que ser estornados.
- **Imunidade:** é uma delimitação de competência tributária em que por meio de norma constitucional se proíbe a criação e cobrança de tributos sobre determinado fato ou sujeito, por qualquer ente da federação. Ou seja, para se revogar uma imunidade é necessário se alterar a Constituição. (art. 150, VI, CF/88). Assim como na isenção não permite o uso dos créditos tributários exceto se previsto em lei complementar, como, por exemplo, no caso de exportação.
- **Alíquota zero:** semelhante à isenção, pelo fato de não haver necessidade do recolhimento do imposto. Nesse caso, o valor do imposto é nulo (Base de cálculo × alíquota zero = 0), mas diferentemente da isenção, são mantidos os créditos tributários.

3.3 Tributos calculados "por dentro" e "por fora"

Outra característica são os chamados tributos calculados "por dentro" e "por fora". O ICMS, ISS, PIS/COFINS são tributos calculados "por dentro", IPI é calculado "por fora", ou seja, ela não integra sua própria base de cálculo, ao contrário dos demais citados. Por isso o IPI é chamado de tributo calculado "por fora".

O IBS e CBS passam a ser tributos exclusivamente calculados "por fora", ou seja, não integram sua própria base, nem um integrará a base do outro. Isso propiciará maior transparência sobre o quanto está se pagando efetivamente de tributos. Com isso, não ocorrerá mais a diferença entre a alíquota nominal e efetiva.

Já com relação ao IS, haverá sua incidência na base dos demais tributos conforme:

> Art. 153. (CF/88)
> [...]
> VIII - produção, extração, comercialização ou importação de bens e serviços prejudiciais à saúde ou ao meio ambiente, nos termos de lei complementar. (IS)
> [...]
> § 6º O imposto previsto no inciso VIII do *caput* deste artigo:
> [...]
> I - **Não** incidirá sobre as exportações nem sobre as operações com energia elétrica e com telecomunicações;
> II - Incidirá **uma única vez** sobre o bem ou serviço;
> III - **Não** integrará sua própria base de cálculo;
> IV - Integrará a base de cálculo do *ICMS*, do *ISS*, do *IBS* e da *CBS*;
> *Observação: em 2033, o inciso IV terá sua redação alterada para:*
> *IV - Integrará a base de cálculo do IBS e da CBS;*

3.4 *Drawback* na importação de insumos

3.4.1 Definição de *drawback*

É um regime especial (aduaneiro) de incentivo à importação e à exportação, instituído em 1966 pelo DL 37/66 com previsão na Lei nº 8.402/92. Consiste na isenção, suspensão, restituição ou eliminação de tributos incidentes sobre insumos importados ou adquirido no mercado interno para utilização **exclusivamente** em produtos a serem exportados, funcionando como um incentivo às exportações por meio da redução dos custos desses produtos, tornando-os mais competitivos no mercado internacional. É um importante benefício correspondendo a uma parcela considerável de todo o benefício fiscal concedido pelo governo federal. Há regras específicas para habilitação ao drawback dependendo da modalidade.

3.4.2 Modalidades de *drawback*

Existem 3 modalidades: isenção, suspensão e restituição dos tributos.

- **Isenção** dos tributos incidentes na importação (ou compra no mercado interno) de insumos/matérias-primas/componentes destinados à reposição dos estoques de outras importadas anteriormente, com pagamento de tributos (ocorrida em até 2 anos), e utilizadas na industrialização de produtos para exportação.
- **Suspensão** dos tributos incidentes na importação (ou compra no mercado interno) de insumos/matérias-primas/componentes desde que empenhados na produção para exportação. É o mais utilizado no Brasil, mas por tratar-se de uma suspensão, caso a entidade não cumpra algo combinado, os tributos poderão ser cobrados e dependendo configurando-se um ilícito fiscal, sujeitando o infrator a multa, juros e demais encargos tributários.

As 2 modalidades acima são administradas pela Secretaria de Comércio Exterior (SECEX).

- **Restituição** de tributos pagos na importação de insumo importado utilizado em produto exportado. Essa modalidade é administrada pela RFB, mas praticamente não é mais utilizada.

3.4.3 Uso do *drawback* no agronegócio

Na produção de bovinos, suínos ou aves destinadas ao abate em relação aos insumos como rações, suplementos alimentares etc. quando exportados poderão tornar elegível ao ***drawback*** o produtor por meio da isenção – que isenta ou reduz os tributos sobre o insumo utilizado na criação, cuja carne já foi exportada, com finalidade de reposição de estoques. Ou por meio da suspensão – que suspende os impostos sobre esses insumos usados na criação cuja carne será exportada.

Também na agricultura, sementes, adubos, equipamentos peças de reposição etc., poderão ter os mesmos benefícios em caso da produção ser destinada à exportação.

3.4.4 Tributos isentos ou suspensos por meio do *drawback*

As regras gerais são as abaixo, entretanto, podem haver variações dependendo da modalidade do drawback, do tributo e do produto. Cada caso deve ser verificado.

Tributos	Isenção		Suspensão	
	Importação	Mercado nacional	Importação	Mercado nacional
II	Isento	Não incidente	suspenso	Não incidente
IPI	Isento	Isento	suspenso	suspenso
PIS	Isento	Isento	suspenso	suspenso
COFINS	Isento	Isento	suspenso	suspenso
ICMS	Integral	Integral	suspenso	Integral

Fonte: Elaborada pelo autor, 2024.

3.4.5 Drawback na importação de insumos

A LC nº 214/25 aborda os regimes de aperfeiçoamento no contexto dos regimes aduaneiros especiais e estabelece a *suspensão* do pagamento do IBS e da CBS na importação de bens materiais submetidos a esses regimes, conforme a legislação aduaneira. Regulamento específico discriminará os tipos de regimes aplicáveis e estabelecerá requisitos para admissão de bens e serviços no regime de *drawback* na modalidade de suspensão. Caso os bens não sejam utilizados conforme o previsto, eles ficam sujeitos ao pagamento dos tributos, acrescidos de juros e multa.

Os serviços que podem se beneficiar do regime de aperfeiçoamento são aqueles diretamente ligados à exportação, incluindo atividades como intermediação, seguro de cargas, despacho aduaneiro, transporte, manuseio, armazenamento, e outros serviços logísticos e de suporte, desde que vinculados à exportação de bens finais. Ficam excluídas do IBS e da CBS, o regime de *drawback* nas modalidades de *isenção* e *restituição*.

> Art. 90. (LC nº 214/25) Fica *suspenso* o pagamento do IBS e da CBS incidentes na importação enquanto os bens materiais estiverem submetidos a regime aduaneiro especial de aperfeiçoamento, observada a disciplina estabelecida na legislação aduaneira.
> § 1º O regulamento discriminará as espécies de regimes aduaneiros especiais de aperfeiçoamento.
> § 2º A suspensão de que trata o *caput* deste artigo poderá alcançar bens e serviços importados e aqueles adquiridos no mercado interno.
> § 3º O regulamento estabelecerá os requisitos e as condições para a admissão de bens materiais e serviços no regime aduaneiro especial de drawback, na modalidade de suspensão.
> § 4º Ficam sujeitos ao pagamento do IBS e da CBS os bens materiais submetidos ao regime aduaneiro especial de *drawback*, na modalidade de suspensão, que, no todo ou em parte:
> I - deixarem de ser empregados ou consumidos no processo produtivo de bens finais exportados, conforme estabelecido no ato concessório; ou
> II - sejam empregados em desacordo com o ato concessório, caso destinados para o mercado interno, no estado em que foram

importados ou adquiridos ou, ainda, incorporados aos referidos bens finais.
[...]
Art. 91. (LC nº 214/25) Não se aplicam ao *IBS* e à *CBS* as modalidades de *isenção* e de *restituição* do regime aduaneiro especial de *drawback*.

3.5 Princípio do destino

A partir do IBS e CBS toda tributação incidirá no **local de destino** do consumo do bem ou serviço. Hoje, os tributos na imensa maioria dos casos tributam na localidade da origem (sede) da empresa.

Conforme Brasil (2024a),

> com a adoção do princípio do destino pela Reforma Tributária, a arrecadação passará da produção para o consumo, ou seja, para os estados e municípios em que estão localizados os consumidores. O princípio do destino beneficia, portanto, os estados e municípios menos desenvolvidos, promovendo uma redistribuição de receitas e reduzindo as desigualdades regionais. Da mesma forma, o princípio do destino acabará com a guerra fiscal e todas as distorções e ineficiências que ela causa. no nosso atual sistema tributário, parte do imposto permanece no estado de origem, ou seja, onde o produto é fabricado. Para atrair empresas, o estado de origem abre mão do ICMS a que teria direito, transferindo ao estado de destino (onde o produto é consumido) o crédito de um imposto que não foi cobrado. O problema é que todos os estados passaram a utilizar essa estratégia, competindo entre si e levando a uma situação em que todos perdem. Com a Reforma Tributária, a CBS e o IBS pertencerão ao estado e ao município onde o bem ou serviço é consumido, pondo fim à guerra fiscal[33].

Ainda conforme Brasil (2024a), "Estimativas mostram que a passagem da arrecadação da origem para o destino beneficiará os estados e municípios mais pobres da Federação, que passarão a ter mais recursos para atender a seus cidadãos. Considerando os tributos

---

33 Mais detalhes em relação à simulação sobre a distribuição da cota-parte da arrecadação do IBS entre os municípios estão disponíveis em: https://www.ipea.gov.br/cartadeconjuntura/wp-content/uploads/2023/08/230828_reforma_tributaria_cc_60_nota_18.pdf.

abarcados pela Reforma, a diferença de receitas entre os municípios mais ricos e os mais pobres, que hoje é de 200 vezes, será reduzida para 15 vezes.

Arrecadação projetada pela mudança da origem para o destino

	Atual	Pós-Reforma
Máximo	R$ 14.815,00	R$ 6.493,00
Mínimo	R$ 74,00	R$ 429,00
Máx./Mín.	200 vezes	15 vezes

Fonte: Brasil, 2024b.

A transição na distribuição federativa da receita do IBS levará 50 anos para ser concluída, mas será imperceptível para as empresas e para as pessoas. Esse modelo de transição federativa é necessário porque suaviza muito o impacto da reforma sobre a receita dos estados e municípios cuja participação no total das receitas será reduzida em função da unificação do ICMS com o ISS, da adoção do princípio de destino e da mudança no critério de distribuição da cota-parte do IBS. Essa transição suave, aliada aos efeitos positivos da reforma tributária sobre o crescimento da economia, possibilita ganhos de receita para praticamente todos os entes federados. O texto aprovado pela Câmara dos Deputados prevê que, de 2029 a 2078, uma parcela decrescente da receita será distribuída conforme a participação atual dos entes na receita total e uma parcela crescente será distribuída conforme a participação dos entes na receita distribuída pelo princípio do destino. A participação atual dos entes na receita total considerará, no caso dos estados, a arrecadação do ICMS deduzida a cota-parte e, no caso dos municípios, a arrecadação de ISS acrescida da cota-parte do ICMS recebida pelo Município. Na prática, isso significa que a transição compensará os efeitos tanto da transição para o destino quanto a mudança nos critérios de distribuição da cota-parte. Durante todo o período, 3% da parcela do IBS distribuída pelo destino serão destinados a um seguro-receita, que visa compensar os entes com maior queda da participação no total da receita. Na prática, esse mecanismo de compensação faz com que haja um limite máximo de redução no coeficiente de participação dos entes na receita do IBS, relativamente à participação atual na receita de ICMS e ISS. Não será permitida, no entanto, compensação que resulte em receita por habitante do ente superior a três vezes a média nacional. No final do período de transição, a receita do IBS será integralmente distribuída conforme o princípio do destino, conforme os critérios previstos na lei complementar, exceto pela dedução dos 3% destinados ao seguro-receita, que será progressivamente reduzido a partir do final desse período até 2098, nos termos definidos em lei complementar. O mecanismo de transição proposto não é afetado pelas mudanças nas alíquotas promovidas pelos estados e municípios, ou seja, o acréscimo ou redução de receita decorrente de alteração da alíquota afetará apenas a receita do próprio estado ou município. Para garantir o funcionamento do modelo, os entes subnacionais não poderão fixar alíquotas próprias inferiores às necessárias para garantir as retenções durante o período de transição".

3.6 Produtos e tributos monofásicos e plurifásicos

Produtos **monofásicos**, são produtos cujo recolhimento do tributo é feito apenas uma única vez, em alguma fase da cadeia produtiva, normalmente na fase inicial. Apenas as contribuições sociais, PIS/COFINS são tributos monofásicos, conforme Lei nº 10.147/00:

> Art. 2º - São reduzidas a zero as alíquotas da contribuição para o PIS/PASEP e da COFINS incidentes sobre a receita bruta decorrente da venda dos produtos tributados na forma do inciso I do art. 1º, pelas pessoas jurídicas não enquadradas na condição de industrial ou de importador.

Com a Reforma Tributária, só o IS será monofásico, ao contrário do IBS e da CBS que serão plurifásicos e não cumulativos plenos, salvo alguma especificidade art. 172 (LC nº 214/25) Regimes Específicos – Combustíveis, por exemplo.

A **plurifasia**[34] indica que o tributo será incidente em todas as etapas da cadeia produtiva. Mas atenção: pode ser calculado com seu valor integral em cada elo da cadeia, sem considerar o crédito da compra (cumulatividade), ou pela compensação entre a compra e a venda (não cumulatividade). Na Reforma só é admitida a **não cumulatividade plena**.

3.6.1 Monofasia x substituição tributária

A tributação **monofásica** concentra a tributação em apenas um elo da cadeia produtiva, zerando a alíquota dos elos seguintes. Já na **substituição tributária**, uma terceira pessoa fica obrigada a recolher o tributo no lugar do contribuinte. Atualmente há basicamente 3 tipos: (i) Substituição propriamente dita: é quando é aquele contribuinte quem de fato tem que recolher o tributo; (ii) Substituição antecedente ou com diferimento que é quando o recolhimento do tributo é adiado para um elo posterior da cadeia; e (iii) Substituição antecipada que é quando o recolhimento é recolhido no elo inicial da cadeia por meio da presunção da base de cálculo, considerando os elos posteriores da cadeia. É possível intuir que a monofasia seja um tipo de substituição tributária.

Há uma possibilidade de elaboração futura de um mecanismo semelhante ao ICMS-ST para o IBS (e CBS) na Reforma Tributária, conforme:

> Art. 156-A. (CF/88) Lei complementar instituirá imposto sobre bens e serviços de competência compartilhada entre estados, Distrito Federal e municípios.
> [...]
> § 3º Lei complementar poderá definir como sujeito passivo do imposto a pessoa que concorrer para a realização, a execução ou o pagamento da operação, ainda que residente ou domiciliada no exterior.

Entretanto, a Reforma reduz significativamente a necessidade da substituição tributária.

---

34 O IVA só tem sentido com a não cumulatividade plena e, por conseguinte, com a plurifasia.

3.7 Cashback

A LC nº 214/25 (arts. 112 a 124) prevê um sistema de devolução dos tributos IBS e CBS voltado para famílias de baixa renda com o objetivo principal de aliviar o ônus tributário devolvendo parte dos impostos pagos, incentivando a formalização do consumo e combatendo a informalidade, fraudes e sonegação de forma a promover maior justiça fiscal e cidadania entre a população de menor renda.

É um instrumento bem mais interessante do que a simples redução da alíquota, já que essa também reduziria o imposto da população de maior renda e que em tese teria condições de pagar o tributo. O *cashback* elimina essa possibilidade.

A classificação de renda será mediante informações do Cadastro Único para Programas Sociais do Governo Federal (CadÚnico), renda familiar mensal per capita de até meio salário-mínimo, residência no território nacional e com CPF ativo. A inclusão no sistema de devoluções é automática, mas o destinatário pode solicitar exclusão.

A RFB fará o gerenciamento da devolução da CBS, normatizando e supervisionando sua execução, definindo procedimentos de pagamento e elaborando relatórios. O CG-IBS desempenhará funções semelhantes para a devolução do IBS. As devoluções podem ocorrer no momento da cobrança em operações como fornecimento de energia elétrica ou em momentos distintos, conforme regulamento.

O cálculo das devoluções baseia-se em um percentual aplicado sobre o valor do tributo relativo ao consumo, formalizado por meio de documentos fiscais, considerando a renda disponível da família. Percentuais específicos são estabelecidos para diferentes tipos de consumo, como 100% para a CBS e 20% para o IBS no caso de gás de cozinha e energia elétrica. Entes federativos podem fixar percentuais de devolução superiores, de acordo com a renda familiar e outras condições.

Para localidades com dificuldades operacionais, procedimentos simplificados podem ser adotados, utilizando dados de pesquisas como a Pesquisa de Orçamentos Familiares (POF). A devolução não pode superar o ônus do tributo suportado pela família. As devoluções são classificadas entre gerais, aplicando-se percentuais fixos, e específicas, podendo ser ajustadas por entes federativos. As devoluções são deduzidas da arrecadação mediante anulação de receita.

A lei prevê a implementação de soluções integradas para a administração das devoluções de forma unificada, permitindo um gerenciamento mais eficiente e coordenado. O cálculo das devoluções será baseado no consumo a partir de janeiro de 2027 para a CBS e de janeiro de 2029 para o IBS, promovendo uma estrutura mais equitativa de alívio tributário para as famílias de baixa renda.

3.8 Alíquotas de referência (Senado Federal)

Na presente Reforma, é intenção do Governo manter a carga tributária sobre consumo relativamente inalterada, ao menos nessa primeira fase. Isso porque o país necessita de um determinado volume de arrecadação para seu pleno funcionamento, concordem alguns ou não. Mas, com a eliminação da concessão de incentivos e benefícios fiscais, o montante a ser tributado aumentará. Para evitar isso e se manter o equilíbrio da arrecadação futura semelhante ao da arrecadação atual, criou-se esse mecanismo de alíquotas de referência. Se o montante a ser tributado aumenta, para se manter a mesma arrecadação diminuem-se as alíquotas. Essa é a ideia.

Com relação a diminuição da carga tributária sobre o consumo, essa possivelmente só ocorrerá quando houver aumentos equivalentes das cargas sobre o patrimônio e/ou renda. E isso, não está sendo objeto nessa primeira fase da Reforma. Porém, fica evidente que haverá impactos diferenciados pelos diversos estados, municípios e mesmo setores/operações da economia. Alguns sofrerão aumentos e outros diminuições em relação a sua carga tributária atual, e a ideia é a de se elaborar mecanismos de mitigação desses impactos.

> Art. 130. (ADCT) Resolução do Senado Federal fixará, para **todas**[35] as esferas federativas, as **alíquotas de referência** do *IBS* e da *CBS*, observados a forma de cálculo e os limites previstos em lei complementar [...]

---

35 Note-se que as alíquotas de referência previstas para o IBS e para a CBS são as mesmas para todos os entes da federação, ressalvadas hipóteses de regimes diferenciados a serem previstos em lei complementar.

Aqui vale outra observação: a existência de alíquotas de referência diferentes para todas as esferas federativas. Isso significa que teremos alíquotas de referência nas esferas federal (CBS), estadual (IBS) e municipal (IBS). Porém, não quer dizer que cada estado ou município terá uma alíquota diferente. As alíquotas de referência estadual servirão para todos os estados, assim como a municipal servirá a todos os municípios do Brasil.

Entre 2027 e 2033, as receitas da União provenientes da CBS e o IS serão aumentadas na mesma proporção que a redução do PIS/COFINS, do IPI e do IOF sobre operações com seguros (ADCT art. 130, I, "a", "b" e "c").

Entre 2029 e 2033, as receitas dos estados e do Distrito Federal provenientes do IBS serão aumentadas na mesma proporção que a redução do ICMS e das receitas destinadas a fundos estaduais (ADCT art. 130, II, "a" e "b").

Entre 2029 e 2033, as receitas dos municípios e do Distrito Federal provenientes do IBS serão aumentadas na mesma proporção que a redução do ISS (ADCT art. 130, III).

Está previsto um **Teto de Referência da União** calculado pela média da receita nos períodos entre 2012 e 2021 como proporção do PIB, do IPI, da COFINS, do PIS e do IOF sobre operações com seguros (ADCT art. 130, § 3º, I).

Está previsto um **Teto de Referência Total** calculado pela média da receita nos períodos entre 2012 e 2021 como proporção do PIB, do IPI, do ICMS, do ISS, da COFINS, do PIS e do IOF sobre operações com seguros (ADCT art. 130, § 3º, II).

3.8.1 Características das alíquotas do IBS e CBS nos entes federativos

Os arts. 14 a 20 da LC nº 214/25 tratam das características das alíquotas do IBS e CBS para cada ente da federação. A União é responsável por fixar a alíquota da CBS (por meio de lei ordinária), enquanto os estados, municípios e Distrito Federal (esse último acumulando ambas as funções) determinam suas alíquotas de IBS (por meio de leis ordinários específicas de cada ente). Os entes federativos têm a flexibilidade de vincular suas alíquotas às alíquotas de referência com ajustes percentuais ou de definirem-nas de forma independente. Na ausência de leis específicas, aplica-se a alíquota de referência correspondente. Qualquer elevação de alíquota não vinculada à referência está sujeita à regra de anterioridade nonagesimal da Constituição. O estado de Pernambuco exercerá competência municipal em Fernando de Noronha, conforme o ADCT.

A alíquota do IBS inclui a soma das alíquotas do estado e do município de destino, ou apenas a alíquota do Distrito Federal, se aplicável. O destino é o local da operação, conforme especificado na lei. Cada ente federativo deve aplicar uma alíquota uniforme para todas as operações de bens ou serviços, salvo exceções previstas. Reduções de alíquotas nos regimes diferenciados são aplicadas sobre a base da alíquota definida pelo ente.

Para devoluções ou cancelamentos de operações, a mesma alíquota da operação inicial deve ser utilizada, assegurando consistência fiscal. Este conjunto de regras visa criar um ambiente tributário uniforme e previsível, beneficiando tanto os entes federativos quanto os contribuintes.

Os artigos apresentados regulamentam as alíquotas de referência dos tributos CBS e IBS, estabelecendo um sistema para ajustar tais alíquotas em resposta a mudanças na legislação que afetem a arrecadação desses tributos. Os principais objetivos são assegurar a estabilidade fiscal nas esferas federativas e garantir que alterações legais não comprometam a arrecadação de impostos.

As alíquotas de referência são definidas para períodos específicos: para a CBS, de 2027 a 2035, e para o IBS, de 2029 a 2035, com bases nos artigos específicos da mesma lei complementar. Após 2035, a referência será a alíquota vigente do ano anterior. Qualquer mudança na legislação que impacte a arrecadação do IBS ou da CBS deve ser compensada por ajustes nas alíquotas de referência, realizados pelo Senado Federal, para preservar a arrecadação dos diferentes níveis de governo. Essas alterações só entrarão em vigor uma vez que os ajustes necessários nas alíquotas de referência estejam operacionais.

O ajuste das alíquotas de referência é um processo rigoroso que envolve cálculos detalhados, elaborados pelo CG-IBS e pelo Poder

Executivo da União, e deve ser homologado pelo Tribunal de Contas da União. Esses cálculos consideram fatores como devoluções gerais de impostos a pessoas físicas, regimes tributários diferenciados e o regime favorecido para microempresas e microempreendedores (Simples Nacional e MEI). O processo inclui várias etapas, desde a comunicação de alterações legais que afetam a arrecadação, a verificação e ajuste dos cálculos, até a decisão final do Tribunal de Contas da União e a definição das alíquotas pelo Senado Federal. O respeito à anterioridade nonagesimal e, no caso do IBS, à anterioridade anual, é essencial para a implementação dessas mudanças.

Além disso, novos projetos de lei complementar que possam alterar a arrecadação do IBS ou da CBS só serão considerados se acompanhados de uma estimativa de impacto nas alíquotas de referência. Essa estimativa deve ser detalhada e baseada em uma metodologia específica, elaborada pelo Poder Executivo da União ou pelos autores dos projetos e revisada pelo CG-IBS quando necessário. Este processo visa garantir que qualquer decisão legislativa seja tomada com pleno conhecimento dos impactos fiscais, permitindo ajustes apropriados para manter o equilíbrio financeiro das esferas governamentais.

Em suma, os artigos buscam estabelecer um mecanismo de ajuste dinâmico e responsável das alíquotas de referência, promovendo a estabilidade fiscal e a sustentabilidade das finanças públicas brasileiras frente a alterações legislativas.

Alíquotas de referência

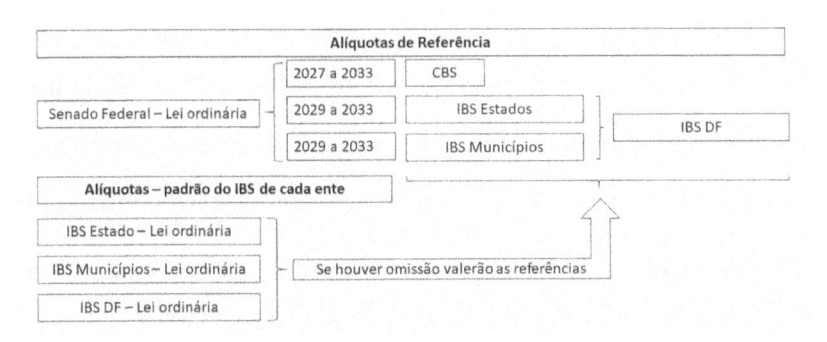

Alíquotas de Referência		
Senado Federal – Lei ordinária	2027 a 2033	CBS
	2029 a 2033	IBS Estados
	2029 a 2033	IBS Municípios
		IBS DF

Alíquotas – padrão do IBS de cada ente
IBS Estado – Lei ordinária
IBS Municípios – Lei ordinária
IBS DF – Lei ordinária

Se houver omissão valerão as referências

Fonte: Elaborada pelo autor, 2024.

3.9 Créditos tributários conforme EC nº 132/23

Resumidamente, o art. 146 (CF/88) estabelece que uma lei complementar deverá tratar dos aspectos fundamentais da legislação tributária considerando uma tricotomia por suas características de atender a 3 funções distintas, porém mutuamente exclusivas, a saber:

- (i) disporá sobre conflito de competência, entre a União, estados, Distrito Federal e municípios, garantindo clareza na divisão de responsabilidades;
- (ii) regulará as limitações constitucionais ao poder de tributar, assegurando que as entidades governamentais respeitem os limites impostos pela; e
- (iii) estabelecerá normas gerais sobre legislação tributária, incluindo a definição dos diferentes tipos de tributos, seus fatos geradores, bases de cálculo e contribuintes.

No contexto do IBS e CBS, deverá tratar da obrigação, lançamento, **crédito**, prescrição e decadência tributários, assegurando um tratamento adequado para atos cooperativos de sociedades cooperativas e um tratamento favorecido para microempresas e empresas de pequeno porte, por meio de regimes especiais.

O § 1º do art. 146 (CF/88), permite a instituição de um regime único de arrecadação opcional para contribuintes, com condições diferenciadas de enquadramento por Estado. Este regime unifica o recolhimento de impostos e contribuições, garantindo uma distribuição imediata dos recursos aos entes federados, sem retenções. A fiscalização e cobrança podem ser compartilhadas, utilizando um cadastro nacional único de contribuintes.

O § 2º concede ao optante do regime único, a possibilidade de apuração e recolhimento dos tributos previstos no IBS e na CBS, sem que essas parcelas sejam cobradas no regime único.

Por último, no § 3º, sendo os tributos IBS e CBS recolhidos pelo regime único, o contribuinte optante não poderá apropriar de seus créditos, entretanto, os adquirentes não optantes poderão se apropriar de seus créditos em montante equivalentes ao cobrado pelo regime único, quando adquirirem bens ou serviços do optante.

3.10 Regimes tributários – lucro real, lucro presumido, lucro arbitrado e Simples Nacional

No Brasil temos basicamente 3 opções de regimes tributários que serão assumidos conforme algumas variáveis, tais como faturamento anual, porte da empresa e outros. São os chamados regimes gerais. O regime tributário determina quais tributos serão pagos e como serão pagos. A escolha errada poderá levar ao pagamento de tributos que poderiam ser evitados ou mesmo a sofrer sanções do Fisco. Sendo assim é importante a escolha de um profissional contábil que proponha simulações com base na realidade do negócio.

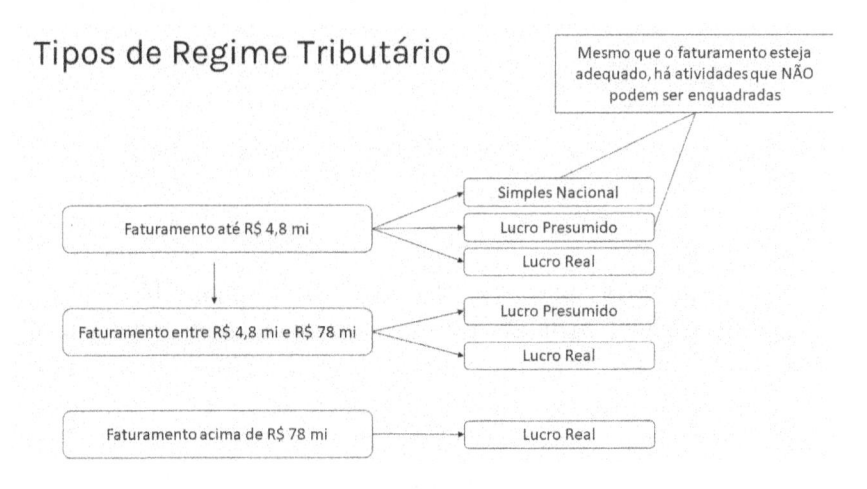

Tipos de Regime Tributário

- Faturamento até R$ 4,8 mi → Simples Nacional / Lucro Presumido / Lucro Real (Mesmo que o faturamento esteja adequado, há atividades que NÃO podem ser enquadradas)
- Faturamento entre R$ 4,8 mi e R$ 78 mi → Lucro Presumido / Lucro Real
- Faturamento acima de R$ 78 mi → Lucro Real

Fonte: Elaborada pelo autor, 2024.

	Simples Nacional	Lucro presumido	Lucro real
Faturamento permitido	Até R$ 4,8 milhões	Até R$ 78 milhões	Não há

	Simples Nacional	Lucro presumido	Lucro real
IRPJ	Alíquota única	15% sobre a parcela presumida + 10% do que superar a presunção de R$ 60 mil no trimestre	15% até R$ 240 mil da receita bruta anual e 10% para valores acima
CSLL	Alíquota única	9% sobre a parcela no trimestre	9%
PIS	Alíquota única	0,65%	1,65%
COFINS	Alíquota única	3%	7,6%
ISS	Alíquota única	Entre 2% e 5% dependendo do município	Entre 2% e 5% dependendo do município
ICMS	Alíquota única	Alíquota conforme regras do estado	Alíquota conforme regras do estado
IBS/CBS	Alíquota única	Alíquota única	Alíquota única

Fonte: Elaborada pelo autor, 2024.

3.10.1 Lucro real

É um regime tributário no qual o cálculo do IRPJ e da CSLL é feito com base no lucro o efetivo que a empresa apurou em determinado período de apuração, após ajustes necessários. Quanto maior o lucro, maiores os tributos a serem pagos e vice-versa. Ou seja, havendo prejuízo, não haverá pagamento de tributos.

Além IRPJ e do CSLL, também são calculados o PIS e a COFINS, o ISSQN, o ICMS e o IPI.

Para a base de cálculo do lucro real, deve-se considerar somente os gastos necessários às transações ou operações que serão adicionados ou descontados ao lucro efetivo e apresentado no DRE ajustado antes da tributação do IRPJ e CSLL. Esses ajustes paralelos são feitos no Livro LALUR (Livro de Apuração do Lucro Real).

- **Acréscimos:** são valores considerados como despesa, mas que de acordo com a legislação do IR não podem ser dedutíveis. Por exemplo, prestações de arrendamento mercantil, depreciação, amortização, reparos, manutenção, conservação, impostos, taxas, seguros, e outros gastos com bens móveis e imóveis exceto os intrinsecamente ligados a produção ou comercialização de bens e serviços etc. A CSLL é uma despesa considerada não dedutível e seu valor desse ser acrescentado ao lucro apurado para efeito de base do IRPJ.

- **Deduções:** são valores não considerados como despesas ou reconhecidos como receitas que podem ser dedutíveis. Por exemplo, lucros apurados em atividades incentivadas, compensação de prejuízo em períodos anteriores etc.

É um regime interessante para o início de atividades de uma empresa, quando normalmente prevê-se baixa lucratividade. Entretanto, pode ser de cálculo complexo.

3.10.1.1 Quem deve usar lucro real

É obrigatório a utilização desse regime nos seguintes casos:

- faturamento acima de R$ 78 milhões no ano-calendário ou ano anterior;
- empresas do setor financeiro;
- empresas de *factoring*;
- empresas com benefícios fiscais (isenção ou redução de impostos); e
- empresas com lucro ou fluxo de capital originários de outros países.

3.10.2 Lucro presumido

É um regime tributário em que o cálculo do lucro é bem simplificado e baseado em uma alíquota aplicada sobre o faturamento do exercício (varia de 1,6% a 32% dependendo do tipo de atividade da empresa). Sendo assim, não é necessário comprovar ao fisco se houve ou não lucro efetivo no período. Isso pode ser bom quando a empresa opera com uma margem de lucro elevada, da mesma forma que pode ser desvantajoso em outras situações.

Nesse regime tributário o PIS/COFINS são calculados de forma cumulativa, ou seja, não geram créditos a serem posteriormente descontados do PIS/COFINS a pagar. Há incidência do ISSQN para serviços e ICMS para comércio. E nos casos de Indústria ou importadoras há incidência de IPI.

A frequência de recolhimento dos impostos nesse regime tributário é diferenciada. O PIS, COFINS e ISS, ICMS e IPI, conforme o caso, são recolhidos mensalmente. Já o IRPJ e a CSLL trimestralmente.

3.10.2.1 Quem pode usar lucro presumido

Basicamente aqueles que obrigatoriamente não estão sujeitos ao lucro real.

3.10.2.2 Exemplo de cálculo do lucro presumido IVA (comércio)

Suponha o exemplo hipotético de um comércio com um IVA de 28%, alíquota de presunção de 8,00%, PIS 0,65, COFINS, 3,00% e finalmente um ICMS de 18,00% e supondo que 60% da receita seja passível de crédito.

Trata-se de um esboço simplificado de cálculo, em que procuramos deixar somente o básico para facilitar o entendimento. Logo, a carga tributária apurada é apenas para termos a noção das diferenças relativas entre os cenários.

No Lucro presumido modelo IVA, operamos a não cumulatividade; logo, haverá direito ao aproveitamento de créditos. Para se apurar o quanto das despesas poderá ser aproveitada, simulamos que 60% da receita é passível de crédito que deduzida do lucro resulta na despesa efetivamente aproveitável, e que representa um fator de 52% a ser aplicado sobre a receita e IVA na apuração dos créditos.

3. ASPECTOS TRIBUTÁRIOS GERAIS

Alíquota	Lucro presumido PJ – Cenário pré-reforma	
32,00% 0,65% 3,00% 5,00%	A- Receita bruta B- Presunção (alíquota e valor) C- PIS D- COFINS E- ISS F- Carga tributária (C+D+E)	400.000,00 128.000,00 2.600,00 12.000,00 20.000,00 34.600,00
Alíquota	IVA 26,5%	
	Lucro presumido PJ – Cenário pós-reforma	
	G- Receita bruta (sem tributos) (A-F) H- IVA créditos (A × IVA × N) I- IVA débitos (G × IVA) J- Carga tributária (I-H)	365.400,00 29.680,00 96.831,00 67.151,00
K- Lucro presumido (B) L- Receita passível de crédito (60% × A) M- Despesa dedutível (L – K)		128.000,00 240.000,00 112.000,00
N- Despesa dedutível /receita bruta (M/A)		28%

Fonte: Elaborada pelo autor, 2024.

A carga tributária diminuiu comparando-se o cenário atual com o cenário IVA. Possivelmente, no exemplo, em função do aproveitamento de créditos não cumulativos. Fique claro que, como explicamos, outros fatores não tratados possam modificar a situação.

É possível simular para outros setores, alterando-se os tributos e suas alíquotas, principalmente a alíquota de presunção (32% para serviços, 8% para comércio, indústria e transporte de carga e 16% para transporte de passageiros.

3.10.3 Lucro arbitrado

É um tipo de regime tributário pontual usado para cálculo da base do imposto de renda podendo ser atribuída pelo fisco, em caso, por exemplo, da não apresentação de documentos ou mesmos fraudes ou de maneira voluntária pelo próprio contribuinte quando este não segue um dos demais regimes tributários e conhece o lucro bruto.

São algumas as situações em que o fisco pode se usar do lucro arbitrado, entre essas temos:

- quando a opção pelo lucro presumido for indevida;
- não apresentação da escritura ou elaboração das demonstrações fiscais;
- quando os livros contábeis não forem mantidos em ordem por parte do contribuinte;
- se um representante de uma empresa no exterior que atua no Brasil não comunicar os lucros de forma separada do domiciliado no exterior.

É calculado mediante aplicação de percentuais sobre a receita bruta (quando essa é conhecida) e de acordo com a natureza da atividade econômica explorada, ou quando a receita bruta é desconhecida, sobre valores bases fixados pela legislação fiscal.

A tributação com base no lucro arbitrado será manifestada mediante o pagamento da primeira quota ou da quota única do imposto devido, correspondente ao período de apuração trimestral em que o contribuinte, pelas razões determinantes na legislação, se encontrar em condições de proceder ao arbitramento do seu lucro. A pessoa jurídica tributada pelo sistema de lucro arbitrado poderá, em qualquer trimestre do ano-calendário, optar pela tributação com base no lucro presumido, caso não esteja obrigada à tributação com base no lucro real, ou optar pela tributação com base no lucro real, caso não tenha condições legais de optar pelo lucro presumido.

Os fundamentos legais sobre lucro arbitrado podem ser encontrados no Regulamento do Imposto de Renda (RIR/2018) arts. 602 a 613, na Lei nº 9.249/95; na Lei nº 9.430/96; na Lei nº 8.981/95 arts. 47 e seguintes.

3.10.4 Mudanças dos regimes gerais com a Reforma

Com o advento da Reforma, a sistemática geral para os regimes do lucro real, presumido e arbitrado praticamente não muda, exceto se adaptando as novas regras do IBS e da CBS com as da não cumulatividade, dos créditos financeiros, do princípio do destino, da plurifasia (salvo exceções previstas em lei, por exemplo, os regimes específicos).

3.11 Simples Nacional

É um regime tributário criado para atender Microempresas (ME), empresas de pequeno porte (EPP) e Microempreendedores individuais (MEI), visando facilitar o recolhimento de impostos desses empreendedores.

Assim, conforme os arts. 13 e 13-A da LC nº 123/96, o Simples Nacional estabelece que o recolhimento mensal dos impostos e contribuições seja feito por meio de um documento único de arrecadação. Entre esses, estão o IRPJ, o IPI, a CSLL, a COFINS e a contribuição para o PIS/Pasep. Também inclui a Contribuição Patronal Previdenciária (CPP), o ICMS, e o ISS.

O recolhimento nesta modalidade não exclui a incidência de outros impostos e contribuições, como o IOF, o II e o IE. Outros exemplos são o ITR, o IR relacionado a rendimentos de aplicações, e o IR sobre ganhos de capital na venda de bens.

A CPMF foi revogada, mas a Contribuição para o FGTS e as contribuições para a Seguridade Social permanecem. Também estão incluídos impostos como o ICMS em várias operações, como substituição tributária e antecipação de recolhimento, especialmente em produtos como combustíveis, energia elétrica, e bebidas.

Além disso, o ISS é devido em serviços de substituição tributária ou retenção na fonte e na importação de serviços. Demais tributos de competência da União, estados, Distrito Federal ou municípios, também são aplicáveis.

Para profissionais contratados por parceria, os valores repassados não integrarão a receita bruta da empresa contratante para tributação.

As microempresas e empresas de pequeno porte no Simples Nacional estão dispensadas de certas contribuições, e a diferença entre as alíquotas internas e interestaduais será calculada conforme as alíquotas de empresas não optantes pelo Simples.

O Comitê Gestor do Simples Nacional define as condições para microempresas e empresas de pequeno porte atuarem como substitutas tributárias e como será o regime de antecipação do ICMS. Disposições específicas são aplicáveis a produtos como bebidas não alcoólicas e preparados para molhos, conforme acordos dos estados e segmentos econômicos.

Por fim, o limite máximo para recolhimento do ICMS e ISS no Simples Nacional é estipulado em R$ 3.600.000,00, sujeito a certas condições e disposições legais.

Desses citados, com a Reforma, ficarão de fora apenas o IRPJ e o CPP. Os demais serão substituídos gradualmente pelo IBS e CBS, exceto o IPI que ainda conviverá em situações específicas.

Uma nova implementação, foi a de ser possível ao contribuinte mesmo sendo do Simples Nacional optar pela apuração do IBS e CBS pelo regime regular, ou seja, se utilizando da compensação e transferência dos créditos tributários. Isso seria em tese interessante para empresas do Simples Nacional que transacionem com empresas que necessitam dos créditos tributários. Porém, a empresa continuaria sendo optante do Simples Nacional para efeito do IRPJ, do CSLL, do CPP e demais prerrogativas desse regime. Ainda é cedo para se avaliar os reais efeitos na pratica. A empresa que adote esse sistema "híbrido" terá impactos de adequação e possivelmente tribute, dependendo do caso, valores aproximados a uma empresa optante do lucro real ou presumido, por exemplo, perdendo-se a vantagem de ser optante pelo Simples Nacional.

> Art. 146. (CF/88)
> [...]
> III - estabelecer normas gerais em matéria de legislação tributária, especialmente sobre:
> [...]
> d) definição de tratamento diferenciado e favorecido para as microempresas e para as empresas de pequeno porte, inclusive

regimes especiais ou simplificados no caso do *ICMS* e do *IBS*, e da *PIS/COFINS* e da *CBS*.

§ 1º A lei complementar de que trata o inciso III, d, também poderá instituir um regime único de arrecadação dos impostos e contribuições da União, dos estados, do Distrito Federal e dos municípios, observado que

I - Será *opcional* para o contribuinte;

II - Poderão ser estabelecidas condições de enquadramento diferenciadas por Estado;

III - o *recolhimento será unificado e centralizado* e a distribuição da parcela de recursos pertencentes aos respectivos entes federados será imediata, vedada qualquer retenção ou condicionamento;

§ 2º É facultado ao optante pelo *regime único* de que trata o § 1º apurar e recolher o *IBS* e a *CBS*, nos termos estabelecidos nesses artigos, hipótese em que as parcelas a eles relativas não serão cobradas pelo regime único.

§ 3º Na hipótese de o recolhimento do *IBS* e da *CBS*, ser realizado por meio do regime único de que trata o § 1º, enquanto perdurar a opção:

I - Não será permitida a apropriação de créditos do *IBS* e da *CBS* pelo contribuinte optante pelo regime único; e

II - Será permitida a apropriação de créditos do *IBS* e da *CBS*, pelo adquirente *não optante pelo regime único* de que trata o § 1º de bens materiais ou imateriais, inclusive direitos, e de serviços do optante, em montante equivalente ao cobrado por meio do regime único.

Art. 41. (LC nº 214/25) [...]

§ 2º Fica sujeito ao *regime regular* do IBS e da CBS de que trata esta LC o contribuinte que não realizar a opção pelo *Simples Nacional ou pelo MEI*, LC nº 123/06.

§ 3º Os contribuintes optantes pelo *Simples Nacional ou pelo MEI* ficam sujeitos às regras desses regimes.

§ 4º Os optantes pelo *Simples Nacional* poderão exercer a *opção de apurar e recolher o IBS e a CBS pelo regime regular*, hipótese na qual o IBS e a CBS serão apurados e recolhidos conforme o disposto nesta LC.

Com relação ao IS no Simples Nacional não há nenhuma referência explicita na LC nº 123/96, mas é possível que na prática encontremos empresas optantes pelo Simples Nacional que industrializem produtos relacionados no imposto seletivo. Assim, por coerência, espera-se que o IS deva ser recolhido fora do Simples Nacional, assim como ocorre com o IOF, II, IE, ITR, IR relacionado a rendimentos de aplicações e sobre ganhos de capital.

3.11.1 Produtos monofásicos no Simples Nacional (PIS/COFINS)

Produtos monofásicos são produtos em que em geral, somente o primeiro elo da cadeia produtiva pagará os tributos incidentes a esse produto. Ou seja, sistema de tributação concentrada (monofásico) não se confunde com os regimes de apuração cumulativa e não cumulativa da Contribuição para o PIS/COFINS.

A incidência monofásica concentra o recolhimento do PIS/COFINS em uma etapa da cadeia e desonera as demais, as quais ficam sujeitas à alíquota zero.

É um mecanismo de substituição tributária e só pode ser usado por empresas adotantes do Simples Nacional e para produtos que estejam listados como produtos monofásicos[36].

3.11.2 Modelo de cálculo do Simples Nacional (cenário antes da Reforma)

Para apuração são seguidos alguns passos:

- Apuração da receita bruta mensal (RBM) e dos últimos 12 meses (RB12).
- Aplicação da tabela ANEXO I, conforme LC nº 155/16, identificando-se a alíquota e dedução a ser aplicada, conforme o setor aplicado.
- Calcular a alíquota efetiva $\frac{RBT12 \times \text{Alíquota Nominal} - \text{Valor a deduzir}}{RBT12}$, em que RBT12 = receita bruta dos últimos 12 meses.
- Aplicar a alíquota efetiva a receita bruta mensal.

---

36 A tabela atualizada dos produtos monofásicos (entre outras situações) encontra-se na Tabela 4.3.10 do SPED (Sistema Público de Escrituração Digital), disponível em: http://sped.rfb.gov.br/arquivo/show/1638.

3.11.2.1 Exemplo de cálculo do Simples Nacional (comércio – cenário antes da Reforma)

Suponha o exemplo hipotético de um comércio com uma receita bruta de R$ 4.8000.000,00 nos últimos 12 meses.

ANEXO I da LC nº 123/06 – alíquotas e deduções (comércio – vigência a partir de 2018)

Faixa	Receita bruta em 12 meses	Alíquota	Valor a deduzir
1	Até R$ 180.000,00	4,0%	0
2	De R$ 180.000,01 a R$ 360.000,00	7,3%	R$ 5.940,00
3	De R$ 60.000,01 a R$ 720.000,00	9,5%	R$ 13.860,00
4	De R$ 720.000,01 a R$ 1.800.000,00	10,7%	R$ 22.500,00
5	De R$ 1.8000.00,01 a R$ 3.600.000,00	14,3%	R$ 87.300,00
6	De R$ 3.600.000,01 a R$ 4.800.000,00	19,0%	R$ 378.000,00

ANEXO I da LC nº 123/06 – % de repartição dos tributos (comércio – vigência a partir de 2018)

Faixas	IRPJ	CSLL	COFINS	PIS	CPP	ICMS
1	5,5%	3,5%	12,74%	2,76%	41,5%	34,00%
2	5,5%	3,5%	12,74%	2,76%	41,5%	34,00%
3	5,5%	3,5%	12,74%	2,76%	42,00%	33,50%
4	5,5%	3,5%	12,74%	2,76%	42,00%	33,50%
5	5,5%	3,5%	12,74%	2,76%	42,00%	33,50%
6	13,5%	10%	28,27%	6,13%	42,10%	-

- Aplicada a tabela do Anexo I, verificamos a alíquota nominal de 10,70% e valor a reduzir de R$ 22.500,00.

- Alíquota efetiva = $\dfrac{1.000.000 \times 0,107 - 22.500}{1.000.000}$ = 0,0845

Memória de cálculo

Alíquota	Vigência a partir de 2018	
	Simples Nacional – cenário pré reforma	
10,70% 5,50% 3,50% 12,74% 2,76% 42,00% 33,50%	A- Receita bruta B- Receita bruta (últimos 12 meses) C- 4ª Faixa – alíquota nominal D- Valor a deduzir E- Alíquota efetiva (B × C -D) / B F- Carga tributária (DAS) (A × E) G- IRPJ (G × F) H- CSLL (H × F) I- COFINS (I × F) J- PIS (J × F) K- CPP (K × F) L- ICMS (L × F) Carga tributária	85.000,00 1.000.000,00 9.095,00 22.500,00 8,45% 7.182,50 395,04 251,39 915,05 198,24 3.016,65 2.406,14 7.182,50

Fonte: Elaborada pelo autor, 2024.

Supondo que numa venda efetuada o adquirente seja não optante do Simples e adote o regime de lucro real. Tomando como exemplo o PIS/COFINS, a empresa poderá se apropriar dos créditos com base em suas alíquotas padrões, por conta de a não cumulatividade ser pelo método subtrativo indireto em que se utilizam para tomada de créditos as alíquotas usadas em suas saídas (1,65% + 7,60%). Nesse caso, teríamos R$ 85.000,00 × (1,65% + 7,60%) = R$ 7.862,50.

3.11.3 Modelo de cálculo do Simples Nacional (cenário após Reforma)

Haverá a possibilidade de escolha do recolhimento do IVA entre o Simples Nacional e o regime regular.

Art. 41. (LC nº 214/25) O regime regular do IBS e da CBS compreende todas as regras de incidência e de apuração previstas nesta lei complementar, incluindo aquelas aplicáveis aos regimes diferenciados e aos regimes específicos.

§ 1º Fica sujeito ao regime regular do IBS e da CBS de que trata esta lei Complementar o contribuinte que não realizar a opção pelo Simples Nacional ou pelo MEI, de que trata a Lei Complementar nº 123, de 14 de dezembro de 2006.

§ 2º Os contribuintes optantes pelo Simples Nacional ou pelo MEI ficam sujeitos às regras desses regimes.

§ 3º Os optantes pelo Simples Nacional poderão exercer a opção de apurar e recolher o IBS e a CBS pelo regime regular, hipótese na qual o IBS e a CBS serão apurados e recolhidos conforme o disposto nesta Lei Complementar.

§ 4º A opção a que se refere o § 3º será exercida nos termos da Lei Complementar nº 123, de 14 de dezembro de 2006.

§ 5º É vedado ao contribuinte do Simples Nacional ou ao contribuinte que venha a fazer a opção por esse regime retirar-se do regime regular do IBS e da CBS caso tenha recebido ressarcimento de créditos desses tributos no ano-calendário corrente ou anterior, nos termos do art. 39 desta Lei Complementar.

Sendo optante pelo regime Simples Nacional, não há possibilidade de se utilizar do crédito do IBS/CBS, sendo o tributo será apurado de forma cumulativa, ou seja, sem compensação entre débito e crédito. Entretanto, quando vender um bem ou serviço para empresa que seja contribuinte regular do IBS/CBS, poderá haver transferência de crédito.

3.11.3.1 Exemplo de cálculo do Simples Nacional (comércio – cenário após da Reforma – regime Simples Nacional – vigência 2027 e 2028)

Suponha o mesmo exemplo hipotético anterior, de um comércio com uma receita bruta de R$ 1.000.000,00 nos últimos 12 meses.

ANEXO I – alíquotas e partilha do Simples Nacional – comércio (2027 e 2028)

Faixa	Receita bruta em 12 meses	Alíquota	Valor a deduzir
1	Até R$ 180.000,00	4,0%	0
2	De R$ 180.000,01 a R$ 360.000,00	7,3%	R$ 5.940,00
3	De R$ 360.000,01 a R$ 720.000,00	9,5%	R$ 13.860,00
4	De R$ 720.000,01 a R$ 1.800.000,00	10,7%	R$ 22.500,00
5	De R$ 1.8000.00,01 a R$ 3.600.000,00	14,3%	R$ 87.300,00
6	De R$ 3.600.000,01 a R$ 4.800.000,00	18,9%	R$ 378.000,00

Fonte: LC nº 214/25.

ANEXO I – % de repartição dos tributos – comércio (2027 e 2028)

Faixas	IRPJ	CSLL	CBS	CPP	ICMS	IBS
1	5,5%	3,5%	15,33%	41,50%	34,00%	0,17%
2	5,5%	3,5%	15,33%	41,50%	34,00%	0,17%
3	5,5%	3,5%	15,33%	42,00%	33,50%	0,17%
4	5,5%	3,5%	15,33%	42,00%	33,50%	0,17%
5	5,5%	3,5%	15,33%	42,00%	33,50%	0,17%
6	13,58%	10,06%	34,02%	42,34%	–	–

Fonte: LC nº 214/25.

- Aplicada a tabela do Anexo I, verificamos a alíquota nominal de 10,70% e valor a reduzir de R$ 22.500,00.

- Alíquota efetiva = $\dfrac{1.000.000 \times 0{,}107 - 22.500}{1.000.000}$ = 0,0845

Memória de cálculo

Alíquota	Vigência 2027 e 2028	
	Simples Nacional – Regime simples ou único	
10,70% 5,50% 3,50% 15,33% 42,00% 33,50% 0,17%	A- Receita bruta B- Receita bruta (últimos 12 meses) C- 4ª Faixa – alíquota nominal D- Valor a deduzir E- Alíquota efetiva (B × C - D) / B F- Carga tributária (DAS) (A × E) G- IRPJ (G × F) H- CSLL (H × F) I- CBS (I × F) J- CPP (J × F) K- ICMS (K × F) L- IBS (L × F) Carga tributária	85.000,00 1.000.000,00 9.095,00 22.500,00 8,45% 7.182,50 395,04 251,39 1.101,08 3.016,65 2.406,14 12,21 7.182,50

Fonte: Elaborada pelo autor, 2024.

3.11.3.2 Exemplo de cálculo do Simples Nacional (comércio – cenário após da Reforma – regime Simples Nacional – vigência 2029)

Suponha o mesmo exemplo hipotético anterior, de um comércio com uma receita bruta de R$ 1.000.000,00 nos últimos 12 meses.

ANEXO I – alíquotas e partilha do Simples Nacional – comércio (2029)

Faixa	Receita bruta em 12 meses	Alíquota	Valor a deduzir
1	Até R$ 180.000,00	4,0%	0

Faixa	Receita bruta em 12 meses	Alíquota	Valor a deduzir
2	De R$ 180.000,01 a R$ 360.000,00	7,3%	R$ 5.940,00
3	De R$ 360.000,01 a R$ 720.000,00	9,5%	R$ 13.860,00
4	De R$ 720.000,01 a R$ 1.800.000,00	10,7%	R$ 22.500,00
5	De R$ 1.8000.00,01 a R$ 3.600.000,00	14,3%	R$ 87.300,00
6	De R$ 3.600.000,01 a R$ 4.800.000,00	19,0%	R$ 378.000,00

Fonte: LC nº 214/25.

ANEXO I – % de repartição dos tributos – comércio (2029)

Faixas	IRPJ	CSLL	CBS	CPP	ICMS	IBS
1	5,5%	3,5%	15,5%	41,50%	30,60%	3,40%
2	5,5%	3,5%	15,5%	41,50%	30,60%	3,40%
3	5,5%	3,5%	15,5%	42,00%	30,15%	3,35%
4	5,5%	3,5%	15,5%	42,00%	30,15%	3,35%
5	5,5%	3,5%	15,5%	42,00%	30,15%	3,35%
6	13,5%	10,0%	34,4%	42,10%	-	-

Fonte: LC nº 214/25.

- Aplicada a tabela do Anexo I, verificamos a alíquota nominal de 10,70% e valor a reduzir de R$ 22.500,00.
- Alíquota efetiva = $\dfrac{1.000.000 \times 0,107 - 22.500}{1.000.000} = 0,0845$

3. ASPECTOS TRIBUTÁRIOS GERAIS

Alíquota	Vigência 2029	
	Simples Nacional – regime simples ou único	
10,70% 5,50% 3,50% 15,50% 42,00% 30,15% 3,35%	A- Receita bruta B- Receita bruta (últimos 12 meses) C- 4ª Faixa – alíquota nominal D- Valor a deduzir E- Alíquota efetiva (B × C -D) / B F- Carga tributária (DAS) (A × E) G- IRPJ (G × F) H- CSLL (H × F) I- CBS (I × F) J- CPP (J × F) K- ICMS (K × F) L- IBS (L × F) Carga tributária	85.000,00 1.000.000,00 9.095,00 22.500,00 8,45% 7.182,50 395,04 251,39 1.113,29 3.016,65 2.165,52 240,61 7.182,50

Fonte: Elaborada pelo autor, 2024.

3.11.3.3 Exemplo de cálculo do Simples Nacional (comércio – cenário após da Reforma – regime Simples Nacional – vigência 2030)

Suponha o mesmo exemplo hipotético anterior, de um comércio com uma receita bruta de R$ 1.000.000,00 nos últimos 12 meses.

ANEXO I – alíquotas e partilha do Simples Nacional – comércio (2030)

Faixa	Receita bruta em 12 meses	Alíquota	Valor a deduzir
1	Até R$ 180.000,00	4,0%	0
2	De R$ 180.000,01 a R$ 360.000,00	7,3%	R$ 5.940,00
3	De R$ 360.000,01 a R$ 720.000,00	9,5%	R$ 13.860,00
4	De R$ 720.000,01 a R$ 1.800.000,00	10,7%	R$ 22.500,00

Faixa	Receita bruta em 12 meses	Alíquota	Valor a deduzir
5	De R$ 1.8000.00,01 a R$ 3.600.000,00	14,3%	R$ 87.300,00
6	De R$ 3.600.000,01 a R$ 4.800.000,00	19,0%	R$ 378.000,00

Fonte: LC nº 214/25.

ANEXO I – % de repartição dos tributos – comércio (2030)

Faixas	IRPJ	CSLL	CBS	CPP	ICMS	IBS
1	5,5%	3,5%	15,5%	41,50%	27,20%	6,80%
2	5,5%	3,5%	15,5%	41,50%	27,20%	6,80%
3	5,5%	3,5%	15,5%	42,00%	26,80%	6,70%
4	5,5%	3,5%	15,5%	42,00%	26,80%	6,70%
5	5,5%	3,5%	15,5%	42,00%	26,80%	6,70%
6	13,5%	10,0%	34,4%	42,10%	-	-

Fonte: LC nº 214/25.

- Aplicada a tabela do Anexo I, verificamos a alíquota nominal de 10,70% e valor a reduzir de R$ 22.500,00.
- Alíquota efetiva = $\dfrac{1.000.000 \times 0{,}107 - 22.500}{1.000.000}$ = 0,0845

Memória de cálculo

Alíquota	Vigência 2030	
	Simples Nacional – Regime simples ou único	
10,70% 5,50% 3,50% 15,50% 42,00% 26,80% 6,70%	A- Receita bruta	85.000,00
	B- Receita bruta (últimos 12 meses)	1.000.000,00
	C- 4ª Faixa – alíquota nominal	9.095,00
	D- Valor a deduzir	22.500,00
	E- Alíquota efetiva (B × C - D) / B	8,45%
	F- Carga tributária (DAS) (A × E)	7.182,50
	G- IRPJ (G × F)	395,04
	H- CSLL (H × F)	251,39
	I- CBS (I × F)	1.113,29
	J- CPP (J × F)	3.016,65
	K- ICMS (K × F)	1.924,90
	L- IBS (L × F)	481,23
	Carga tributária	7.182,50

Fonte: Elaborada pelo autor, 2025.

3.11.3.4 Exemplo de cálculo do Simples Nacional (comércio – cenário após da Reforma – regime Simples Nacional – vigência 2031)

Suponha o mesmo exemplo hipotético anterior, de um comércio com uma receita bruta de R$ 1.000.000,00 nos últimos 12 meses.

ANEXO I – alíquotas e partilha do Simples Nacional – comércio (2031)

Faixa	Receita bruta em 12 meses	Alíquota	Valor a deduzir
1	Até R$ 180.000,00	4,0%	0
2	De R$ 180.000,01 a R$ 360.000,00	7,3%	R$ 5.940,00
3	De R$ 360.000,01 a R$ 720.000,00	9,5%	R$ 13.860,00

Faixa	Receita bruta em 12 meses	Alíquota	Valor a deduzir
4	De R$ 720.000,01 a R$ 1.800.000,00	10,7%	R$ 22.500,00
5	De R$ 1.8000.00,01 a R$ 3.600.000,00	14,3%	R$ 87.300,00
6	De R$ 3.600.000,01 a R$ 4.800.000,00	19,0%	R$ 378.000,00

Fonte: LC nº 214/25.

ANEXO I – % de repartição dos tributos – comércio (2031)

Faixas	IRPJ	CSLL	CBS	CPP	ICMS	IBS
1	5,5%	3,5%	15,5%	41,50%	23,80%	10,20%
2	5,5%	3,5%	15,5%	41,50%	23,80%	10,20%
3	5,5%	3,5%	15,5%	42,00%	23,45%	10,05%
4	5,5%	3,5%	15,5%	42,00%	23,45%	10,05%
5	5,5%	3,5%	15,5%	42,00%	23,45%	10,05%
6	13,5%	10,0%	34,4%	42,10%	-	-

Fonte: LC nº 214/25.

- Aplicada a tabela do Anexo I – alíquotas e partilha do Simples Nacional – Comércio (2031), verificamos a alíquota nominal de 10,70% e valor a reduzir de R$ 22.500,00.

- Alíquota efetiva = $\dfrac{1.000.000 \times 0,107 - 22.500}{1.000.000}$ = 0,0845

Alíquota	Vigência 2031	
	Simples Nacional – regime simples ou único	
10,70% 5,50% 3,50% 15,50% 42,00% 23,45% 10,05%	A- Receita bruta B- Receita bruta (últimos 12 meses) C- 4ª Faixa – alíquota nominal D- Valor a deduzir E- Alíquota efetiva (B × C -D) / B F- Carga tributária (DAS) (A × E) G- IRPJ (G × F) H- CSLL (H × F) I- CBS (I × F) J- CPP (J × F) K- ICMS (K × F) L- IBS (L × F) Carga tributária	85.000,00 1.000.000,00 9.095,00 22.500,00 8,45% 7.182,50 395,04 251,39 1.113,29 3.016,65 1.684,29 721,84 7.182,50

Fonte: Elaborada pelo autor, 2024.

3.11.3.5 Exemplo de cálculo do Simples Nacional (comércio – cenário após da Reforma – regime Simples Nacional – vigência 2032)

Suponha o mesmo exemplo hipotético anterior, de um comércio com uma receita bruta de R$ 1.000.000,00 nos últimos 12 meses.

ANEXO I – alíquotas e partilha do Simples Nacional – comércio (2032)

Faixa	Receita bruta em 12 meses	Alíquota	Valor a deduzir
1	Até R$ 180.000,00	4,0%	0
2	De R$ 180.000,01 a R$ 360.000,00	7,3%	R$ 5.940,00
3	De R$ 360.000,01 a R$ 720.000,00	9,5%	R$ 13.860,00
4	De R$ 720.000,01 a R$ 1.800.000,00	10,7%	R$ 22.500,00

Faixa	Receita bruta em 12 meses	Alíquota	Valor a deduzir
5	De R$ 1.8000.00,01 a R$ 3.600.000,00	14,3%	R$ 87.300,00
6	De R$ 3.600.000,01 a R$ 4.800.000,00	19,0%	R$ 378.000,00

Fonte: LC nº 214/25.

ANEXO I – % de repartição dos tributos – Comércio (2032)

Faixas	IRPJ	CSLL	CBS	CPP	ICMS	IBS
1	5,5%	3,5%	15,5%	41,50%	20,40%	13,60%
2	5,5%	3,5%	15,5%	41,50%	20,40%	13,60%
3	5,5%	3,5%	15,5%	42,00%	20,10%	13,40%
4	5,5%	3,5%	15,5%	42,00%	20,10%	13,40%
5	5,5%	3,5%	15,5%	42,00%	20,10%	13,40%
6	13,5%	10,0%	34,4%	42,10%	–	–

Fonte: LC nº 214/25.

- Aplicada a tabela do Anexo I, verificamos a alíquota nominal de 10,70% e valor a reduzir de R$ 22.500,00.

- Alíquota efetiva = $\dfrac{1.000.000 \times 0,107 - 22.500}{1.000.000} = 0,0845$

Memória de cálculo

Alíquota	Vigência 2032	
	Simples Nacional – Regime simples ou único	
10,70% 5,50% 3,50% 15,50% 42,00% 20,10% 13,40%	A- Receita bruta B- Receita bruta (últimos 12 meses) C- 4ª Faixa – alíquota nominal D- Valor a deduzir E- Alíquota efetiva (B × C -D) / B F- Carga tributária (DAS) (A × E) G- IRPJ (G × F) H- CSLL (H × F) I- CBS (I × F) J- CPP (J × F) K- ICMS (K × F) L- IBS (L × F) Carga tributária	85.000,00 1.000.000,00 9.095,00 22.500,00 8,45% 7.182,50 395,04 251,39 1.113,29 3.016,65 1.443,68 962,45 7.182,50

Fonte: Elaborada pelo autor, 2024.

3.11.3.6 Exemplo de cálculo do Simples Nacional (comércio – cenário após da Reforma – regime Simples Nacional – vigência 2033)

Suponha o mesmo exemplo hipotético anterior, de um comércio com uma receita bruta de R$ 1.000.000,00 nos últimos 12 meses.

ANEXO I – alíquotas e partilha do Simples Nacional – comércio (2033)

Faixa	Receita bruta em 12 meses	Alíquota	Valor a deduzir
1	Até R$ 180.000,00	4,0%	0
2	De R$ 180.000,01 a R$ 360.000,00	7,3%	R$ 5.940,00
3	De R$ 360.000,01 a R$ 720.000,00	9,5%	R$ 13.860,00

Faixa	Receita bruta em 12 meses	Alíquota	Valor a deduzir
4	De R$ 720.000,01 a R$ 1.800.000,00	10,7%	R$ 22.500,00
5	De R$ 1.8000.00,01 a R$ 3.600.000,00	14,3%	R$ 87.300,00
6	De R$ 3.600.000,01 a R$ 4.800.000,00	19,0%	R$ 378.000,00

Fonte: LC nº 214/95.

ANEXO I – % de repartição dos tributos – comércio (2033)

Faixas	IRPJ	CSLL	CBS	CPP	IBS
1	5,5%	3,5%	15,50%	41,50%	34,00%
	5,5%	3,5%	15,50%	41,50%	34,00%
3	5,5%	3,5%	15,50%	42,00%	33,50%
4	5,5%	3,5%	15,50%	42,00%	33,50%
5	5,5%	3,5%	15,50%	42,00%	33,50%
6	13,50%	10,00%	34,40%	42,10%	-

Fonte: LC nº 214/95.

- Aplicada a tabela do Anexo I, verificamos a alíquota nominal de 10,70% e valor a reduzir de R$ 22.500,00.

- Alíquota efetiva = $\dfrac{1.000.000 \times 0,107 - 22.500}{1.000.000}$ = 0,0845

Modelo de cálculo

Alíquota	Vigência 2033	
	Simples Nacional – Regime simples ou único	
10,70% 5,50% 3,50% 15,50% 42,00% 0,00% 33,50%	A- Receita bruta B- Receita bruta (últimos 12 meses) C- 4ª Faixa – alíquota nominal D- Valor a deduzir E- Alíquota efetiva (B × C -D) / B F- Carga tributária (DAS) (A × E) G- IRPJ (G × F) H- CSLL (H × F) I- CBS (I × F) J- CPP (J × F) K- ICMS (K × F) L- IBS (L × F) Carga tributária	85.000,00 1.000.000,00 9.095,00 22.500,00 8,45% 7.182,50 395,04 251,39 1.113,29 3.016,65 0,00 2.406,14 7.182,50

Fonte: Elaborada pelo autor, 2024.

A apuração do Simples Nacional pelo regime regular do IBS/CBS ainda carece se maiores esclarecimentos e regulamentações práticas. Na teoria há o entendimento do processo, mas na elaboração surgem possibilidades diversas e com elas as dúvidas. Portanto, considere os modelos pelo regime regular na sequência, como uma exploração entre as possíveis possibilidades, que elaboramos como exercício de pesquisa, mas que pode ao final não ser o modelo correto. Peço, portanto, atenção ao leitor.

3.11.3.7 Exemplo de cálculo do Simples Nacional (comércio – cenário após da Reforma – regime regular – vigência 2027 e 2028)

Considerando as mesmas informações do exemplo anterior, porém agora partindo para a resolução pelo regime regular do IBS/CBS.

Modelo de cálculo

Alíquota	Vigência 2027 e 2028 IVA 26,5%	
	Simples Nacional – Regime regular	
10,70% 5,50% 3,50% 15,33% 42,00% 33,50% 0,17%	A- Receita bruta B- Receita bruta (últimos 12 meses) C- 4ª Faixa – alíquota nominal D- Valor a deduzir E- Alíquota efetiva (B × C -D) / B F- Carga tributária (DAS) (A × E) G- IRPJ (G × F) H- CSLL (H × F) I- CBS (I × F) J- CPP (J × F) K- ICMS (K × F) L- IBS (L × F) Carga tributária	85.000,00 1.000.000,00 9.095,00 22.500,00 8,45% 7.182,50 395,04 251,39 1.101,08 3.016,65 2.406,14 12,21 7.182,50
26,5% 60%	M- Carga tributária do IVA (A × IVA) N- Aproveitamento de crédito O- IVA a recolher (M-N) P- DAS a recolher (F-I-L) Carga tributária (O+P)	22.525,00 13.515,00 9.010,00 6.069,21 15.079,21

Fonte: Elaborada pelo autor, 2024.

O modelo parte da elaboração como regime Simples Nacional, apurando a carga tributária do DAS normalmente, por meio dos cálculos que já vimos no exemplo anterior. Porém, como iremos apurar pelo regime regular, o IBS/CBS passará a se não cumulativo, ou seja, compensando débitos com créditos. Nesse modelo hipotético, consideramos que 60% dos créditos são aproveitáveis para compensação, retirei esse montante da carga tributária do IVA. Também excluímos a CBS e o IBS (que está zerado) calculados pelo Simples Normal da carga tributária do DAS. E finalmente somamos o IVA a recolher com DAS a recolher, lembrando que os demais tributos do Simples continuam sua apuração normal (IRPJ, CSLL e o CPP).

Achamos desnecessário demonstrar a vigência de 2029 em diante, por ser praticamente a mesma com pequenas modificações de alíquotas.

Em resumo: com a Reforma Tributária, as empresas optantes pelo Simples terão que estudar detalhadamente cada aspecto alterado e verificar qual o modelo mais adequado de tributação (simples ou regime normal), ou mesmo a viabilidade de se continuar optante do Simples Nacional.

Para simular outros períodos e setores, buscar as tabelas antes da Reforma[37] e após Reforma[38] devem ser utilizadas.

3.12 Regimes de tributação: específicos, diferenciados e favorecidos

Anteriormente a reforma só era previsto na CF/88 o regime especial. Com a Reforma Tributária, apareceram 3 modalidades de regimes de tributação: específicos, diferenciados e favorecidos. Influenciam no processo tributário, desde a arrecadação até na equidade da distribuição da carga tributária e, portanto, na própria eficiência do sistema tributário.

A CF/88 em seu art. 156-A que trata do IBS (e por consequência da CBS, conforme art. 195, § 6º) traz uma premissa em relação a essas modalidades:

> Art. 156-A. (CF/88)
> [...]
> X - Não será objeto de concessão de incentivos e benefícios financeiros ou fiscais relativos ao imposto ou de *regimes específicos, diferenciados ou favorecidos de tributação*, excetuadas as hipóteses previstas nesta Constituição
> Art. 149-B. (CF/88) *IBS* e *CBS* observarão as mesmas regras em relação a:
> I - Fatos geradores, bases de cálculo, hipóteses de não incidência e sujeitos passivos;
> II - Imunidades;
> III - *regimes específicos, diferenciados ou favorecidos* de tributação;
> IV - Regras de não cumulatividade e de creditamento.

---

37 Disponível em: https://www.planalto.gov.br/ccivil_03/leis/LCP/Lcp155.html.

38 Disponível em: https://legis.senado.leg.br/sdleg-etter/documento?dm=9759614&ts=1731608355653&disposition=inline.

Portanto, são regimes que estão previstos na Constituição. e assim sendo, não se poderá criar novos regimes além desses previstos, salvo com alteração da Constituição. Entretanto, isso não significa eu especificidades a esses regimes possam ser criados por meio de leis complementares.

3.12.1 Regimes específicos

É aquele aplicado a atividades ou setores econômicos específicos, adaptado às suas realidades particulares. São setores ou atividades em que a aplicação do IVA é tecnicamente problemática. Assim, a Constituição estabelece uma lista de atividades econômicas que receberão tratamento tributário específico.

> Art. 156-A. (CF/88)
> [...]
> § 6º Lei complementar disporá sobre regimes específicos de tributação para:
> I - Combustíveis e lubrificantes [...]
> II - Serviços financeiros, operações com bens imóveis, planos de assistência à saúde e concursos de prognósticos [...]
> III - sociedades cooperativas [...]
> IV - Serviços de hotelaria, parques de diversão e parques temáticos, agências de viagens e de turismo, bares e restaurantes, atividade esportiva desenvolvida por Sociedade Anônima do Futebol e aviação regional [...]
> V - Operações alcançadas por tratado ou convenção internacional, inclusive referentes a missões diplomáticas, repartições consulares, representações de organismos internacionais e respectivos funcionários acreditados [...]
> VI - Serviços de transporte coletivo de passageiros rodoviário intermunicipal e interestadual, ferroviário e hidroviário [...]

Cada setor, disporá de particularidades específicas, por exemplo, a monofasia do ICMS de combustíveis e lubrificantes, e que será mantida no IBS. Podem ser implementados de diversas maneiras, conforme as particularidades de cada setor econômico, por exemplo, a alíquota única em todo território nacional, no caso de combustíveis, ou bases de cálculos diferenciadas como no caso dos serviços financeiros, ou regras especiais de creditamento como no caso do setor de hotelaria.

3.12.2 Regimes diferenciados

Diferente do regime específico, em que se busca a adaptação da tributação a características do setor econômico, nem sempre favorável, no regime diferenciado o objetivo é de fato diminuir a carga tributária, por meio da a fixação de alíquotas mais baixas, a concessão de créditos presumidos, a alteração da base de cálculo ou outras medidas que visem a diminuição dos encargos fiscais sobre determinados setores ou produtos. Sua aplicação deve prever a uniformidade em todos o país, significando que regras e alíquotas para determinado setor sejam as mesmas em qualquer região.

Entre alguns segmentos, o regime diferenciado abrange:

- **Produtos agrícolas e agropecuários:** itens como produtos agropecuários, agrícolas, pesqueiros, florestais, extrativistas, insumos agrícolas e aquícolas terão suas alíquotas reduzidas em até 60%. Essa medida visa evitar uma tributação excessiva sobre produtos essenciais à alimentação e à produção agrícola.
- **Produtos hortícolas, frutas e ovos:** produtos com baixo valor agregado, como hortaliças, frutas e ovos, terão suas alíquotas reduzidas, refletindo a simplificação do processo de produção e o impacto positivo dessa redução nos consumidores.

Observação: produtores rurais, tanto pessoas físicas quanto jurídicas, com receita anual inferior a R$ 3.600.000,00 podem optar por não serem contribuintes do IBS e CBS. Nesse caso, não precisam recolher os impostos, mas também não podem se utilizar dos créditos tributários. No entanto, os adquirentes de seus podem se creditar dos tributos.

O regime tributário diferenciado também prevê o crédito presumido, por exemplo:

- Nos **serviços de transporte autônomo de carga** realizados por pessoas físicas não contribuintes do imposto.

- Com materiais destinados à reciclagem adquiridos de pessoas físicas ou cooperativas não contribuintes também geram crédito presumido.
- Bens móveis usados adquiridos para revenda por pessoas físicas não contribuintes podem gerar crédito presumido, desde que o crédito esteja vinculado ao respectivo bem e não seja permitido o ressarcimento.

3.12.3 Regimes favorecidos

O principal exemplo do regime tributário favorecido é a **Cesta Básica Nacional**, em que todos os produtos essenciais terão alíquotas de IBS e CBS reduzidas a zero, para que a tributação não onere desproporcionalmente os alimentos básicos consumidos por essa população, promovendo, assim, acessibilidade a uma alimentação saudável.

4.
Tributos sobre o consumo

Resolvemos manter o detalhamento dos tributos atuais sobre o consumo (ICMS, ISSQN além de muito resumidamente o IPI), a título comparativo com o que está porvir com o IBS.

4.1 ICMS

O ICMS está previsto no art. 155, II da CF/88 e regulamentado pela Lei LC nº 87/96, conhecida como Lei Kandir.

> Art. 155. (CF/88) Compete aos estados e ao Distrito Federal instituir impostos sobre: (EC nº 3/93, EC nº 33/01, EC nº 42/03 e EC nº 87/15)
> [...]
> II– Operações relativas à circulação de mercadorias e sobre prestações de serviços de transporte interestadual e intermunicipal e de comunicação, ainda que as operações e as prestações se iniciem no exterior; (a EC nº 132/23 em seu art. 22, II, "a", revoga esse inciso a partir de 2033)

Um dos pontos principais no que diz respeito aos benefícios concedidos aos empresários do ramo da agropecuária é o Convênio ICMS 100/97, que reduziu a base de cálculo do ICMS nas saídas de insumos agropecuários, entre outras medidas secundárias.

É um tributo estadual e do Distrito Federal incidente em praticamente todos os produtos e alguns serviços comercializados. Isso significa que cada estado e o DF têm uma legislação específica. É um tributo indireto com seu valor já incluído no preço ("por dentro"), cujo fato gerador ocorre na venda de um produto ou serviço cuja operação implique na incidência do tributo.

Vale a observação de que com a Reforma Tributária, para se evitar principalmente o incentivo à chamada "guerra fiscal", os estados e DF perdem a autonomia de criar isenções, benefícios e incentivos fiscais, entretanto, as empresas que já os possuíam, em relação ao ICMS convalidados pela LC nº 160/17, continuarão válidos até 2032. Observe que nesse caso, a partir de 2029 haverá uma redução gradativa de 10% ao ano no ICMS (art. 501 da LC nº 214/25 que altera a LC nº 87/96 incluindo art. 31-A) diminuindo também os incentivos existentes.

A mesma LC nº 160/17 também previa em seu § 2º-A, a partir de determinado momento, a redução em 20% ao ano com relação ao direito de fruição das isenções, dos incentivos e dos benefícios fiscais ou financeiros-fiscais vinculados ao ICMS destinados à manutenção ou ao incremento das atividades comerciais, às prestações interestaduais com produtos agropecuários e extrativos vegetais in natura e à manutenção ou ao incremento das atividades portuária e aeroportuária vinculadas ao comércio internacional. Os pontos relativos a incentivos prévios vinculados ao ICMS é polêmico e pode impactar severamente a economia de determinados estados e municípios, suscitando muitas dúvidas. Assim é conveniente aguardarmos a regulamentação do assunto.

A partir de 2026 o ICMS será gradualmente substituído pelo IBS até ser totalmente incorporado em 2033.

4.1.1 ICMS – princípios da não cumulatividade

A não cumulatividade do ICMS é um princípio constitucional conforme:

> Art. 155. (CF/88) Compete aos estados e ao Distrito Federal instituir:
> [...]
> § 2º O imposto previsto no inciso II atenderá ao seguinte:
> I– Será não cumulativo, compensando-se o que for devido em cada operação relativa à circulação de mercadorias ou prestação

de serviços com o montante cobrado nas anteriores pelo mesmo ou outro estado ou pelo Distrito Federal;
II– A isenção ou não incidência, salvo determinação em contrário da legislação:
a) não implicará crédito para compensação com o montante devido nas operações ou prestações seguintes;
b) acarretará a anulação do crédito relativo às operações anteriores;
III–poderá ser seletivo, em função da essencialidade das mercadorias e dos serviços

O objetivo da **não cumulatividade** é permitir que o contribuinte do ICMS recolha somente a parcela calculada sobre o valor agregado em sua atividade. Logo, se ele adquire mercadorias e serviços tributados pelo ICMS terá direito de abater esses créditos na determinação do montante a recolher nas operações alcançadas pelo ICMS. Logo, adota o princípio do valor adicionado (ou agregado) – IVA, que é um mecanismo de compensação convencional que elimina o efeito cascata nas diversas etapas de circulação. Nesse sistema, a exigência tributária recai sobre a variação do preço nas diversas etapas da cadeia.

Logo, mantém-se com o IBS.

A **seletividade** ocorre basicamente pela variação das alíquotas e bases de cálculo, ou seja, produtos mais importantes e necessários terão uma alíquota reduzida ou mesmo zerada. Como a essência do agronegócio é a produção de alimentos que devem chegar a mesa do consumidor a preços acessíveis, é justo e necessária a existência de instrumentos que barateiem a produção de toda a cadeia fornecedora, desde os insumos agrícolas até a disponibilização do produto a venda para o consumidor.

Assim o CONFAZ (Conselho Nacional de Política Fazendária) instituiu o Convênio ICMS 52/91 e o Convênio ICMS 100/1997 que trouxeram importantes benefícios fiscais ao agronegócio. Com a Reforma Tributária a **seletividade** continua a ocorrer, porém por meio da redução das alíquotas, e que detalharemos a seguir.

4.1.2 Convênio ICMS nº 52/91

O Convênio ICMS 52/91 tem por objetivo **reduzir a base de cálculo** nas operações com equipamentos industriais e **implementos agrícolas** detalhados a seguir.

> Cláusula segunda - Fica reduzida a base de cálculo do ICMS nas operações com máquinas e implementos agrícolas arrolados no Anexo II deste Convênio, de forma que a carga tributária seja equivalente aos percentuais a seguir:
> I - Nas operações interestaduais:
> a) nas operações de saída dos estados das Regiões Sul e Sudeste, exclusive Espírito Santo, com destino aos estados das Regiões Norte, Nordeste e Centro-Oeste ou ao estado do Espírito Santo, 4,1%.
> b) nas demais operações interestaduais, 7,0%.
> II - Nas operações internas, 5,60%;
> Observação: no Anexo II desse convênio são apresentados diversas máquinas e implementos agrícolas, desde os mais simples até aviões agrícolas.

A validade do Convênio ICMS nº 52/19 foi prorrogada até 30/04/2026, conforme Convênio ICMS nº 226/23.

4.1.3 Convênio ICMS nº 52/91 e a Reforma Tributária

Com a substituição do ICMS pelo IBS, seus convênios perdem a validade, mas há a possibilidade de implementação de mecanismos que promovam benefícios semelhantes. No caso da desoneração dos bens de capital, a LC nº 214/25 prevê:

> Art. 108. (LC nº 214/25) Fica assegurado o crédito integral e imediato de IBS e CBS, na forma do disposto nos arts. 47 a 56, na aquisição de bens de capital.
> Art. 109. Ato conjunto do Poder Executivo da União e do Comitê Gestor do IBS poderá definir hipóteses em que importações e aquisições no mercado interno de bens de capital por contribuinte no regime regular serão realizadas com suspensão do pagamento do IBS e da CBS, não se aplicando o disposto no art. 108 desta lei complementar.

§ 1º O ato conjunto de que trata o *caput* deste artigo discriminará os bens alcançados e o prazo do benefício.

§ 2º A suspensão do pagamento do IBS e da CBS prevista no *caput* deste artigo converte-se em alíquota zero após a incorporação do bem ao ativo imobilizado do adquirente, observado o prazo de que trata o § 1º deste artigo.

§ 3º O beneficiário que não incorporar o bem ao seu ativo imobilizado fica obrigado a recolher o IBS e a CBS que se encontrem com o pagamento suspenso, acrescidos de multa e juros de mora na forma do § 2º do art. 29 desta lei complementar, calculados a partir da data de ocorrência dos respectivos fatos geradores, na condição de:

I - contribuinte, em relação às importações; ou

II - responsável, em relação às aquisições no mercado interno.

§ 4º O disposto neste artigo aplica-se também às pessoas jurídicas optantes pelo Simples Nacional inscritas no regime regular de que trata esta lei complementar.

Art. 110. Ficam reduzidas a zero as alíquotas do IBS e da CBS no fornecimento e na importação:

I - de tratores, máquinas e implementos agrícolas, destinados a produtor rural não contribuinte de que trata o art. 164; e

II - de veículos de transporte de carga destinados a transportador autônomo de carga pessoa física não contribuinte de que trata o art. 169.

Parágrafo único. O disposto neste artigo se aplica aos bens de capital listados no regulamento.

Art. 111. Para fins desta Seção, também serão considerados bens incorporados ao ativo imobilizado aqueles com a mesma natureza e que, em decorrência das normas contábeis aplicáveis, forem contabilizados por concessionárias de serviços públicos como ativo de contrato, intangível ou financeiro.

4.1.4 Convênio ICMS nº 100/97

O Convênio ICMS 100/1997 tem por objetivo **reduzir a base de cálculo do ICMS nas saídas dos insumos agropecuários** de forma a promover a desoneração de diversos insumos usados na cadeia do agronegócio buscando em última análise promover o crescimento e a competitividade do setor. Ele veio reduzir os efeitos cumulativos da carga tributária incidente na precificação com consequências positivas tanto em relação ao mercado interno (geração de renda e empregos) quanto para fazer frente aos concorrentes internacionais que normalmente são fortemente subsidiados pelos seus governos.

> Cláusula primeira - Fica reduzida em 60% (sessenta por cento) a base de cálculo do ICMS nas saídas interestaduais dos seguintes produtos:
> I - Inseticidas, fungicidas, formicidas, herbicidas, parasiticidas, germicidas, acaricidas, nematicidas, raticidas, desfolhantes, dessecantes, espelhantes, adesivos, estimuladores e inibidores de crescimento (reguladores), vacinas, soros e medicamentos, produzidos para uso na agricultura e na pecuária, inclusive inoculantes, vedada a sua aplicação quando dada ao produto destinação diversa;
> III - rações para animais, concentrados, suplementos, aditivos, premix ou núcleo, fabricados pelas respectivas indústrias [...]
> IV - Calcário e gesso, destinados ao uso exclusivo na agricultura, como corretivo ou recuperador do solo;
> V - Semente genética, semente básica, semente certificada C1, C2, S1 e S2, destinadas à semeadura, desde que produzidas sob controle de entidades certificadoras ou fiscalizadoras, bem como as importadas [...]
> VI - Alho em pó, sorgo, milheto, sal mineralizado, farinhas de peixe, de ostra, de carne, de osso [...] (e outros diversos) [...], descartados por empresas do ramo alimentício, e outros resíduos industriais, destinados à alimentação animal ou ao emprego na fabricação de ração animal;
> VII - esterco animal;
> VIII - mudas de plantas;
> IX - Embriões, sêmen congelado ou resfriado, exceto os de bovino, ovos férteis, aves de um dia, exceto as ornamentais, girinos e alevinos;
> Etc.
> Cláusula segunda - Fica reduzida em 30% (trinta por cento) a base de cálculo do ICMS nas saídas interestaduais dos seguintes produtos:
> I - Farelos e tortas de soja e de canola, cascas e farelos de cascas de soja e de canola, sojas desativadas e seus farelos, quando destinados à alimentação animal ou ao emprego na fabricação de ração animal;
> II - Milho, quando destinado a produtor, à cooperativa de produtores, à indústria de ração animal ou órgão oficial de fomento

e desenvolvimento agropecuário vinculado ao estado ou Distrito Federal;

IV - Aveia e farelo de aveia, destinados à alimentação animal ou ao emprego na fabricação de ração animal.

Cláusula terceira Ficam os estados e o Distrito Federal autorizados a conceder às operações internas com os produtos relacionados nas cláusulas anteriores, redução da base de cálculo ou isenção do ICMS, observadas as respectivas condições para fruição do benefício.

4.1.5 Convênio ICMS nº 100/97 e a Reforma Tributária

Praticamente todos os insumos elencados pelo convênio ICMS 100/97 estão contemplados na LC nº 214/25 no art. 138, que trata do **ANEXO IX** (Insumos agropecuários e aquícolas submetidos a redução de 60% nas alíquotas do IBS e da CBS). Alguns que no convênio tem redução de 30%, na LC nº 214/25 aparecem com 60% de redução.

4.1.6 ICMS – outros convênios relativos

Vale salientar que existem diversos outros convênios ICMS relativos ao agronegócio que estão disponíveis em: https://www.confaz.fazenda.gov.br/legislacao/convenios/2023/CV226_23.

4.1.7 ICMS – Lei Kandir (LC nº 87/96)

Uma das finalidades da Lei Kandir é a de isentar o ICMS dos produtos e serviços nas operações de **exportação** com objetivo de estimular a exportação. Foi proposta pelo ministro do planejamento Antônio Kandir no governo de Fernando Henrique Cardoso. Inclusive houve um slogan no lançamento "Exportar é o que importa". Como o ICMS é um tributo estadual e a lei é federal, ficou acordado a época que a União ressarciria essas perdas aos estados. Isso nunca havia ocorrido de forma efetiva. Em 2020 por meio da LC nº 176/20 resolveu-se esse impasse entre União e estados que já durava 20 anos, com definição dos repasses a serem efetuados até 2037.

> Art. 3º (LC nº 87/96) O imposto não incide sobre:
> II - operações e prestações que destinem ao exterior mercadorias, inclusive produtos primários e produtos industrializados semielaborados, ou serviços exportados;
> VIII - operações de arrendamento mercantil, não compreendida a venda do bem arrendado ao arrendatário;
> Parágrafo único. Equipara-se às operações de que trata o inciso II a saída de mercadoria realizada com o fim específico de exportação para o exterior, destinada a:
> I - empresa comercial exportadora, inclusive tradings ou outro estabelecimento da mesma empresa;
> II - armazém alfandegado ou entreposto aduaneiro.

4.1.8 ICMS – Lei Kandir e a Reforma Tributária

Está prevista pelo art.501 da LC nº 213/95 a inclusão na LC nº 87/96, o art. 31-A com os seguintes termos:

> Art. 31-A. (LC nº 87/96) Em relação aos fatos geradores ocorridos de 1º de janeiro de 2029 a 31 de dezembro de 2032, as alíquotas do imposto serão reduzidas nas seguintes proporções das alíquotas previstas nas legislações dos estados ou do Distrito Federal, vigentes em 31 de dezembro de 2028:
> I - 10% (dez por cento), em 2029;
> II - 20% (vinte por cento), em 2030;
> III - 30% (trinta por cento), em 2031; e I
> V - 40% (quarenta por cento), em 2032.
> § 1º O disposto no *caput* aplica-se a todas as operações e prestações tributadas pelo imposto, inclusive: [...]

4.1.9 ICMS – Contribuições estaduais sobre produtos primários

É um dos pontos polêmicos da EC nº 132/23 que previu a possibilidade de os estados criarem uma contribuição sobre produtos primários e semielaborados, para investimento em obras de infraestrutura e habitação, como condição de acesso a diferimentos ou benefícios fiscais em matéria de ICMS. Esse novo tributo poderá ser instituído em substituição às contribuições já exigidas por alguns estados, desde que previstas nas respectivas legislações em 30 de abril de 2023. Ademais, sua vigência será provisória, extinguindo-se em 31 de dezembro de 2043. Foi inserida a pedido dos estados de Goiás, Mato Grosso, Mato Grosso do Sul e Pará. As críticas surgem em função de que algumas contribuições hoje existentes já são alvos de ação direta de inconstitucionalidade no STF. Ademais vai contra um dos objetivos principais da Reforma Tributária que é a simplificação e a diminuição da quantidade de tributos incidentes sobre o consumo.

> Art. 136. (ADCT) Os estados que possuíam, em 30 de abril de 2023, fundos destinados a investimentos em obras de infraestrutura e habitação e financiados por contribuições sobre produtos primários e semielaborados estabelecidas como condição à aplicação de diferimento, regime especial ou outro tratamento diferenciado, relativos ao imposto de que trata o *(ICMS)*, poderão instituir contribuições semelhantes, não vinculadas ao referido imposto, observado que:
> I - a alíquota ou o percentual de contribuição não poderão ser superiores e a base de incidência não poderá ser mais ampla que os das respectivas contribuições vigentes em 30 de abril de 2023;
> II - a instituição de contribuição nos termos deste artigo implicará a extinção da contribuição correspondente, vinculada ao *(ICMS)*, vigente em 30 de abril de 2023;
> III - a destinação de sua receita deverá ser a mesma das contribuições vigentes em 30 de abril de 2023;
> IV - a contribuição instituída nos termos do *caput* será extinta em 31 de dezembro de 2043.

4.1.10 ICMS-ST – substituição tributária

Substituição tributária é na prática a antecipação do recolhimento do ICMS que será feita por apenas um participante da cadeia (normalmente o primeiro ou "para frente", mas pode ser o último ou "para trás"). Isso facilita principalmente a fiscalização sobre tributos plurifásicos (que incidem várias vezes durante o ciclo da cadeia).

Está prevista na CF/88 pelo § 7º do art. 150 e no CTN no art. 128.

Nessa operação temos o contribuinte substituto que é o responsável pela retenção do tributo e seu recolhimento a Receita, e o contribuinte substituído (que podem ser vários) e que recebem e circulam a mercadoria ou com o tributo já pago ou a ser pago pelo último da cadeia.

No caso do recolhimento "para frente", é necessário que se estime a base de cálculo do tributo com base no preço de venda final da mercadoria. Há 3 métodos de estimativa:

- MVA – margem de valor agregado ou índice de valor agregado (definido pela SEFAZ).
- PMC – preço máximo ao consumidor menos redutor.
- PMPF – preço médio ponderado ao consumidor final.

Os 2 últimos são específicos para medicamentos e não detalharemos.

Na modalidade "para frente", supõe-se que a operação subsequente da cadeia ocorrerá, pois, caso contrário, o contribuinte substituto pagará antecipadamente por operação que não acontecerá. Nesse caso, há previsão para a restituição do tributo pago.

Ainda, se for recolhido e comprovado pelo Fisco que o recolhimento antecipado ("para frente") foi superior ao real (ou seja, foi estimado um preço de venda superior ao que ocorreu de fato), o contribuinte terá direito ao crédito da diferença e poderá utiliza-lo em suas compensações normais.

Exemplo de uma cadeia partindo de uma indústria vendendo para um comércio e finalmente para um consumidor final (sem substituição tributária):

	INDÚSTRIA		COMÉRCIO		CONSUMIDOR
S	Preço de venda	100,00	Preço de venda	150,00	
E	% ICMS	18%	% ICMS	18%	
M	ICMS débito	18,00	ICMS débito	27,00	
	Faturamento Líquido	82,00	Faturamento Líquido	123,00	
S	ICMS devido	18,00	ICMS devido	9,00	
T	Valor total da NF	100,00	Valor total da NF	150,00	
	ICMS recolhido pelo governo			27,00	

Fonte: Elaborada pelo autor, 2024.

O mesmo exemplo, porém, com substituição tributária e considerando uma MVA de 50%:

	INDÚSTRIA		COMÉRCIO	CONSUMIDOR
			MVA	50%
C O M S T	Preço de venda	100,00	Preço de venda	150,00
	% ICMS	18%	% ICMS	0%
	ICMS próprio	18,00	ICMS débito	-
	Faturamento Líquido	82,00	Faturamento Líquido	150,00
	Valor MVA	50,00	ICMS devido	-
	Base de cálculo ST	150,00	Valor total da NF	150,00
	ICMS-ST (1)	27,00		
	ICMS-ST (2)	9,00		
	Valor total da NF	109,00		
	ICMS recolhido pelo governo			27,00

Fonte: Elaborada pelo autor, 2024.

Em caso de venda interestadual, quem vende é o responsável pelo recolhimento do da ICMS-ST, ou seja, torna-se o contribuinte substituto. Existem acordos entre os estados (Ato COTEPE) tratando do ICMS-ST interestadual.

4.1.11 IBS-ST – substituição tributária do IBS?

Há uma possibilidade de elaboração futura de um mecanismo semelhante ao ICMS-ST para o IBS na Reforma Tributária, conforme:

> Art. 156-A. (CF 88/95) Lei complementar instituirá imposto sobre bens e serviços de competência compartilhada entre estados, Distrito Federal e municípios.
> [...]
> § 3º Lei complementar poderá definir como sujeito passivo do imposto a pessoa que concorrer para a realização, a execução ou o pagamento da operação, ainda que residente ou domiciliada no exterior.

4.1.12 Créditos do IBS

> Art. 47. (LC nº 214/25) O contribuinte sujeito ao regime regular poderá apropriar créditos do IBS e da CBS quando ocorrer a extinção por qualquer das modalidades previstas no art. 27 dos débitos relativos às operações em que seja adquirente, **excetuadas exclusivamente aquelas consideradas de uso ou consumo pessoal, nos termos do art. 57 desta lei complementar, e as demais hipóteses previstas nesta lei complementar.**

Portanto, salvo as exceções previstas presume-se que todas as operações são passiveis de crédito.

4.2 ISSQN

O ISSQN (Imposto sobre Serviço de Qualquer Natureza) é de competência municipal e do Distrito Federal e regulamentado pela LC nº 116/03, incidindo sobre os serviços (ainda que não constituam atividade preponderante do prestador), excetuados aqueles tributados pelo ICMS (ressalvadas exceções na referida lei complementar).

Sua alíquota varia entre 2% e 5% conforme art.88 do Ato das Disposições Constitucionais Transitórias (ADCT) (EC nº 37/02) e sua cobrança fica a cargo das prefeituras municipais, cabendo a esses editar normas fixando suas alíquotas entre esses dois limites cuja cobrança somente pode ser feita a partir do exercício seguinte.

É um tributo cumulativo e, portanto, não gera crédito fiscal. Entretanto, é permitido ao município conceder seu crédito como abatimento para outro tributo municipal. É imposto "por dentro"; logo, é componente do preço de venda.

A partir de 2026, assim como ICMS, o ISSQN será gradualmente substituído pelo IBS até ser totalmente incorporado em 2033.

4.2.1 ISSQN e a Reforma Tributária

Está prevista pelo art.508 da LC nº 214/25 a inclusão na LC nº 116/03, que regulamenta o ISSQN, o art. 8º-B com os seguintes termos:

Art. 8º-B. (LC nº 116/03) Em relação aos fatos geradores ocorridos de 1º de janeiro de 2029 a 31 de dezembro de 2032, as alíquotas do imposto serão reduzidas nas seguintes proporções das alíquotas previstas nas legislações dos municípios ou do Distrito Federal, vigentes em 31 de dezembro de 2028:
I - 10% (dez por cento), em 2029;
II - 20% (vinte por cento), em 2030;
III - 30% (trinta por cento), em 2031; e
IV - 40% (quarenta por cento), em 2032.
§ 1º No período de que trata o *caput*, os benefícios ou os incentivos fiscais ou financeiros relativos ao imposto serão reduzidos na mesma proporção da redução das alíquotas prevista nos incisos do *caput*.
§ 2º Para os fins da aplicação do disposto no § 1º, os percentuais e outros parâmetros utilizados para calcular os benefícios ou incentivos fiscais ou financeiros relativos ao imposto serão reduzidos na mesma proporção da redução das alíquotas, em decorrência do disposto no *caput* deste artigo.
§ 3º O disposto no § 2º não se aplica, caso os benefícios ou os incentivos fiscais ou financeiros relativos ao imposto já tenham sido reduzidos proporcionalmente por força da redução das alíquotas nos termos do *caput* deste artigo.

4.2.2 ISSQN – Benefícios fiscais para o agronegócio

No agronegócio o ISSQN **não incide** sobre a produção agrícola, mas pode incidir em serviços especializados contratados pelo produtor como consultoria, transporte, armazenamento etc.

É artigo constitucional:

> Art. 156. (CF/88) Compete aos municípios instituir impostos sobre:
> [...]
> III - serviços de qualquer natureza [...]
> § 3º Em relação ao imposto previsto no inciso III do *caput* deste artigo, cabe à lei complementar:
> II - Excluir da sua incidência exportações de serviços para o exterior.
> *Observação 1: são tributáveis os serviços desenvolvidos no Brasil, cujo resultado aqui se verifique, ainda que o pagamento seja feito por residente no exterior.*

> *Observação 2: o serviço tendo sido iniciado no exterior e na continuidade sendo executado no Brasil, também terá incidência do ISS.*

Inserida por meio da LC nº 116/03:

> Art. 2º. (LC nº 116/03) O **ISSQN** não incide sobre:
> I – As exportações de serviços para o exterior do País;
> [...]

4.2.3 IBS (serviços) – benefícios fiscais para o agronegócio

Vários serviços prestados ao agronegócio estão contemplados na LC nº 214/25 no art. 138, que trata do *ANEXO IX* (Insumos agropecuários e aquícolas submetidos a redução de 60% nas alíquotas do IBS e da CBS), tais como: serviços agronômicos; serviços de técnico agrícola; serviços veterinários para animais de corte; serviços de zootecnistas; serviços de inseminação e fertilização de animais de criação; serviços de engenharia florestal; serviços de pulverização e controle de pragas; serviços de semeadura, adubação, reparação de solo, plantio e colheita; serviços de projetos para irrigação e fertirrigação; licenciamento de direitos sobre cultivares e cessão definitiva de direitos sobre cultivares.

4.3 IPI

> Art. 126. (ADCT) A partir de 2027:
> I - Serão cobrados:
> [...]
> III - o IPI:
> a) terá suas *alíquotas reduzidas a zero*, exceto em relação aos produtos que tenham industrialização incentivada na Zona Franca de Manaus, conforme critérios estabelecidos em lei complementar; e
> b) não incidirá de forma cumulativa com o IS.
> Art. 454. (LC nº 214/25) A partir de 1º de janeiro de 2027, as alíquotas do IPI ficam reduzidas a zero para produtos sujeitos a alíquota inferior a 6,5% (seis inteiros e cinco décimos por cento) prevista na Tabela de Incidência do Imposto sobre Produtos

Industrializados (TIPI) vigente em 31 de dezembro de 2023 e que tenham:

I - sido industrializados na Zona Franca de Manaus no ano de 2024; ou

II - projeto técnico-econômico aprovado pelo Conselho de Administração da Suframa (CAS) entre 1º de janeiro de 2022 e a data de publicação desta Lei.

§ 1º Serão beneficiados por crédito presumido de CBS, nos termos do inciso I do § 2º do art. 450 desta lei complementar os produtos:

I - de que trata o *caput* deste artigo ou

II - (VETADO).

§ 2º A redução a zero das alíquotas a que se refere o *caput* deste artigo não alcança os produtos enquadrados como bem de tecnologia da informação e comunicação, conforme regulamentação do art. 16-A da Lei nº 8.248, de 23 de outubro de 1991.

§ 3º O Poder Executivo da União divulgará a lista dos produtos cuja alíquota de IPI tenha sido reduzida a zero nos termos deste artigo e do art. 126, inciso III, alínea "a", do ADCT.

5.
Tributos sobre a previdência e seguridade

5.1 PIS/COFINS

PIS/COFINS são tributos federais com previsão constitucional no art. 195, I, b:

> Art. 195. (CF/88) A seguridade social será financiada por toda a sociedade, de forma direta e indireta, nos termos da lei, mediante recursos provenientes dos orçamentos da União, dos estados, do Distrito Federal e dos municípios, e das seguintes contribuições sociais: (EC nº 20/98, EC nº 42/03 e EC nº 47/05)
> [...]
> b) a receita ou o faturamento;
> [...]

Na Reforma Tributária serão substituídos pela CBS:

> Art. 195. (CF/88)
> [...]
> V - Sobre bens e serviços, nos termos de lei complementar. *(CBS)*

5.1.1 COFINS – Contribuição para o Financiamento da Seguridade Social

O tributo a que se refere o artigo 195, inciso I, alínea "b" da CF/88 Brasileira é a Contribuição para o Financiamento da Seguridade Social

5. TRIBUTOS SOBRE A PREVIDÊNCIA E SEGURIDADE

(COFINS). A COFINS é uma contribuição social que incide sobre a receita bruta ou o faturamento das empresas, sendo destinada ao financiamento da seguridade social, que inclui previdência, saúde e assistência social.

Criado por meio da Lei Complementar LC nº 70/1991, sendo regida pelas Leis nº 9.718/1998 (não cumulatividade), nº 10.833/03 e nº 10.865/04, com suas respectivas alterações posteriores.

De acordo com a regulamentação do IR, incide sobre pessoas jurídicas do direito privado ou público (incluindo sociedades de economia mista e suas subsidiárias) ou pessoas físicas equiparadas as jurídicas a exceção daquelas (pequeno porte ou microempresas) optantes pelo Simples Nacional. (LC nº 123/06).

Com relação a base de cálculo, com a edição da Lei nº 9.718/98, temos:

> Art. 2° (Lei nº 9.718/98) As contribuições para o PIS/PASEP e a COFINS, devidas pelas pessoas jurídicas de direito privado, serão calculadas com base no seu faturamento, observadas a legislação vigente e as alterações introduzidas por esta Lei. (Vide Medida Provisória nº 2.158-35/ 2001)
> Art. 3° O faturamento a que se refere o art. 2° compreende a receita bruta de que trata o DL 1.598/1977 no art. 12.
> Art. 12. A receita bruta compreende:
> I - o produto da venda de bens nas operações de conta própria
> II - o preço da prestação de serviços em geral
> *Observação: o Supremo Tribunal Federal decidiu, em caráter definitivo, por meio de precedente vinculante, que os conceitos de faturamento e receita, contidos no art. 195, I, "b" (COFINS), da CF/88, para fins de incidência da Contribuição ao PIS e da COFINS, não albergam o ICMS, firmando a seguinte tese da repercussão geral: "O ICMS não compõe a base de cálculo para a incidência do PIS e da COFINS" (Tema 69).*

A alíquota da COFINS em geral é de 3% (a partir de 01/02/2001) ou 7,6% (a partir de 01/02/2004) na modalidade não cumulativa. Entretanto, para determinadas operações, a alíquota é diferenciada.

No agronegócio, está isento o produtor rural pessoa física (desde que não tenha CNPJ). Já o produtor rural pessoa jurídica sendo optante pelo lucro real poderá se compensar pelo débito e crédito em suas vendas.

5.1.2 PIS (Programa de Integração Social)

Instituído nos termos da LC nº 7/1970. Tem a mesma incidência e base de cálculo que estudamos em relação à COFINS.

A alíquota do PIS é 1,65% (a partir de 01/12/2002 – na modalidade não cumulativa no lucro real – Lei nº 10.637/2002) e continua sendo de 0,65% para optantes pelo lucro presumido (ou arbitrado), ambas as alíquotas aplicadas sobre a receita bruta, entretanto há possibilidade de alíquotas diferenciadas para determinadas operações.

Não há possibilidade de o cálculo incidir sobre a folha de pagamento para produtor rural (PF ou PJ), mas pode-se optar pela incidência de 1% sobre a folha de salários, nos casos de entidades sem fins lucrativos (por exemplo, cooperativas associações etc.).

No agronegócio, está isento o produtor rural pessoa física (desde que não tenha CNPJ). Já o produtor rural pessoa jurídica sendo optante pelo lucro real poderá se aproveitar de seus créditos.

5.1.3 PIS/COFINS – cumulatividade e não cumulatividade

O regime tributário escolhido pela entidade para tributar sua renda afeta diretamente o recolhimento do PIS/COFINS. O sistema-padrão é o de cumulatividade conforme Lei nº 9.718/1998.

O sistema da **não cumulatividade** foi introduzido para o PIS/COFINS por meio da Lei nº 10.637/02 e Lei nº 10.833/03 respectivamente. Foi instituído em função de reclamações da sociedade pelo fato de até então haver somente a possibilidade da incidência da cobrança em cascata (ou cumulativa). A partir dessas duas leis, possibilitou-se a não cumulatividade e o interessante é que grande parte das empresas passaram a buscar maneiras de se enquadrar no sistema anterior, o cumulativo. Isso se deveu ao aumento das alíquotas do sistema de não cumulatividade, aliado ou a insuficiência de créditos admitidos para evitar a cumulatividade ou ao contrário, o excesso de créditos sem possibilidades de aproveitamento (Oliveira, 2008).

No caso das empresas optantes pelo **lucro real**, as alíquotas para PIS e COFINS são de 1,65% e 7,6% respectivamente, sendo permitido o aproveitamento de créditos de alguns custos e despesas como insumos necessários a produção ou prestação dos serviços, com exceções específicas. Ou seja, em regra esse sistema de **não cumulatividade** é o adotado nesse regime tributário.

No caso das empresas optantes pelo **Lucro presumido** (ou tê-lo **arbitrado**) como regra geral tanto para o PIS quanto para a COFINS em regra adota-se o sistema de **cumulatividade** com aplicação de alíquotas de 0,65% e 3% respectivamente sobre a receita bruta total auferida, porém sem a possibilidade de aproveitamento de quaisquer créditos. Não é por outra razão que muitas agropecuárias, por optarem pelo regime de tributação do lucro presumido para o IRPJ e CSLL, ficam submetidas à cumulatividade para o PIS e COFINS.

Notem que, apesar de no sistema de **cumulatividade** as alíquotas serem menores, não há possibilidade do aproveitamento dos créditos devidos nas entradas, o que pode, dependendo do caso, não ser o mais interessante.

Sistema	PIS	COFINS	Regime
Cumulativo	0,65%	3%	Lucro presumido
Não cumulativo	1,65%	7,6%	Lucro real

Fonte: Elaborada pelo autor, 2024.

O direito ao crédito de PIS/COFINS do produtor rural vai depender do regime de tributação em que está enquadrado. No regime de apuração não cumulativa, podem se creditar de PIS/COFINS sobre insumos utilizados na produção. No entanto, produtores rurais pessoas físicas, em geral, estão no regime cumulativo, que não permite o aproveitamento de créditos. Já os produtores rurais pessoas jurídicas, desde que sob regime do lucro real tem direito a esses créditos.

5.1.4 PIS/COFINS monofásico, substituição tributária e importação/exportação

Na monofasia:
Cabe ao importador ou ao industrial recolher uma única vez o tributo, nos casos:

> Art. 149. [...]
> § 4º A lei definirá as hipóteses em que as contribuições incidirão uma única vez.
> - Cosméticos, higiene pessoal e medicamentos Lei 10.147/00 (alíquotas de 2,1% PIS e 9,9% COFINS) (NCM da TIPI)
> - Produtos de perfumaria, de toucador e de higiene pessoal Lei 10.147/00 (alíquotas 2,2% PIS e 10,3% COFINS)
> - Máquinas, implementos e outros veículos Lei 10.485/02 (diversas especificações, com bases de cálculo e alíquotas e reduções distintas)
> - Combustíveis Lei 9.718/1998
> Observação – O STJ já validou recurso (1914570) que permite a participantes da cadeia sob lucro real (não cumulativo) ter direito ao crédito proporcional dos produtos monofásicos.

Na substituição tributária:
> Art. 150. [...]
> § 7º A lei poderá atribuir a sujeito passivo de obrigação tributária a condição de responsável pelo pagamento de imposto ou contribuição, cujo fato gerador deva ocorrer posteriormente, assegurada a imediata e preferencial restituição da quantia paga, caso não se realize o fato gerador presumido.
> - Cigarros/Veículos/Álcool carburante p/ distribuidores da ZFM
> Observação: vale a mesma tese do STJ sobre a monofasia.

Na importação/exportação:
> Art. 149. [...]
> § 2º As contribuições sociais [...]
> I - Não incidirão sobre as receitas decorrentes de exportação;
> II - Incidirão também sobre a importação de produtos estrangeiros ou serviços (sobre a receita bruta incidente da venda);
> [...]

5.1.5 CBS-ST – substituição tributária da CBS?

Da mesma maneira em que há uma possibilidade de elaboração futura de um mecanismo semelhante ao ICMS-ST para o IBS, também é possível considerar algo semelhante ao PIS/COFINS-ST para a CBS, considerando:

> Art. 156-A. (CF/88) [...]
> § 3º Lei complementar poderá definir como sujeito passivo do imposto a pessoa que concorrer para a realização, a execução ou o pagamento da operação, ainda que residente ou domiciliada no exterior.
> Art. 149-B (CF/88) O IBS e a CBS, observarão as mesmas regras em relação a:
> I - Fatos gerados, bases de cálculo, hipóteses de não incidência e sujeitos passivos;
> II - Imunidades;
> III - Regimes específicos, diferenciados ou favorecidos de tributação;
> IV- Regras de não cumulatividade e de creditamento.

5.1.6 Exemplo de cálculo do PIS/COFINS

Lei nº 9.718/1998:

> Art. 2º As contribuições para o PIS/PASEP e a COFINS, devidas pelas pessoas jurídicas de direito privado, serão calculadas com base no seu faturamento, observadas a legislação vigente e as alterações introduzidas por esta Lei.
> Art. 3º O faturamento a que se refere o art. 2º compreende a receita bruta de que trata o art. 12 do Decreto-Lei nº 1.598, de 26 de dezembro de 1977.
> § 2º Para fins de determinação da base de cálculo das contribuições a que se refere o art. 2º, excluem-se da receita bruta:
> I - As vendas canceladas e os descontos incondicionais concedidos; (Redação dada pela Lei nº 12.973/14) (Inciso com redação dada pela Medida Provisória nº 627/13, convertida na Lei nº 12.973/14, em vigor a partir de 1/1/2015).

Em maio de 2021, o STF determinou que o ICMS não compõe a base de cálculo do PIS/COFINS pelo fato de não se tratar de um faturamento.

No sistema cumulativo, em cada etapa da cadeia econômica o tributo vai incidindo de maneira integral e uniforme sem considerar operações anteriores. Nesse sistema o que nos interessa são as vendas.

5.1.6.1   Exemplo no sistema cumulativo

Supondo as seguintes operações:

- Integralização de capital em dinheiro: R$ 100.000,00
- Compra de mercadorias, à vista: R$ 50.000,00
- Venda integral das mercadorias, à vista: R$ 70.000,00

Operação	Histórico	Valor (R$)
a b c1 c2 d e	D- Caixa C- Capital D- Mercadorias C- Caixa D- Caixa C- Receita D- CMV C- Mercadorias D- Despesas PIS/COFINS C- PIS a recolher D- Despesas PIS/COFINS C- COFINS a recolher	100.000,00 50.000,00 70.000,00 50.000,00 455,00 2.100,00

Fonte: Elaborada pelo autor, 2024.

PIS 0,65% = R$ 70.000,00 × 0,65% = R$ 455,00
COFINS 3,0% = R$ 70.000,00 × 3,0% = R$ 2.100,00

5.1.6.2   Exemplo no sistema não cumulativo

No sistema não cumulativo, a tributação incide sobre o valor agregado das operações anteriores da cadeia produtiva. Assim, diferentemente da cumulatividade que só precisávamos do valor das vendas (receita bruta), na não cumulatividade além dela precisaremos também do valor das compras, para compensar com o valor das vendas.

- Supondo as mesmas operações anteriores.
- Nesse caso, por ser não cumulativo, teremos que retirar o PIS/COFINS pagos na compra das mercadorias:

  o PIS 1,65% = R$ 50.000,00 × 1,65% = R$ 825,00
  o COFINS 7,6% = R$ 50.000,00 × 7,6% = R$ 3.800,00
  o Valor do estoque -> R$ 50.000,00 – R$ 825,00 – R$ 3.800,00 = R$ 45.375,00

- Devemos calcular o PIS e COFINS na venda:

  o PIS 1,65% = R$ 70.000,00 × 1,65% = R$ 1.155,00
  o COFINS 7,6% = R$ 70.000,00 × 7,6% = R$ 5.320,00

Operação	Histórico	Valor (R$)
a b b1 c1 c2 c3 c4 x x1	D- Caixa C- Capital D- Mercadorias C- Caixa D- PIS a recuperar D- COFINS a recuperar C- Mercadorias D- Caixa C- Receita D- CMV C- Mercadorias D- Despesas com PIS C- PIS a pagar D- Despesas com COFINS C- COFINS a pagar D- PIS a pagar C- PIS a recuperar D- COFINS a pagar C- COFINS a recuperar	100.000,00 50.000,00 825,00 3.800,00 4.625,00 70.000,00 45.375,00 1.155,00 5.320,00 825,00 3.800,00

Fonte: Elaborada pelo autor, 2024.

5.1.7 Créditos de PIS/COFINS

Conforme a Lei nº 10.637/02, em relação ao PIS, e a Lei nº 10.833/03, em relação à COFINS, temos:

Art. 3º Do valor apurado (base de cálculo) a pessoa jurídica poderá descontar créditos calculados em relação a:
[...]
II - Bens e serviços, utilizados como insumo na prestação de serviços e na produção ou fabricação de bens ou produtos destinados à venda [...]

IV - Aluguéis de prédios, máquinas e equipamentos, pagos a pessoa jurídica, utilizados nas atividades da empresa;
V - Valor das contraprestações de operações de arrendamento mercantil de pessoa jurídica, exceto [...] optantes do Simples Nacional;
VI - máquinas e equipamentos e outros bens incorporados ao ativo imobilizado, adquiridos ou fabricados para locação a terceiros, ou para utilização da produção de bens destinados à venda ou a prestação de serviços;
VII - edificações e benfeitorias em imóveis de terceiros, quando o custo, inclusive de mão-de-obra, tenha sido suportado pela locatária;
[...]
IX - Energia elétrica e energia térmica, inclusive sob a forma de vapor, consumidas nos estabelecimentos da pessoa jurídica.
[...]
§ 2º Não dará direito a crédito o valor
I - De mão de obra paga a pessoa física;
II - Da aquisição de bens ou serviços não sujeitos ao pagamento da contribuição, inclusive no caso de isenção, esse último quando revendidos ou utilizados como insumo em produtos ou serviços sujeitos à alíquota 0 (zero), isentos ou não alcançados pela contribuição; e
III - do ICMS que tenha incidido sobre a operação de aquisição.

Especificamente para o agronegócio temos uma característica no creditamento de insumos: os insumos da fase agrícola e os da fase industrial que é o chamado insumo do insumo. A soma desses créditos pode representar um grande impacto na carga tributária.

No Parecer normativo COSIT 5/18, temos o conceito de insumo:

> [...] o conceito de insumo para fins de apuração de créditos da não cumulatividade da Contribuição para o PIS/PASEP e da COFINS deve ser aferido à luz dos critérios da essencialidade ou da rele-

vância do bem ou serviço para a produção de bens destinados à venda ou para a prestação de serviços pela pessoa jurídica.

Temos então nesse parecer que os insumos se estendem a toda a cadeia produtiva, ou seja, retroage no processo produtivo inicial para alcançar os insumos necessários a confecção do novo insumo destinado a produção do bem destinado a venda ou prestação de serviços, configurando o insumo do insumo.

Por último, surge uma questão em relação ao tratamento do crédito tributário no caso dos diversos insumos utilizados no agronegócio sujeitos a algum tipo de tratamento diferenciado como suspensão, imunidade, isenção ou alíquota zero.

> Art. 3º Do valor apurado na forma do art. 2º a pessoa jurídica poderá descontar créditos calculados em relação a:
> [...]
> § 2º Não dará direito a crédito o valor:
> [...]
> II - Da aquisição de bens ou serviços não sujeitos ao pagamento da contribuição, inclusive no caso de isenção, esse último quando revendidos ou utilizados como insumo em produtos ou serviços sujeitos à alíquota 0 (zero), isentos ou não alcançados pela contribuição;

Aqui, pode surgir alguma polêmica entre os tributaristas em função da Lei nº 11.033/04 (*altera a tributação do mercado financeiro e de capitais; institui o Regime Tributário para Incentivo à Modernização e à Ampliação da Estrutura Portuária - REPORTO [...]*), que diz:

> Art. 17. As vendas efetuadas com suspensão, isenção, alíquota 0 (zero) ou não incidência da Contribuição para o PIS/PASEP e da COFINS não impedem a manutenção, pelo vendedor, dos créditos vinculados a essas operações.

Mas essa é uma questão que cabe aos juristas decidir.

5.1.8 Créditos da CBS

> Art. 47. O contribuinte sujeito ao regime regular poderá apropriar créditos do IBS e da CBS quando ocorrer a extinção por qualquer das modalidades previstas no art. 27 dos débitos relativos às operações em que seja adquirente, excetuadas exclusivamente aquelas consideradas de uso ou consumo pessoal, nos termos do art. 57 desta lei complementar, e as demais hipóteses previstas nesta lei complementar.

Portanto, salvo as exceções previstas todas as operações são passiveis de crédito.

5.2 Contribuições previdenciárias dos trabalhadores

A Lei nº 8.213/91 prevê:

> Art. 11. (Lei nº 8.213/91) São segurados obrigatórios da Previdência Social as seguintes pessoas físicas:
> I - como **empregado**:
> a) aquele que presta serviço de natureza urbana ou **rural** à empresa, em caráter não eventual, sob sua subordinação e mediante remuneração, inclusive como diretor empregado;
> g) **quem presta serviço** de natureza urbana ou **rural, em caráter eventual**, a uma ou mais empresas, sem relação de emprego
> VI - como **trabalhador avulso**: quem presta, a diversas empresas, sem vínculo empregatício, serviço de natureza urbana ou **rural** definidos no Regulamento;
> VII - como **segurado especial**: a pessoa física residente no imóvel **rural** ou em aglomerado urbano ou rural próximo a ele que, individualmente ou em regime de economia familiar, ainda que com o auxílio eventual de terceiros, na condição de:
> a) produtor, seja proprietário, usufrutuário, possuidor, assentado, parceiro ou meeiro outorgados, comodatário ou arrendatário rurais, que explore atividade
>> 1. agropecuária em área de até 4 (quatro) módulos fiscais;
>> 2. de seringueiro ou extrativista vegetal que exerça suas atividades nos termos do inciso XII do *caput* do art. 2º da Lei nº 9.985/00, e faça dessas atividades o principal meio de vida;

b) pescador artesanal ou a este assemelhado que faça da pesca profissão habitual ou principal meio de vida; e
c) cônjuge ou companheiro, bem como filho maior de 16 (dezesseis) anos de idade ou a este equiparado, do segurado de que tratam as alíneas a e b deste inciso, que, comprovadamente, trabalhem com o grupo familiar respectivo.
§ 1º Entende-se como regime de economia familiar a atividade em que o trabalho dos membros da família é indispensável à própria subsistência e ao desenvolvimento socioeconômico do núcleo familiar e é exercido em condições de mútua dependência e colaboração, sem a utilização de empregados permanentes.

Resumindo, a Lei nº 8.213/91 prevê quatro categorias de trabalhadores rurais: empregado rural, o trabalhador avulso, o contribuinte individual e o segurado especial.

5.2.1 Empregado rural

A contribuição é sobre o valor recebido pela remuneração dos serviços prestados, nos termos do art. 28, da Lei nº 8.212/91, já que em regra, os empregados rurais trabalham sob vínculo empregatício e recebem um salário mensal.

5.2.2 Trabalhador avulso

O responsável pelas contribuições é a empresa onde são prestados os serviços, e dessa forma o trabalhador avulso acaba contribuindo como o empregado, obedecendo às mesmas alíquotas, variáveis somente conforme o valor total da sua remuneração.

5.2.3 Contribuinte individual

A Lei nº 8.213/91 prevê:

> V - Como contribuinte individual
> a) a pessoa física, proprietária ou não, que explora atividade agropecuária, a qualquer título, em caráter permanente ou temporário, em área superior a 4 (quatro) módulos fiscais; ou, quando em área igual ou inferior a 4 (quatro) módulos

fiscais ou atividade pesqueira, com auxílio de empregados ou por intermédio de prepostos; ou ainda nas hipóteses dos §§ 9º e 10 deste artigo;

[...]

g) quem presta serviço de natureza urbana ou rural, em caráter eventual, a uma ou mais empresas, sem relação de emprego;

O primeiro caso, não é considerado trabalhador rural e sim empregador rural não enquadrado como segurado especial. Nesses casos, a jurisprudência não tem concedido aposentadoria por idade rural, sendo aplicada a concessão por aposentadoria urbana[39].

5.2.4 Segurado especial

A base de cálculo da contribuição previdenciária é o valor da receita bruta proveniente da comercialização da sua produção e as receitas provenientes (Lei nº 11.718/08).

Contribuinte	Base de cálculo	Contribuição previdenciária		Terceiros empresa		
		Empresa	GILRAT	FNDE	INCRA	SENAR
Segurado especial Art. 9º, e 146, I, "a", 1 da IN	Receita bruta da comercialização rural	1,2%	0,1%	-	-	0,2%

Fonte: Manual de Orientação das Contribuições Previdenciárias na Área Rural e do Senar – ANEXO I.

Há a possibilidade de o produtor rural segurado especial recolher as contribuições devidas sobre a folha de salários de seus empregados quando contratar por **prazo determinado** nos termos da Lei nº 11.718/08.

Art. 14-A. [...]

§ 1º. A contratação de trabalhador rural por pequeno prazo que, dentro do período de 1 (um) ano, superar **2 (dois) meses** fica conver-

---

39 TRF4, AC 5004153-95.2017.4.04.7000, TURMA REGIONAL SUPLEMENTAR DO PR, Relator MÁRCIO ANTÔNIO ROCHA.

tida em contrato de trabalho por prazo indeterminado, observando-se os termos da legislação aplicável.

O produtor rural segurado especial não contribuirá sobre a remuneração dos trabalhadores que contratar (empregado ou contribuinte individual), mas será responsável pela retenção e recolhimento da contribuição destes (inciso XIII do art. 30 e art. 32-C da Lei nº 8.212, de 1991).

5.3 FUNRURAL (Fundo de Assistência ao Trabalhador Rural) ou CPP (Contribuição Previdenciária Patronal Rural)

É um tributo do tipo contribuição social, de natureza previdenciária com previsão constitucional por meio de:

> Art. 195. A seguridade social será financiada por toda a sociedade, de forma direta e indireta, nos termos da lei, mediante recursos provenientes dos orçamentos da União, dos estados, do Distrito Federal e dos municípios, e das seguintes contribuições sociais
> I - **Do empregador**, da empresa e da entidade a ela equiparada na forma da lei, incidentes sobre:
> a) a folha de salários e demais rendimentos do trabalho pagos ou creditados, a qualquer título, à pessoa física que lhe preste serviço, mesmo sem vínculo empregatício;
> b) a receita ou o faturamento;
> c) o lucro;
> [...]
> § 8º **O produtor, o parceiro, o meeiro e o arrendatário rurais e o pescador artesanal**, bem como os respectivos **cônjuges**, que exerçam suas atividades em regime de economia familiar, sem empregados permanentes, contribuirão para a seguridade social mediante a aplicação de uma alíquota sobre o resultado da comercialização da produção e farão jus aos benefícios nos termos da lei.

Seu nome oficial e correto é contribuição previdência patronal rural, de natureza comparável à do INSS e ainda contribui para o RAT (risco ambiental do trabalho) e o Senar (Serviço Nacional de Aprendizagem Rural). Incide sobre produtores rurais pessoa física ou jurídica. Logo, tem por objetivo financiar a previdência do empregado rural e do trabalhador avulso e de alguns produtores rurais como o segurado especial e o contribuinte individual rural.

Sua base de cálculo é optativa entre a receita proveniente da comercialização da produção rural ou sobre a folha de pagamento dos empregados. No caso da pessoa física, o tributo é recolhido no momento da venda e na pessoa jurídica na compra de outros produtores rurais pessoas físicas e também no momento de suas vendas. Assim, a simulação é o procedimento mais adequado para definição da melhor opção em termos de tributação. A escolha deve ser feita em janeiro e é válida por todo exercício fiscal sem possibilidade de desistência.

5.4 Senar[40]

Trata-se do Serviço Nacional de Aprendizagem Rural vinculado ao Sistema S, que oferece educação profissional, assistência técnica e gerencial, e atividades de promoção social aos produtores rurais brasileiros. Atende de forma gratuita trabalhadores rurais, promovendo maior qualificação possibilitando o aumento da renda. Oferece cursos de formação inicial e continuada presenciais, a distância e híbridos para diversas profissões em áreas do agronegócio; a assistência técnica com ênfase na gestão; e a promoção social voltada para a saúde, educação, cultura e cidadania. É composto por uma Administração Central, em Brasília, e por 27 Administrações Regionais, com sede em cada estado e no Distrito Federal.

Para o custear suas ações, tem como principal fonte de recursos a contribuição compulsória recolhida por produtores rurais, agroindústrias, entidades sindicais patronais rurais e empresas prestadoras de serviços rurais, podendo também serem subsidiadas por parcerias e convênios firmados com instituições privadas e/ou governamentais.

Os recursos institucionais retornam à população do campo com a oferta de ações de formação profissional rural, atividades de promoção social, ensino técnico de nível médio, presencial e a distância, e de assistência técnica e gerencial.

---

40 Disponível em: https://www.cnabrasil.org.br/publicacoes/produtor-rural-pessoa-fisica.

A depender do tipo de segurado, pode incidir sobre a remuneração dos segurados ou sobre a receita de comercialização das vendas com alíquotas variando entre 0,2% e 2,5%.

5.5 RAT, RAT Ajustado, FAP e GILRAT

No contexto da contribuição previdenciária, os termos "GILRAT" e "RAT" têm significados específicos relacionados ao cálculo de alíquotas para o financiamento dos benefícios de aposentadoria e outros auxílios sociais.

AT (Risco de Acidente de Trabalho)

O RAT é uma contribuição paga pelas empresas para financiar os benefícios decorrentes de acidentes de trabalho e doenças ocupacionais. A alíquota do RAT varia de acordo com o grau de risco da atividade econômica da empresa, sendo geralmente de 1%, 2% ou 3%. É regulamentado pelo Lei nº 8.212/1991 art. 22, II, "a", "b" e "c".

O objetivo do RAT é cobrir os custos relacionados aos benefícios de natureza acidentária, como aposentadoria por invalidez, auxílio-doença acidentário, entre outros.

GILRAT (Grau de Incidência de Incapacidade Laborativa Decorrente dos Riscos Ambientais do Trabalho)

O GILRAT é um fator multiplicador que ajusta a alíquota do RAT com base no desempenho da empresa em relação à segurança e saúde do trabalho. O GILRAT pode aumentar ou reduzir a alíquota do RAT, dependendo do histórico de acidentes de trabalho e das condições de trabalho oferecidas pela empresa.

Este ajuste é feito por meio do Fator Acidentário de Prevenção (FAP), que é calculado anualmente e pode variar entre 0,5 e 2, multiplicando a alíquota do RAT. Assim, empresas que investem em segurança e têm menos acidentes podem ter sua contribuição reduzida, enquanto aquelas com mais ocorrências podem ver sua contribuição aumentada.

Portanto, enquanto o RAT é a alíquota base relacionada ao risco de acidentes de trabalho, o GILRAT ajusta essa alíquota com base no desempenho da empresa em termos de segurança e saúde ocupacional.

FAP (Fator Acidentário de Prevenção)[41]

É um multiplicador calculado a partir do grau de acidentalidade na empresa que varia entre 0,5000 e 2,000, a ser aplicado ao RAT, gerando o RAT ajustado. Varia anualmente e é calculado sobre os últimos dois anos de todo histórico de acidentalidade e de registros acidentários da Previdência Social. Pela metodologia do FAP, as empresas que registrarem maior número de acidentes ou doenças ocupacionais, pagam mais. Por outro lado, o FAP aumenta a bonificação das empresas que registram acidentalidade menor. No caso de nenhum evento de acidente de trabalho, a empresa é bonificada com a redução de 50% da alíquota.

Desde dezembro de 2022 a nova aplicação está disponível para a consulta ao FAP com a finalidade de substituir a aplicação anteriormente utilizada, permitindo a consulta ao FAP e aos elementos do cálculo, bem como o envio e consulta de contestações e recursos apresentados pela empresa. Ressalta-se que as informações exibidas na nova aplicação são as mesmas existentes na aplicação antiga, incluindo as vigências anteriores, visto que a base de dados é única, alterando-se apenas o layout de apresentação e a experiência de usabilidade[42].

RAT ajustado

O RAT ajustado é o resultado do RAT atual multiplicado pelo FAP, ou seja, é a alíquota final que sua empresa deve recolher para o INSS de acordo com o grau de risco do ambiente de trabalho.

---

41 Para maior detalhamento, disponível em: https://www.gov.br/previdencia/pt-br/assuntos/previdencia-social/saude-e-seguranca-do-trabalhador/fap.

42 A consulta aos elementos do FAP e o cadastramento e acompanhamento das contestações e recursos devem ser feitos com acesso pela conta "gov.br".

Exemplo:
Vamos supor que o FAP divulgado seja de 1,5 para a sua empresa e seu RAT seja de 3%. O RAT ajustado será igual ao RAT multiplicado pelo FAP ou seja: RAT ajustado = 3% × 1,5 = 4,5%

5.6 Estrutura e funcionamento das contribuições previdenciárias

5.6.1 Produtor rural pessoa física contribuinte individual – conceito

O produtor rural pessoa física é aquele, proprietário ou não, que desenvolve em área urbana ou rural a atividade agropecuária (agrícola, pastoril ou hortifrutigranjeira), a qualquer título, em caráter permanente ou temporário, em área superior a 4 (quatro) módulos fiscais; ou, quando em área igual ou inferior a 4 (quatro) módulos fiscais ou atividade pesqueira, com auxílio de empregados ou por intermédio de prepostos.

5.6.1.1 Produtor rural pessoa física contribuinte individual – recolhimento pela comercialização da produção rural ou optante por recolher pela folha de pagamento

Contribuinte	Base de cálculo	Contribuição previdenciária		Terceiros empresa		
		Empresa	RAT	FNDE	INCRA	SENAR
Produtor rural pessoa física (contribuinte individual) – art. 146, I, "a", 2, e 153, I da IN	Remuneração dos segurados			2,5%	0,2%	
	Receita bruta da comercialização rural	1,2%	0,1%			0,2%

Contribuinte	Base de cálculo	Contribuição previdenciária		Terceiros empresa		
		Empresa	RAT	FNDE	INCRA	SENAR
Produtor rural pessoa física (contribuinte individual), que opta por contribuir sobre a folha de pagamento – art. 146, I, "a", 2, e 156, § 1º, V	Total de remuneração de segurados	20%	1% a 3%	2,5%	0,2%	Ver[43]

Fonte: Manual de orientação das contribuições previdenciárias na área rural e do Senar – ANEXO I.

O produtor rural pessoa física pode optar, desde janeiro de 2019, por contribuir sobre a receita bruta proveniente da comercialização da produção rural ou sobre a folha de salários relativa a janeiro de cada ano, ou à primeira competência subsequente ao início da atividade rural, e será irretratável para todo o ano-calendário.

É devida a retenção e o recolhimento da contribuição ao Senar mesmo no caso em que o produtor rural pessoa física optou pela contribuição previdenciária sobre a folha de pagamento. Neste caso, a operacionalização do recolhimento da contribuição à entidade será realizada conforme ADE Corat 7/23, que dispõe sobre a contribuição devida ao Serviço Nacional de Aprendizagem Rural (Senar) pelo produtor rural pessoa física que optar pelo recolhimento das contribuições para a seguridade social na forma estabelecida pelos incisos I e II do art. 22 da Lei nº 8.212/91.

---

43   Caso se opte pelo recolhimento sobre a folha de salários, a base de cálculo da contribuição ao SENAR (Pessoa Física: 0,2%) permanece inalterada, ou seja, deverá ser calculada com base sobre a comercialização da produção rural. A contribuição deve ser recolhida conforme normativos da RFB.

5.6.2 Consórcio simplificado de produtores rurais – pessoas físicas – conceito

É a união de produtores rurais pessoas físicas com a finalidade de contratar trabalhadores para prestação de serviços exclusivamente aos seus integrantes, sendo outorgado a um deles poderes para contratar, demitir e gerir a mão de obra a ser utilizada em suas propriedades. Objetiva regularizar a contratação da mão de obra e racionalizar custos no cumprimento da legislação trabalhista e previdenciária.

Equipara-se ao empregador rural pessoa física sendo formado pela união de produtores rurais pessoas físicas, que outorga a um deles poderes para contratar, gerir e demitir trabalhadores para prestação de serviços, exclusivamente, aos seus integrantes.

5.6.2.1 Consórcio simplificado de produtores rurais – recolhimento sobre remuneração dos segurados

Contribuinte	Base de cálculo	Contribuição previdenciária		Terceiros empresa		
		Empresa	RAT	FNDE	Incra	Senar
Consórcio simplificado de produtores rurais Art. 146, XIX, e 157, I	Remuneração dos segurados	–	–	2,5%	0,2%	–

Fonte: Manual de orientação das contribuições previdenciárias na área rural e do Senar – ANEXO I.

5.6.3 Produtor rural – pessoa jurídica – conceito

É a empresa legalmente constituída que se dedica à atividade agropecuária ou pesqueira, em área urbana ou rural, com destaque para o registro obrigatório na Junta Comercial e identificação de inscrição no CNPJ.

5.6.3.1 Produtor rural pessoa jurídica – diversos tipos de recolhimento

Contribuinte	Base de cálculo	Contribuição previdenciária		Terceiros empresa			
		Empresa	RAT	FNDE	Incra	Senar	
Pessoa jurídica que se dedica apenas à atividade de produção rural Art. 101, *caput*	Remuneração dos segurados			2,5%	0,2%		
	Receita bruta da comercialização	1,7%	0,1%			0,25%	
Pessoa jurídica que desenvolve, além da atividade rural, outra atividade econômica autônoma, ou que opta por contribuir sobre a folha de pagamento Art. 101, § 2º IN	Total de remuneração de segurados (em todas as atividades)	20%	1% a 3%	2,5%	0,2%	2,5%	

Fonte: Manual de Orientação das Contribuições Previdenciárias na Área Rural e do Senar – ANEXO I.

O próprio produtor rural pessoa jurídica é responsável pelo recolhimento das contribuições incidentes sobre a comercialização da sua produção rural, não mais ocorrendo a sub-rogação (art. 15 da Lei nº 9.528/97).

5.6.4 Agroindústrias – conceito

É o produtor rural pessoa jurídica cuja atividade econômica seja a industrialização da produção própria ou da produção própria e adquirida de terceiros. Desenvolve duas atividades em um mesmo empreendimento econômico, com departamentos, divisões ou setores rurais e industrial distintos, por exemplo: usina de açúcar com lavoura canavieira, frigorífico com pecuária etc.

Também se considera industrialização, para fins de enquadramento do produtor rural pessoa jurídica como agroindústria, a atividade de beneficiamento, quando constituir parte da atividade econômica principal ou fase do processo produtivo e concorrer, nessa condição, em regime de conexão funcional, para a consecução do objeto da sociedade.

Considera-se agroindústria também os produtores rurais pessoas jurídicas que mantenham abatedouros de animais da própria produção ou da produção própria e da adquirida de terceiros.

Não se considera atividade de industrialização, para efeito de enquadramento como agroindústria, a atividade:

1. De beneficiamento, ou seja, a primeira modificação ou preparo dos produtos de origem animal ou vegetal, quer por processos Simples ou sofisticados, sem retirar-lhes a característica original;

2. De industrialização rudimentar, ou seja, o conjunto de atividades destinadas à produção de bens Simples, para industrialização ou consumo, nos quais o processo produtivo é de baixa complexidade, nos termos da IN RFB 2.110/22, art. 146, inciso IV.

Contribuinte	Base de cálculo	Contribuição previdenciária	
		Empresa	RAT
Agroindústria de piscicultura, carcinicultura suinocultura ou avicultura Art. 100, II, "a", e 153, § 2º, I	Remuneração de segurados do setor criação	20%	1% a 3%
	Remuneração de segurados do setor abatedouro ou matadouro	20%	1% a 3%
	Remuneração de segurados do setor industrial	20%	1% a 3%

Contribuinte	Base de cálculo	Contribuição previdenciária	
		Empresa	RAT
Agroindústria sujeita à contribuição substitutiva Art. 100, II, "c"	Receita bruta da comercialização da produção	2,5%	0,1%
	Remuneração de segurados do setor rural	-	-
	Remuneração de segurados do setor industrial	-	-
Agroindústria de florestamento e reflorestamento não sujeita à contribuição substitutiva Art. 100, II, "b", e 153, § 6º, II	Remuneração de segurados do setor rural	20%	1% a 3%
	Remuneração de segurados do setor industrial	20%	1% a 3%

Fonte: Manual de Orientação das Contribuições Previdenciárias na área Rural e do Senar – ANEXO I.

Contribuinte	Base de Cálculo	Terceiros empresa					
		FNDE	Incra	Senai	Sesi	Sebrae	Senar
Agroindústria de piscicultura, carcinicultura suinocultura ou avicultura Art. 100, II, "a", e 153, § 2º, I	Remuneração de segurados do setor criação	2,5%	0,2%				2,5%
	Remuneração de segurados do setor abatedouro ou matadouro	2,5%	2,7%				
	Remuneração de segurados do setor industrial	2,5%	0,2%	1%	1,5%	0,6%	

5. TRIBUTOS SOBRE A PREVIDÊNCIA E SEGURIDADE

Contribuinte	Base de Cálculo	Terceiros empresa					
		FNDE	Incra	Senai	Sesi	Sebrae	Senar
Agroindústria sujeita à contribuição substitutiva Art. 100, II, "c"	Receita bruta da comercialização da produção	–					0,25%
	Remuneração de segurados do setor rural	2,5%	0,2%	–			
	Remuneração de segurados do setor industrial	2,5%	0,2%	1%	1,5%	0,6%	
Agroindústria de florestamento e reflorestamento não sujeita à contribuição substitutiva Art. 100, II, "b", e 153, § 6º, II	Remuneração de segurados do setor rural	2,5%	0,2%				2,5%
	Remuneração de segurados do setor industrial	2,5%	0,2%	1%	1,5%	0,6%	

Fonte: Manual de Orientação das Contribuições Previdenciárias na Área Rural e do Senar – ANEXO I.

5.6.5 Cooperativas de produtores rurais – conceito

Sociedade de produtores rurais pessoas físicas ou de produtores rurais pessoas físicas e pessoas jurídicas com o objetivo de comercializar ou de industrializar ou de industrializar e comercializar a produção rural dos cooperados, nos termos da Lei nº 5.764/71. Eventualmente, a cooperativa rural poderá ter produção própria.

O enquadramento das cooperativas será feito de acordo com a atividade de cada estabelecimento da cooperativa rural, sendo assim: FPAS (Fundo de Previdência e Assistência Social) código 787 para o setor rural.

Contribuinte	Base de cálculo	Contribuição previdenciária		Terceiros empresa		
		Empresa	RAT	FNDE	Incra	Senar /SESCOOP
Cooperativas para o setor rural FPAS 787 (atividade rural) Para estabelecimento industrial acrescenta-se 0,6% de SEBRAE e elimina-se o Senar/SESCOOP	Remuneração dos Segurados	20%	1% a 3%	2,5%	0,2%	0,25%

Fonte: Manual de Orientação das Contribuições Previdenciárias na Área Rural e do Senar – ANEXO I.

5.6.6 Empresas rurais optantes pelo "simples" – conceito

O Simples é o Sistema Integrado de Pagamento de Impostos e Contribuições das Microempresas e Empresas de Pequeno Porte que confere tratamento diferenciado, simplificado, desburocratizado e favorecido de tributação e arrecadação, aplicáveis à microempresa e empresa de pequeno porte, conforme LC nº 123/06 editada em conformidade com o disposto no art. 179 da CF/88.

O Simples possibilita o pagamento mensal unificado de impostos e contribuições e o produtor rural pessoa jurídica que optar pelo Simples ficará responsável apenas pelos recolhimentos das contribuições descontadas dos segurados a seu serviço, daquelas devidas na condição de sub-rogado e das importâncias retidas quando contratar serviços mediante cessão de mão de obra ou empreitada. Ainda que não haja nenhum trabalhador, a empresa optante pelo Simples, quando da aquisição de produção rural de produtor rural pessoa física e/ou segurado especial, fica sub-rogada na obrigação de reter e recolher a contribuição devida à Previdência Social e ao Senar.

Para os efeitos da LC nº 123/06, considera-se MEI o empresário individual que exerce profissionalmente atividade econômica organizada para a produção ou a circulação de bens ou de serviços ou o empreendedor que exerça as atividades de industrialização, comercialização e prestação de serviços no âmbito rural que tenha auferido receita bruta, até o limite estabelecido na citada lei, considerando o total das receitas do grupo familiar, sendo permitido o enquadramento de apenas um membro desse grupo. Desde 01/01/18, o MEI recolherá, na forma regulamentada pelo CG-IBS, um valor fixo mensal conforme disposto na legislação. O MEI empreendedor rural manterá sua condição de segurado especial, ressalvado os casos de exercício de atividades incompatíveis, do limite de contratação de 120 pessoas/dia no ano civil e do não enquadramento de mais de um membro no grupo familiar como MEI. Na prestação de serviços para terceiros, o MEI manterá a condição de segurado especial desde que respeite o limite constante na legislação previdenciária (120 pessoas/dia no ano civil). O MEI Rural manterá suas obrigações relativas à condição de produtor rural, nos termos do artigo 195, § 8º, da CF/88. Assim, a contribuição previdenciária (1,3%) sobre a comercialização da produção rural é devida.

5.6.7 Exportação – conceito

Considera-se exportação, para os efeitos da contribuição devida sobre a receita bruta proveniente da comercialização da produção, a remessa de produção industrializada ou não ao exterior, ainda que o destinatário seja o próprio produtor rural remetente.

5.6.7.1 Exportação – informações gerais

I – Com o advento da EC nº 33/01, foi introduzida uma nova regra de imunidade, com a finalidade de incentivar e reduzir a carga tributária sobre as exportações. O art. 149, § 2º, I, da CF/88, recebeu nova redação, sendo que as contribuições sociais e de intervenção no domínio econômico não incidirão sobre as receitas decorrentes de exportação;

II – Nos casos de exportações não há incidência de contribuição previdenciária (INSS e GILRAT). A EC nº 33/01 imunizou as contribuições sociais e de intervenção no domínio econômico decorrentes de exportações, conforme consta no inciso I, § 2º do art. 149 da CF/88. Continua sendo devida a contribuição ao Senar, por se tratar de contribuição de interesse das categorias profissionais ou econômicas, nos termos do Parágrafo único do art. 148 da IN RFB 2.110/22.

> IN RFB 2.110/22: Art. 148. As contribuições sociais previdenciárias de que trata este capítulo não incidem sobre as receitas decorrentes de exportação. [...] Parágrafo único. O disposto no *caput* não se aplica à contribuição devida ao Senar, por se tratar de contribuição de interesse das categorias profissionais ou econômicas.

5.6.7.2 Exportação – base de cálculo

A base de cálculo da contribuição sobre a exportação é a receita bruta da comercialização da produção rural industrializada ou não, exceto para as agroindústrias de piscicultura, carcinicultura, suinocultura e avicultura. Também se exclui dessa base de cálculo as agroindústrias de florestamento e reflorestamento nos termos do art. 19, da Lei nº 10.684/03. A alíquota do SENAR é de 0,25% para o produtor rural pessoa jurídica e agroindústria e 0,20% para o produtor rural pessoa física, contribuinte individual e segurado especial.

5.6.7.3 Exportação – responsabilidade pelo recolhimento

O produtor rural pessoa física e jurídica ou agroindústria são responsáveis pelo próprio recolhimento da contribuição ao Senar, quando exportar diretamente para adquirente domiciliado no exterior. Quando o produtor rural pessoa física comercializar para empresa, para fins de exportação, como trading, cooperativa ou comercial exportadora, a responsabilidade pela retenção e recolhimento da contribuição ao Senar será do adquirente.

6.
Tributos sobre o patrimônio

6.1 ITCMD (Imposto sobre Transmissão *Causa Mortis* e Doação de Quaisquer Bens ou Direitos)

É um tributo estadual que incide sobre a transferência de bens móveis, imóveis e direitos por herança ou doação. Está previsto na CF/88 (art. 155, I) e no CTN (arts. 33 e 45). Tem a função fiscal, pois objetiva de arrecadar.

Com a promulgação da EC nº 132/23, uma mudança relevante foi a **alteração do local de cobrança** do ITCMD; em caso de bens móveis, títulos e créditos passa a ocorrer **no domicílio do falecido ou do doador**, em vez do estado onde se processa o inventário ou arrolamento de bens. Essa norma será aplicada a processos de sucessão abertos a partir da promulgação da Reforma. Além disso, sua **alíquota passa a ser progressiva** variando de acordo com o valor da herança ou doação.

> Art. 155. (CF/88) Compete aos estados e ao Distrito Federal instituir impostos sobre:
> I - Transmissão *causa mortis* e doação, de quaisquer bens ou direitos;
> [...]
> § 1º O imposto previsto no inciso I:
> [...]
> II - relativamente a bens móveis, títulos e créditos, compete ao estado onde era domiciliado ode cujus, ou tiver domicílio o doador, ou ao Distrito Federal; (Redação dada pela Emenda Constitucional nº 132, de 2023)

[...]
VI - Será progressivo em razão do valor do quinhão, do legado ou da doação;
VII – Não incidirá sobre as transmissões e as doações para as instituições sem fins lucrativos com finalidade de relevância pública e social, inclusive as organizações assistenciais e beneficentes de entidades religiosas e institutos científicos e tecnológicos, e por elas realizadas na consecução dos seus objetivos sociais, observadas as condições em lei complementar; (Redação dada pela Emenda Constitucional nº 132, de 2023)

O responsável pelo pagamento do ITCMD é quem está recebendo. Ou seja, se for herança, o herdeiro (ou legatário) será o responsável pelo pagamento. Havendo vários herdeiros, cada um deverá pagar sua parcela de acordo com o valor do patrimônio individualmente recebido. Se um herdeiro resolver ceder sua parte para outra pessoa, essa passa a ser responsável pelo pagamento do tributo.

6.1.1 ITCMD – alíquotas

Cada estado tem autonomia para definir sua alíquota, desde que obedeça aos limites definidos pelo Senado Federal, entre 2% e 8%. A uma grande variação de alíquotas e também da aplicabilidade do tributo de estado para estado.

Pode haver variação dos bens atingidos pelo tributo, pode ser calculado por alíquota única ou por alíquota progressiva, ou mesmo haver isenções ou descontos. O diferencial que mais afeta, no caso de imóveis, é a base de cálculo onde a alíquota será aplicada, alguns estados tributam pelo valor venal e outros pelo valor de mercado atualizado por avaliador público. A diferença entre esses valores é imensa.

7.
Tributos sobre a renda

Só para relembrar, no agronegócio temos 2 classificações para pessoas físicas: a primeira 100% pessoa física, em que a propriedade e os registros de movimentação financeira são lançados em seu CPF. Há uma segunda modalidade de produtor rural pessoa física, em que os lançamentos contábeis permanecem na pessoa física (CPF), mas a propriedade está numa pessoa jurídica, por exemplo, por meio de uma *holding* rural. Em ambos os casos, o registro e feito por meio do livro caixa, de onde se apura o resultado final real da exploração da atividade rural (todas as receitas menos todos os gastos). Essa é uma técnica conhecida por regime de apuração do lucro e é apurada por meio do regime de caixa. Vale salientar que o Livro Caixa só é obrigatório para o produtor que fatura no ano-calendário acima de R$ 56.000,00, caso contrário é permitida a apuração mediante prova documental comprovando todas as receitas e todos os gastos. Também é possível a pessoa física apurar o resultado da forma contábil, por meio da escrituração nos livros próprios da contabilidade.

A tributação do IRPF sob regime de caixa, significa que só haverá tributação quando, de fato, houver entrada ou saída de recurso para o contribuinte, ou seja, quando confrontando-se essas duas grandezas apure-se um ganho efetivo, não se aplicando os casos em que se torna titular de um crédito (ou seja, não recebido) (Loubet, 2022).

7.1 IRPF (Imposto de Renda Pessoa Física)

A DIRPF (Declaração de Ajuste Anual de Imposto de Renda Pessoa Física) que o produtor rural se utiliza é a mesma declaração normalmente utilizada anualmente por todos contribuintes obrigados a declarar IR, exceto pela necessidade do preenchimento do anexo relativo a atividades rurais – apuradas e elaboradas durante o ano-calendário por meio do Livro Caixa ou da LCDPR (Livro Caixa Digital do Produtor Rural) – onde serão informadas especificidades como:

- Dados de todos os imóveis explorados como tipo de atividade, nome, localização, CIB (cadastro imobiliário brasileiro) que é o antigo Nirf, área (ha), condição de exploração participação em % e os participantes (nome e CPF) caso a participação não seja integral.
- Dados de terceiros interessados tais como: proprietários da terra explorada, contratos de parceria, arrendamento, condomínio etc.,
- As receitas e despesas apuradas mensalmente (em regime de caixa) por meio da consolidação do livro caixa (analógico ou digital) do produtor rural. *Observação: Muitas informações lançadas na DIRPF serão cruzadas com as previamente lançadas no LCDPR. É obvio, mas importante salientar que o produtor rural deve emitir nota fiscal de produtor rural (NFP-e) comprovando toda a receita de sua produção, além de manter documentação de toda despesa e investimentos gastos.*
- Dados da apuração do resultado em que será escolhido qual será o regime tributário melhor adequado (real ou presumido).
- Dívidas vinculadas a atividade rural para comprovar a origem de recursos de terceiros, principalmente benefícios fiscais aproveitados (depreciação acelerado incentivada, despesas de custeio e investimento, aproveitamento de 100% do prejuízo fiscal ou compra de um imobilizado por meio financiamento etc.
- Bens da atividade rural em que serão discriminados todos os bens do ativo imobilizado do produtor rural com respectivos valores.
- Movimentação do rebanho etc.

Nem todos os produtores rurais pessoa física estão sujeitos a declaração, para tanto é necessário verificar se o produtor se enquadra na obrigatoriedade da declaração.

7.1.1 Exemplo de cálculo do IRPF no lucro real e no lucro presumido

Considere ser um exemplo bem simplificado usando valores hipotéticos e sem preocupação com possíveis desonerações, isenções encontradas no agronegócio, apenas para o entendimento básico do modelo.

Para o cálculo é utilizada a tabela progressiva do IRPF:

Tabela progressiva IRPF 2024	Alíquota	Parcela a deduzir
Até R$ 2.259,20	Isento	R$ 0,00
De R$ 2.259,21 a R$ 2.826,65	7,5%	R$ 158,40
De R$ 2.826,66 a R$ 3.751,05	15,0%	R$ 370,40
De R$ 3.751,06 a R$ 4.664,68	22,5%	R$ 651,73
Acima de R$ 4.664,68	27,5%	R$ 884,96

Fonte: Receita Federal.

Modelos de cálculo do IRPF

Receita bruta	400.000,00
(-) despesas de custeio/investimentos	(363.000,00)
(=) resultado	37.000,00
Alíquota progressiva IRPF 27,5%	9.290,04

Exemplo I de cálculo do IRPF (lucro presumido)	
Receita bruta	400.000,00
Alíquota de presunção 20%	80.000,00
Alíquota progressiva IRPF 27,5%	21.115,04

Exemplo II de cálculo do IRPF (lucro real)	
Receita bruta	15.000,00
(-) despesas de custeio/investimentos	(11.000,00)
(=) resultado	4.000,00
Alíquota progressiva IRPF 22,5%	248,27

Exemplo II de cálculo do IRPF (lucro presumido)	
Receita bruta	15.000,00
Alíquota de presunção 20%	3.000,00
Alíquota progressiva IRPF 15,0%	79,60

Fonte: Elaborada pelo autor, 2024.

Resultado no lucro real na pessoa física:

Considerando R$ 400.000,00 de receita bruta e somatória das despesas e custos de R$ 363.000,00 (IN 83/01 arts. 7º a 10º) apura-se um resultado de R$ 37.000,00,00. Sobre esse valor, conforme a tabela progressiva do IRPF aplicada a alíquota de 27,5% com dedução de R$ 884,96 teremos o valor do IRPF a pagar de R$ 9.931,64.

Resultado no lucro presumido na pessoa física

No agronegócio em relação ao produtor rural pessoa física a alíquota para apuração do lucro presumido é de 20%. Calculado o lucro presumido aplica-se alíquota da tabela progressiva normal do IRPF de até 27,5%.

Aplicado ao exemplo teremos a base de cálculo presumida do IRPF de R$ 80.000,00. Sobre essa base, conforme a tabela progressiva do IRPF aplicada a alíquota de 27,5% com dedução de R$ 884,96, o valor do IRPF a pagar será de R$ 21.756,64.

7.2 IRPJ e CSLL – Imposto de Renda da Pessoa Jurídica e Contribuição Social sobre o Lucro Líquido

Lucro real

O lucro real é um regime tributário no qual o cálculo do IRPJ e da CSLL é feito com base no lucro ajustado. O **lucro ajustado**, é o encontrado antes do IR e da CSLL (DRE) com acréscimos e deduções previstos no RIR utilizando-se o Livro de Apuração do Lucro Real (LALUR) para proceder esses ajustes.

O lucro ajustado com os acréscimos e deduções será a base para aplicação da alíquota de 9% do CSLL. Como o CSLL é uma despesa considerada não dedutível, seu valor deverá ser acrescentado ao lucro ajustado já apurado para efeito de base do IRPJ. Feito isso aplica-se a alíquota de 15% a nova base incorporada com o CSLL e apura-se o IRPJ.

A empresa pode optar pelo regime trimestral quando a apuração é feita a cada mês do trimestre pelo lucro real e o recolhimento ao final do trimestre (pagamento até o final do mês subsequente). Também poderá optar pelo regime anual e nesse caso a apuração e o recolhimento pelo lucro real ou presumido, será mensal. No caso, da escolha ser pelo lucro presumido, ao final do 12º mês deverá se proceder um ajuste ao lucro real para recolhimento do ajuste com pagamento até o último dia do mês subsequente.

Atentar que se usado o regime tributário do lucro real deverá ser utilizado o sistema **não cumulativo**.

Lucro presumido

O lucro presumido é um método simplificado e baseia-se a uma alíquota que no caso do agronegócio é de 8% para o IRPJ e 12% sobre o CSLL, aplicadas sobre a receita bruta. Essa receita deve ser proveniente exclusivamente de atividades rurais. Qualquer outra receita ser tributada normalmente. Sendo assim, não é necessário demonstrar as despesas do período facilitando a aplicação desse regime. Assim como no lucro real, a CSLL por ser uma despesa não dedutível deverá ter seu valor acrescentado ao lucro ajustado já apurado para efeito de base do IRPJ.

O período da apuração é mensal e o recolhimento é trimestral. O pagamento deve ser feito até o último dia do mês subsequente ao trimestre apurado.

Exemplo de cálculo do IRPJ/CSLL no lucro real e no lucro presumido

Apresentamos na sequência exemplos das apurações do IRPJ/CSLL e CSLL considerando as opções de lucro real e lucro presumido. São utilizados valores hipotéticos e não consideram possíveis desonerações, isenções encontradas no agronegócio. Considere apenas como modelos de cálculo de cada uma das possibilidades.

Exemplo I de cálculo do IRPJ (lucro real)	
Receita bruta	400.000,00
(-) deduções	(10.000,00)
(=) receita líquida	390.000,00
(-) custos	(300.000,00)
(=) lucro bruto	90.000,00
(-) despesas	(63.000,00)
(+) receitas	0,00
(=) lucro antes do IR/CSLL	27.000,00
(+) ajustes acréscimos	14.500,00
(-) ajustes deduções	(2.700,00)
(=) lucro real ajustado	38.800,00
(=) lucro real ajustado + CSLL	42.292,00
CSLL 9%	3.492,00
Alíquota IRPJ 15%	6.343,80
Lucro excedente a 20.000,00 × 10%	1.880,00
IRPJ	8.223,80
IRPJ + CSLL	11.715,80

Exemplo I de cálculo do IRPJ (lucro presumido)	
Receita bruta	400.000,00
Alíquota de presunção IRPJ 8%	32.000,00
Alíquota de presunção CSLL 12%	48.000,00
CSLL 9%	4.320,00
Alíquota IRPJ 15%	9.080,00
Lucro excedente a 20.000,00 × 10%	1.200,00
IRPJ	10.280,00
IRPJ + CSLL	14.600,00

Fonte: Elaborada pelo autor, 2024.

Para ambos, lucro real ou presumido, consideramos uma receita de R$ 400.000,00.

Exemplo II de cálculo do IRPJ (lucro real)	
Receita bruta	400.000,00
(-) deduções	(25.000,00)
(=) receita líquida	375.000,00
(-) custos	(225.000,00)
(=) lucro bruto	150.000,00
(-) despesas	(20.000,00)
(+) receitas	0,00
(=) lucro antes do IR/CSLL	130.000,00
(+) ajustes acréscimos	14.500,00
(-) ajustes deduções	(2.700,00)
(=) lucro real ajustado	141.800,00
(=) lucro real ajustado + CSLL	154.562,00
CSLL 9%	12.762,00
Alíquota IRPJ 15%	23.184,30
Lucro excedente a 20.000,00 × 10%	12.180,00
IRPJ	35.364,30
IRPJ + CSLL	48.126,30
Exemplo II de cálculo do IRPJ (lucro presumido)	
Receita bruta	400.000,00
Alíquota de presunção IRPJ 8%	32.000,00
Alíquota de presunção CSLL 12%	48.000,00
CSLL 9%	4.320,00
Alíquota IRPJ 15%	9.080,00
Lucro excedente a 20.000,00 × 10%	1.200,00
IRPJ	10.280,00
IRPJ + CSLL	14.600,00

Fonte: Elaborada pelo autor, 2024.

Resultado no lucro real na pessoa jurídica

Por meio da DRE, simulamos deduções sobre vendas, custos e despesas hipotéticas apurando um lucro antes do IR e CSLL (R$ 27.000,00). Sobre esse valor são aplicados ajustes dos valores não aceitos para apuração do resultado fiscal (conforme regulamento do RIR) por meio de acréscimos (despesas) e deduções (receitas). Apura-se assim um lucro real ajustado de R$ 38.800,00 que será a base de cálculo do CSLL. Sobre essa base considerando a alíquota de 9% teremos R$ 3.492,00 de CSLL. Sendo o CSLL uma despesa considerada não dedutível, seu valor deverá ser acrescentado ao lucro real ajustado formando a base de cálculo do IRPJ (R$ 42.292,00). Sobre essa nova base considerando a alíquota de 15%, teremos R$ 6.343,80 do IRPJ parcial.

A seguir, é necessário apurar-se o lucro excedente, ou seja, o que exceder R$ 20.000,00/mês sobre o lucro real ajustado (R$ 38.800,00) será majorado a uma alíquota de 10% (R$ 38.800,00 − R$ 20.000,00 × 10% = R$ 1.880,00). Finalmente, somando-se esse valor ao IRPJ parcial encontraremos o IRPJ a ser pago, R$ 8.223,80. Logo, IRPJ + CSLL totalizam R$ 11.715,80.

Resultado no lucro presumido na pessoa jurídica:

No lucro presumido parte-se da aplicação sobre a receita bruta das alíquotas de presunção de 8% para o IRPJ e 12% para o CSLL, apurando-se as bases de cálculo presumidas de R$ 32.000,00 para o IRPJ e R$ 48.000,00 para o CSLL. Sobre a base do IRPJ aplicada a alíquota de 25% encontraremos R$ 9.080,00 de IRPJ parcial e sobre a base de CSLL aplicada a alíquota de 9% encontraremos R$ 4.320,00 de CSLL.

Por último, da mesma forma em que no lucro real, será é necessário apurar-se o lucro excedente, ou seja, o que exceder R$ 20.000,00/mês sobre o valor presumido do IRPJ (R$ 32.000,00) que será majorado a uma alíquota de 10% (R$ 32.000,00 − R$ 20.000,00 × 10% = R$ 1.200,00). Finalmente, somando-se esse valor ao IRPJ parcial encontraremos o IRPJ a ser pago, R$ 10.280,00. Logo IRPJ + CSLL totalizam R$ 14.600,00.

8.
Tributos sobre importação e exportação

8.1 Imposto Seletivo (IS) na exportação

Regra geral, não há incidência de tributos na exportação. Com a Reforma, a premissa continua válida, com uma pequena exceção, relativa à extração que tem gerado polêmica por terem incisos (I e VII) conflitantes entre si.

> Art. 153. (CF/88) Compete a União instituir impostos sobre:
> [...]
> VIII - produção, *extração*, comercialização ou importação de bens e serviços prejudiciais à saúde ou ao meio ambiente, nos termos de lei complementar.
> [...]
> § 6º O imposto previsto no inciso VIII do *caput* deste artigo:
> I - Não incidirá sobre as exportações [...]
> [...]
> VII - na **extração**, o imposto será cobrado independentemente da destinação, caso em que a alíquota máxima corresponderá a 1% (um por cento) do valor de mercado do produto.

8.2 Imposto de Importação (II) e Imposto sobre Exportação (IE)

São impostos aduaneiros federais, de função extrafiscal (objetivam mais a fiscalização do que arrecadação pela União) existentes em todos os países como impostos regulatórios.

À União cabe, por meio desses instrumentos, proporcionar o estímulo à produção interna e tratar criteriosamente a impostação e a exportação de modo a favorecer a balança comercial.

Não estão inclusas no IBS nessa primeira fase da Reforma Tributária.

8.2.1 Imposto de Importação (II) – disposições gerais

Incide sobre a introdução de bens no território nacional procedente de outros países (fato gerador) com função extrafiscal já que objetiva disciplinar uma situação econômica (regulatória) e proteger a indústria nacional (protecionista) além de servir de instrumento de arrecadação. Geralmente afetado pela influência internacional, em função de acordos tais como o GATT (*General Agreement on Tariffs and Trade*) e o MERCOSUL, por exemplo.

No Brasil a importação de insumos e outros produtos é fundamental para o agronegócio. Notem que grande parte dos insumos para alimentação animal são provenientes de importação. Sendo o país o maior rebanho bovino do mundo assim como maior exportador de carne bovina e de aves a importância no tratamento dessas importações é evidente. Além das rações, também os adubos, inseticidas, herbicidas e outros insumos essenciais à produção agrícola têm parte da demanda interna suprida por produtos importados.

O sujeito passivo do imposto de importação pode ser o contribuinte ou um terceiro responsável por meio de expressa disposição em lei.

8.2.2 Imposto de Importação (II) – alíquota e taxa de câmbio

Há 3 tipos de alíquotas:

- Alíquota específica – baseada na quantidade (peso ou volume).
- Alíquota *ad valorem* (conforme o valor) – tem como base o valor do produto (normalmente um %).
- Alíquota mista – quando são aplicadas as 2 anteriores.

No cálculo do imposto, os valores expressos em moeda estrangeira deverão ser convertidos em moeda nacional à taxa de câmbio vigente na data da ocorrência do fato gerador.

8.2.3 Imposto sobre Exportação (IE) – disposições gerais

O IE incide sobre produtos nacionais ou nacionalizados que são por outros países em que o fato gerador ocorre no momento da expedição da guia de exportação (GE) ou documento equivalente.

É normatizado pelo Decreto-Lei nº 1.578/77.

A alíquota sobre exportação é de 30% não podendo exceder a 150%.

A maioria de produtos é imune ou isenta de tributação, porém, na cadeia do agronegócio temos algumas particularidades:

- Castanha-de-caju com casca para exportações acima da cota de 10 mil toneladas;
- Concentrado de açúcar, leite e creme de leite: 100%;
- Peles em bruto de bovino ou de equino: 9%

8.2.4 Imposto sobre Exportação (IE) – alíquota e base de cálculo

Há 2 tipos de alíquotas:

- Alíquota específica: baseada na quantidade (peso ou volume)
- Alíquota *ad valorem* (conforme o valor): tem como base o valor do produto (normalmente um %).
- Alíquota mista: quando são aplicadas as 2 anteriores. Considera-se para base de cálculo o preço à vista do produto (FOB – *Free on Board*) ou posto na fronteira. A variação cambial pode ser muito impactante, principalmente sendo um produto tributado de IE.

9.
Agronegócio

O agronegócio é um termo consagrado nas últimas décadas para abarcar todos os aspectos relativos ao segmento econômico da agricultura e da pecuária. Entretanto, é um termo bastante simplista e generalista que serve bem quando não se tem o intuito de adentrar em suas entranhas, considerando os aspectos socioambientais envolvidos, como é o caso dessa obra, que tem o caráter eminentemente técnico ligado a tributação e os possíveis impactos da Reforma Tributária sobre esse segmento econômico.

Mas é fundamental como cidadãos, que tenhamos em mente que o modelo de produção agropecuária ("dentro da porteira") no Brasil tem duas vertentes: a primeira ligada ao capital que se apropria dos bens da natureza (terras públicas, água, biodiversidade, florestas, madeira, energia etc.) e transforma esses bens em propriedade privada e mercadorias, tratando-se, portanto, de um modelo predador da natureza (grandes latifúndios baseados na monocultura de comodities, agrotóxicos, fertilizantes químicos etc.), gerador de conflitos sociais (expansão das áreas agricultáveis, êxodo rural, mecanização), acumulador e centralizador de riquezas (exportação de comodities) (Stédile, 2022). A esse modelo, acrescido dos setores a que chamamos de "antes da porteira" e "depois da porteira" que se faz com a simbiose entre o campo e a indústria; é o que conhecemos por agronegócio. Enquanto alguns setores formam ilhas de produtividade e de oferta competitiva, concentrando a maior porção do valor bruto de produção, existe outra constituída por um contingente importante de médias e pequenas propriedades com dificuldade de acesso aos principais fatores de produção, como a tecnologia, a falta de assistência técnica e a dificuldade de acesso aos mercados. Esses são, em grande parte, responsáveis pela pobreza rural brasileira [...] mais de 3 milhões de pequenos produtores, que permanecem em diferentes estágios de pobreza e à margem das modernas tecnologias e de gestão (Embrapa, 2024).

É fundamental que as políticas públicas sérias, continuas, de longo prazo, engajadas, de fomento e financiamento atendam efetivamente essa parcela dos agricultores e propiciem acesso aos recursos financeiros, tecnológicos, assistência técnica, educação entre outros. É essencial o incentivo prioritário à agricultura familiar, aos empreendimentos de economia solidária por meio do associativismo e cooperativismo.

Logo, há um longo caminho a ser percorrido, já que a "questão agrária" ainda permanece não resolvida, o que resulta em um processo desigual na distribuição da riqueza gerada e também na relação as possibilidades de acesso à terra. Devemos lembrar que em ambos os espectros desenhados, tanto os pequenos quanto os grandes produtores exigem um amplo financiamento governamental (da sociedade), vide o Plano Safra (na casa de R$ 400 bi), além da concessão de diversos benefícios e regras específicas que possibilitam a suspensão ou a postergação do pagamento e ainda isenções, imunidades ou mesmo alíquota zero.

Dito isso, e talvez em função disso, os números demonstram que no contexto macroeconômico, o agronegócio seja um dos alicerces do desenvolvimento econômico do Brasil. Por meio dos últimos anos vem contribuindo fortemente sua participação para o PIB nacional. Sua importância se dá no desenvolvimento e uso de novas tecnologias de cultivo, produção, beneficiamento e industrialização e a ultimamente pela busca pela sustentabilidade e preservação do meio ambiente, essas últimas muito em função das pressões exercidas pelas políticas de controle governamentais e exigências dos mercados, tanto internos quanto externos. Isso também se deve ao fato de o setor sofrer forte influência de fatores imprevisíveis, sendo o principal e mais atual deles o fator climático que tenderá a se tornar cada vez mais extremo em função do aquecimento global e suas consequências. Além disso, sofre também a influência de fatores relativamente previsíveis que, porém, exigem planejamento rigoroso em seu enfrentamento como as sazonalidades, variações do câmbio, precariedade das rotas para escoamento da safra e aspectos relacionados à elevada complexidade do sistema tributário brasileiro, entre outros. Temos visto atualmente grandes empresas do agronegócio em recuperação judicial. Sem medo de errar, sem analisar os casos, diria que grande parte desses empreendimentos tiveram problemas por absoluta falta de planejamento ou se houve algum, provavelmente inadequado.

De qualquer forma, os números estão aí para comprovar o sucesso econômico do agronegócio que em 2023 gerou R$ 2,60 tri, representando 24,4% do total do PIB, e empregou 28,3 milhões de pessoas, o que representa 26,9% dos empregos brasileiros[44]. Exportou em 2023 no total, US$ 166,55 bi, cifra 4,8% superior à de 2022. Em relação aos grãos exportou diretamente 193,2 milhões de toneladas equivalente a 60,3% da safra de grãos estimada em 319,86 milhões de toneladas, tendo como os cinco principais setores o complexo soja (40,4% do total exportado); carnes (14,1%); complexo sucroalcooleiro (10,4%); cereais, farinhas e preparações (9,3%) e produtos florestais (8,6%). Em conjunto, esses setores destacados representaram 82,9% das vendas do setor. O Brasil se manteve em 2023 na quarta colocação como maior produtor de grãos, ficando abaixo apenas da China, Índia e Estados Unidos.

9.1 Conceito de agronegócio

Para iniciarmos o estudo dos tributos do agronegócio[45] é importante contextualizarmos esse ambiente para que possamos enten-

---

44 Disponível em: https://www.cnabrasil.org.br/storage/arquivos/Balanco-2023-Perspectivas-2024.pdf.

45 A agricultura brasileira tem modelos diferentes de exploração. De um lado, o latifúndio e o agronegócio, modelo explorado pelo capital, acumulando e controlando os bens da natureza. E, de outro, os trabalhadores, camponeses, povos originários e quilombolas com o modelo de agricultura familiar. Neste livro, para efeito didático, o termo agronegócio é usado em seu sentido amplo.

der algumas das suas características por meio da exploração de alguns conceitos. Isso se torna fundamental para identificarmos se determinada atividade é de fato uma atividade do agronegócio e a partir dessa constatação usufruir as possibilidades tributárias diferenciadas específicas do setor. O não entendimento básico pode levar a gastos desnecessários ou até mesmo alguma exigência do Fisco. Lembrando que por não se tratar de um compêndio jurídico, exploraremos o regramento de forma simplificada para que possamos distinguir minimante o enquadramento dos conceitos de agronegócio.

Agronegócio é um símbolo linguístico que foi importado para o Brasil no início da década de 1980 a partir da palavra inglesa *agribusiness*, que foi inicialmente mantida dessa maneira e só foi "traduzida" posteriormente no final da mesma década. O termo ganhou importância muito em função da representatividade desse setor para os resultados do Produto Interno Bruto (PIB) do país no decorrer dos anos. Além disso, massiva publicidade em horário nobre da TV ajudou a popularizar o termo. O "Agro é pop".

Segundo Rufino (1999), o termo apareceu pela primeira vez em 1957, na obra dos economistas americanos John H. Davis e Ray A. Goldberg, da Universidade de Harvard, para sintetizar em uma única palavra – bem ao gosto americano, a nova tendência da realidade da agricultura americana na época e que foi definida como:

> [...] o conjunto de todas as operações e transações envolvidas desde a fabricação dos insumos agropecuários, as operações de produção nas unidades agropecuárias até o processamento, distribuição e consumo dos produtos agropecuários *in natura* ou industrializados.

Loubet (2022), trouxe uma definição jurídica mais moderna do agronegócio:

> [...] é o conjunto de atividades econômicas que abrange a extração ou exploração de produtos de origem animal ou vegetal, em estado natural ou submetidos a processos que não modifiquem as características originais do produto (beneficiamento) ou suas propriedades (industrialização rudimentar), neste último caso

desde que a transformação seja realizada pelo próprio produtor rural, bem como a industrialização desses produtos (agroindústrias), além da propriedade de imóveis rurais, assim entendidos aqueles situados fora da zona urbana do município, como definido em lei complementar, independentemente da destinação que lhes é dada [...]

Para o Cepea o agronegócio pode ser entendido como a soma de quatro segmentos: insumos para agropecuária, produção agrícola básica, ou primária, agroindústria (processamento) e agrosserviços (Cepea/Esalq-USP/CNA, 2024).

Verifica-se a partir dessas definições a existência de uma cadeia produtiva envolvendo diversos segmentos e operadores.

9.2 A cadeia produtiva do agronegócio

Araújo (2007) apresenta um interessante conceito da cadeia produtiva do agronegócio dentro de uma visão sistêmica em que divide a cadeia em 3 classificações básicas:

1. A primeira classificação engloba os setores denominados "antes da porteira" subdivido em outras 3 subclassificações:

    a. A primeira subclassificação composta pelos fornecedores dos principais insumos necessários a produção, tais como máquinas, implementos, equipamentos e complementos, água, energia, corretivos do solo, fertilizantes, sementes, agroquímicos, compostos orgânicos, materiais genéticos, inoculantes, rações, sais minerais e produtos veterinários.

    b. A segunda subclassificação tratando das inter-relações desses fornecedores de insumos formados pelas indústrias, pelas empresas produtoras de material genético e pelos distribuidores (atacadistas, varejistas) com os agropecuaristas. Tratam-se de poucas e grandes empresas (oligopólio) que tem poder econômico de influenciar na formação dos preços e prazos de pagamento. Ou seja, são agentes econômicos "formadores" de preços tendo na outra ponta, o agropecuarista como um "tomador" de preços. Ainda conforme Araújo (2007), "essa relação entre fornecedores e compradores é uma das principais causas da elevação histórica e constante dos preços dos insumos e consequentemente da produção agropecuária" (p. 42).

c. A terceira subclassificação é formada pelas empresas de serviços agropecuários, como pesquisas, fomento, extensão rural e assistência técnica, elaboração de projetos, análises laboratoriais, créditos e financiamentos, vigilância e defesa agropecuária, proteção e defesa ambiental, incentivos fiscais, comunicações, infraestrutura e treinamento de mão de obra.

2. A segunda classificação considera as atividades "dentro da porteira", ou seja, a produção rural propriamente dita, executada pelo produtor rural, desde as atividades iniciais de preparação até a obtenção dos produtos *in natura* para comercialização ou para industrialização.

3. A terceira classificação considera as atividades "depois da porteira" que trata da comercialização *in natura* dos produtos ou mesmo em muitos casos da industrialização verticalizada dentro da propriedade para posterior comercialização. Como exemplo, podemos citar a produção de queijos, fuma de corda, açúcar, rapadura, cachaça, álcool, doces etc.

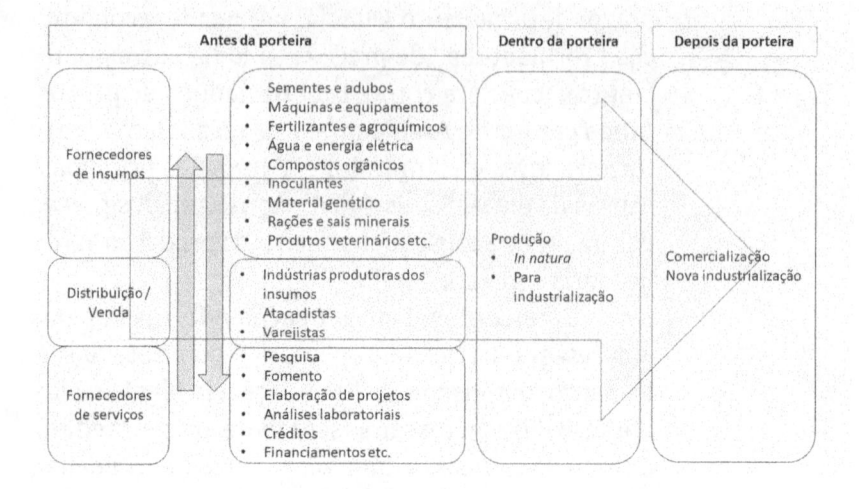

Antes da porteira		Dentro da porteira	Depois da porteira
Fornecedores de insumos	• Sementes e adubos • Máquinas e equipamentos • Fertilizantes e agroquímicos • Água e energia elétrica • Compostos orgânicos • Inoculantes • Material genético • Rações e sais minerais • Produtos veterinários etc.	Produção • In natura • Para industrialização	Comercialização Nova industrialização
Distribuição/ Venda	• Indústrias produtoras dos insumos • Atacadistas • Varejistas		
Fornecedores de serviços	• Pesquisa • Fomento • Elaboração de projetos • Análises laboratoriais • Créditos • Financiamentos etc.		

Fonte: Elaborada pelo autor, 2024.

Fica assim evidenciado que o agronegócio consiste numa sequência de atividades desde a produção dos insumos básicos, sua distribuição e venda, e o fornecedores dos demais serviços (antes da porteira), a seguir, a produção propriamente dita (dentro da porteira) e pôr fim a comercialização ou beneficiamento[46] (depois da porteira) dos produtos. Evidencia-se assim um sistema agroindustrial batizado de agroindústria. Essa visão surge por meio de Ray A. Goldberg nos anos 60 – que como vimos foi um dos criadores do termo *agribusiness* na década anterior; por meio de uma abordagem denominada *Agribusiness Systems Approach*, que amplia o foco para se analisar todo o sistema produtivo até o consumidor final, considerando o exercício da atividade rural e, de forma integrada, na mesma personalidade (física ou jurídica) ou não, executar atividades de industrialização (Massara; Campos; Castro Júnior, 2020).

Para complementar o assunto, embasado em lei, podemos utilizar a Instrução Normativa RFB nº 2.110/22 (simplificada e adaptada pelo autor) por meio do art. 146, que dispõe sobre normas gerais de tributação previdenciária e de arrecadação das contribuições sociais

---

[46] O processo de beneficiamento e industrialização (desde que rudimentar) pode ser também executado "dentro da porteira". Exemplo: produtor de leite que produz seu próprio queijo.

e que elenca diversos atores e processos da cadeia do agronegócio. Para efeito didático, são apresentados apenas com a respectiva identificação classificatória com que aparecem relacionadas na referida instrução normativa[47]. Os itens faltantes referem-se a formas de associação e são detalhados mais a frente em tópico específico.

> I – [...]
> II – Produção rural
> III - Beneficiamento ou industrialização artesanal
> IV- Industrialização rudimentar
>> [...]
>> § 1º Não se considera atividade de industrialização, para efeito de enquadramento do produtor rural pessoa jurídica como agroindústria:
>> I - as atividades de beneficiamento e de industrialização descritas nos incisos III e IV do *caput*, ressalvado o disposto no § 2º; e
>> II - as atividades de industrialização realizadas pelo produtor rural pessoa jurídica sem departamentalização ou divisões setoriais que separem a atividade rural da industrial.
>> § 2º Considera-se também agroindustrial o produtor rural pessoa jurídica que mantém abatedouro de animais da produção própria ou da produção própria e da adquirida de terceiros[...]
>
> V- Subprodutos e resíduos
> VI- Adquirente
> VII- Consignatário
> VIII- Consumidor
> IX- Arrematante
> X- Sub-rogado
> XI- [...]
> XII- Parceiro
> XIII- Meeiro
> XIV- Integração vertical ou integração
> XV- [...]
> XVI- Arrendatário
> XVII- [...]
> XVIII- Comodatário

---

47   O detalhamento dos itens da Instrução Normativa referenciada está registrado no Glossário.

XIX- [...]
XX- [...]
XXI- [...]
XXII- Atividade econômica autônoma

9.3 Conceito de atividade rural[48]

São consideradas atividades rurais aquelas que exploram a capacidade produtiva do solo por meio do cultivo de culturas agrícolas, culturas florestais e da criação de animais, seja para subsistência seja para obtenção de lucro. Essas atividades têm certas particularidades pois são altamente influenciadas por variáveis externas específicas, como o clima, por exemplo. São atividades que combinam diferentes recursos, tais como a terra e outros recursos naturais, insumos, equipamentos, instalações, recursos financeiros e mão de obra, com um conjunto de atividades distintas como preparo do solo, plantio, fertilização, controle de pragas, colheita e comercialização e ainda na existência de variáveis como a qualidade do solo, as épocas de liberação de financiamentos, as flutuações de preços no mercado, entre outros. (Miguel; Schreiner, 2022).

Em relação ao trabalho, nas atividades rurais temos algumas outras características (adaptado de Crepaldi, 1998):

- Desenvolve-se em céu aberto;
- Pode envolver grandes extensões de terras com distanciamento entre os trabalhadores;
- Não é contínuo no tempo, podendo variar de acordo com a estação (clima) e safra;
- Pode ser manual ou mecanizado ou misto;
- Pode apresentar dificuldades quanto a controles mecânicos e automáticos do rendimento de cada tarefa desempenhada.

---

48 TRAVASSOS, M. *Contabilidade gerencial: rural e ambiental*. Rio de Janeiro: Freitas Bastos, 2023.

Podemos complementar adicionando algumas características que também influenciam na gestão das propriedades e atividades (adaptado de Ducati, 2012):

- Sendo a terra o fator principal de produção e não apenas um participante, se torna imprescindível conhecer e analisar suas características, não só as biológicas, mas também a relação patrimonial.
- O tempo de produção é maior do que o tempo do trabalho em função do processo de formação da cultura que em determinados períodos independe de intervenção humana. Além disso há a dispersão do trabalho já que os processos de produção muitas vezes independem um do outro, tendo suas próprias necessidades e períodos de atenção.
- Irreversibilidade do ciclo de produção, talvez o grande fator de risco da atividade, pois uma vez iniciado o processo não é possível se reverter salvo graves prejuízos. A tomada de decisão do que fazer e quando fazer é fundamental e exige experiência além de base científica.
- Ciclo de produção completamente dependente das condições biológicas e climáticas, são outros fatores de sério risco tanto para quem produz como para quem trabalha.
- A contratação de mão de obra costuma ser temporária e muitas vezes não obedece ao mínimo das condições humanas necessárias.
- Perecibilidade dos produtos, o que obriga a um exercício de logística adequado para dirimir perdas.
- Não uniformidade da produção que faz com que seja difícil manter tamanho, volume, aspecto e forma do produto. Infelizmente a qualidade foi vinculada ao aspecto, o que não é verdade do ponto de vista nutricional. A manutenção de uniformidade exige gastos para sua manutenção.
- Por último, os altos custos de entrada e saída da atividade agrícola, já que algumas atividades exigem altos investimentos de entrada como, por exemplo em pastos ou área agrícolas, na formação da cultura ou rebanho, em maquinários. Por outro lado, os riscos, além de todos os citados, também o risco de mercado,

como, por exemplo oscilações de preços. O produtor deve ter capacidade para assimilar tempos de prejuízos eventuais.

Acrescentamos ainda as seguintes características:

• Produtos agrícolas são tomadores de preço, ou seja, é o mercado e não o produtor que define o preço a ser pago. Nesse aspecto o produtor não tem praticamente nenhuma capacidade de definir seus preços de venda. Podemos dizer que o produtor é refém do mercado. Mais um motivo para que se procure ter absoluto controle na outra ponta, a dos gastos.
• Por outro lado, o mercado consumidor tem grande capacidade de adaptação para enfrentar momentos de dificuldades, crises econômicas etc. Afinal, ninguém vive sem se alimentar.
• A cadeia produtiva do agronegócio, como vimos, é vasta, complexa, relativamente imprevisível e sazonal. Essas características afetam também a relação tributária da atividade em volume de recursos e prazos.

Podemos também conceituar "atividade rural" tomando como embasamento o Decreto nº 9.580/2018 que regulamenta a tributação, a fiscalização, a arrecadação e a administração do imposto sobre a renda e proventos de qualquer natureza, em seu art. 51:

> Art. 51. (Decreto 9.580/18) Para fins do disposto neste Regulamento, considera-se atividade rural (Lei nº 8.023, de 12 de abril de 1990, art. 2º ; e Lei nº 9.430, de 1996, art. 59):
> I - a agricultura;
> II - a pecuária;
> III - a extração e a exploração vegetal e animal;
> IV - a exploração:
> a) da apicultura;
> b) da avicultura;
> c) da cunicultura;
> d) da suinocultura;
> e) da sericicultura;
> f) da piscicultura; e
> g) de outras culturas animais;

V - a transformação de produtos decorrentes da atividade rural, desde que não sejam alteradas a composição e as características do produto in natura, feita pelo próprio agricultor ou pelo criador, com equipamentos e utensílios usualmente empregados nas atividades rurais, com uso exclusivo de matéria-prima produzida na área rural explorada, tais como a pasteurização e o acondicionamento do leite e o acondicionamento do mel e do suco de laranja em embalagem de apresentação; e
VI - o cultivo de florestas que se destinem ao corte para comercialização, consumo ou industrialização.
§ 1º O disposto neste artigo não se aplica à mera intermediação de animais e de produtos agrícolas (Lei nº 8.023, de 1990, art. 2º, parágrafo único).
§ 2º As atividades a que se refere o inciso III do *caput* abrangem a captura de pescado in natura, desde que a exploração se faça com apetrechos semelhantes aos da pesca artesanal, tais como arrastões de praia e rede de cerca, inclusive a exploração em regime de parceria.

Resumidamente, conforme Loubet (2022), "tudo aquilo que denotar uma extração vegetal ou animal pode ser classificado como uma atividade rural, atraindo para si o regramento tributário próprio do agro" (p. 64), e continua "... que esse raciocínio seja aprofundado, investigando as possibilidades para se tentar demarcar as fronteiras do agronegócio" (p. 67). Note que na frase citada, o termo usado é "se tentar", visto que, à forma da lei, há possibilidades subjetivas de interpretação.

9.4 Conceito de agroindústria

Adaptado de TOTVS (2024), é a fase na qual os produtos primários, *in natura* ou já industrializados são transformados em subprodutos que em sua maioria são voltados ao consumidor final ou a uma nova etapa de industrialização. É a união entre o campo e a indústria englobando não só a produção de alimentos, mas também de diversos outros derivados originados do processo agrícola. Logo, podemos dividir a agroindústria em dois polos baseados, por exemplo, na utilização de seus produtos:

- **Agroindústria alimentar:** em que a matéria-prima é obtida e manuseada, armazenada, processada, comercializada e distribuída para a alimentação.
- **Agroindústria não alimentar:** em que a matéria-prima é transformada em produtos que não servem a alimentação.

Porém, semelhante a qualquer empresa industrial, o setor da agroindústria está sujeito as mesmas características daquelas, e em função de seu porte e tipo de processos, pode exigir instalações, equipamentos, implementos sofisticados ou não, contratação de colaboradores especializados ou não, tecnologia de níveis diversos etc.

Podemos elaborar alguns tipos de agroindústrias, como:

- **Sucroenergética:** envolve a produção a partir do cultivo da cana de açúcar, do açúcar e do etanol, esse último favorecendo a sustentabilidade e a diversificação de nossa matriz energética ao substituir combustíveis fósseis. Portanto serve aos 2 polos da agroindústria, produzindo tanto alimentos quanto não alimentos.
- **Frigorífica:** por meio do processamento de carnes bovina, suína, avícola e de outros animais atendendo à demanda global por proteína animal. É um setor que demanda tecnologia de conservação e logística de distribuição.
- **Extração vegetal:** óleos essenciais. Atende diversos setores, desde a construção civil e cosméticos entre outras. Atualmente é um setor envolvido fortemente com as questões de sustentabilidade de florestas e seus ecossistemas.
- **Têxtil:** por meio do processamento fibras naturais, como algodão e lã, para produção principalmente de tecidos e roupas.
- **Maquinas e equipamentos:** é um setor dos mais importantes da agroindústria e que movimenta muitos recursos financeiros. Tratores, colheitadeiras, plantadeiras, aviões entre outras dezenas de implementos são essenciais para aumentar a produtividade no campo. É um setor altamente tecnológico e inovativo buscando a maior competitividade, eficiência e sustentabilidade do setor.
- **Ração animal:** é responsável pela fabricação de alimentos para a pecuária. A qualidade da influencia diretamente na saúde

e produtividade dos animais. Nesse setor também está incluída a ração de *pets*.

- **Laticínios:** setor dedicado à produção de leite e seus derivados, como queijos, iogurtes e manteiga. Esse setor é vital porque garante a oferta constante de produtos essenciais para a dieta humana. Portanto, a eficiência na produção e distribuição de laticínios impacta diretamente na saúde pública e na economia rural.

Podemos ainda considerar outros setores, resumidamente:

- Biodiesel, por meio do processamento de sementes como girassol, mamona e algodão etc.
- Processamento da mandioca para produção de polvilho e fécula.
- Processamento de frutas para produção de compotas, doces e geleias, bebidas.
- Processamento de tomates para produção de molhos e extratos etc.

Podemos considerar, simplificadamente, a agroindústria o "antes e depois da porteira".

9.4.1 Esquema didático das atividades rurais e agroindustrial

No esquema didático de atividades rurais apresentado na sequência, adaptado de Marion (2021), podemos identificar três grupos e suas subclassificações e defini-lo como sendo o agronegócio propriamente dito:

- Atividade agrícola – relativa à produção vegetal.
- Atividade zootécnica – relativa à produção animal.
- Atividade agroindustrial – relativa a indústrias rurais.

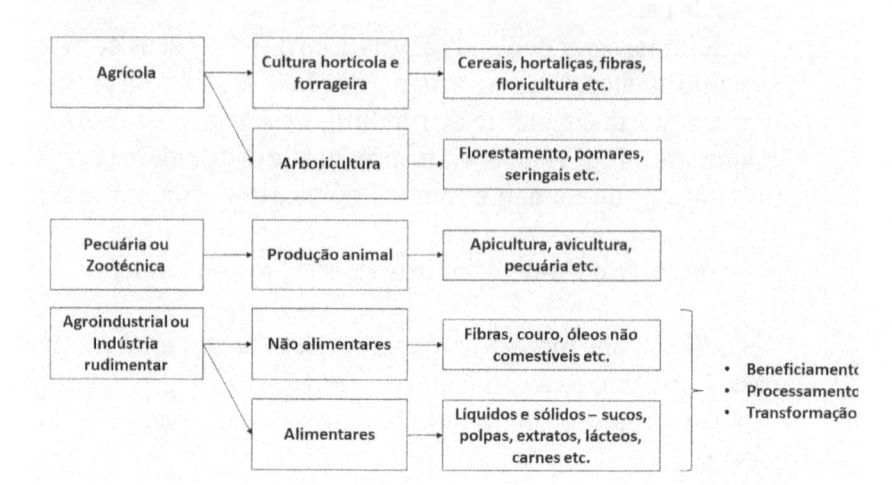

Esquema didático das atividades rurais e agroindustriais

Agrícola	Cultura hortícola e forrageira	Cereais, hortaliças, fibras, floricultura etc.	
	Arboricultura	Florestamento, pomares, seringais etc.	
Pecuária ou Zootécnica	Produção animal	Apicultura, avicultura, pecuária etc.	
Agroindustrial ou Indústria rudimentar	Não alimentares	Fibras, couro, óleos não comestíveis etc.	• Beneficiamento • Processamento • Transformação
	Alimentares	Líquidos e sólidos – sucos, polpas, extratos, lácteos, carnes etc.	

Fonte: Adaptado de Marion, 2021.

Na atividade agroindustrial, temos 3 segmentos, que, adaptados de Oliveira (2008), são:

- **Beneficiamento:** tratamento dados aos produtos sem alterar suas características *in natura*, por exemplo: arroz, batata, frutas.
- **Processamento:** são tratamentos dados aos produtos melhorando sua qualidade e facilitando seu uso e durabilidade, por exemplo: pasteurização, pré-cozimento, produtos cortados e/ou descascados, pré-lavados.
- **Transformação:** obtenção de novos produtos com base em produtos in natura, por exemplo, queijos, bebidas destiladas, carnes processadas como embutidos, calçados em couro etc.

Notem que a Instrução Normativa da Secretaria da Receita Federal nº 83/2001 que dispõe sobre a tributação dos resultados da atividade rural das pessoas físicas, nos dá uma complementação da definição de atividade rural por meio de seu art. 2º, que insere algumas atividades de industrialização que, porém, por suas características ainda são consideradas como atividades rurais:

[...]

Art. 2º (IN SRF 83/01) Considera-se atividade rural:

I - a agricultura;

II - a pecuária;

III - a extração e a exploração vegetal e animal;

IV - a exploração de atividades zootécnicas, tais como apicultura, avicultura, cunicultura, suinocultura, sericicultura, piscicultura e outras culturas de pequenos animais;

V - a atividade de captura de pescado in natura, desde que a exploração se faça com apetrechos semelhantes aos da pesca artesanal (arrastões de praia, rede de cerca etc.), inclusive a exploração em regime de parceria;

VI - a transformação de produtos decorrentes da atividade rural, sem que sejam alteradas as características do produto in natura, feita pelo próprio agricultor ou criador, com equipamentos e utensílios usualmente empregados nas atividades rurais, utilizando exclusivamente matéria-prima produzida na área rural explorada, tais como:

a) beneficiamento de produtos agrícolas:
    1. descasque de arroz e de outros produtos semelhantes;
    2. debulha de milho;
    3. conservas de frutas;

b) transformação de produtos agrícolas:
    1. moagem de trigo e de milho;
    2. moagem de cana-de-açúcar para produção de açúcar mascavo, melado, rapadura;
    3. grãos em farinha ou farelo;

c) transformação de produtos zootécnicos:
    1. produção de mel acondicionado em embalagem de apresentação;
    2. laticínio (pasteurização e acondicionamento de leite; transformação de leite em queijo, manteiga e requeijão);
    3. produção de sucos de frutas acondicionados em embalagem de apresentação;
    4. produção de adubos orgânicos;

d) transformação de produtos florestais:
    1. produção de carvão vegetal;
    2. produção de lenha com árvores da propriedade rural;
    3. venda de pinheiros e madeira de árvores plantadas na propriedade rural;

e) produção de embriões de rebanho em geral, alevinos e girinos, em propriedade rural, independentemente de sua destinação (reprodução ou comercialização).
[...]

Importante também elencar o que **NÃO** é considerada atividade rural conforme art. 4º da mesma Instrução normativa. Notem que algumas definições podem fugir a lógica, e é aí que podemos errar na hora de tributar.

[...]
4º (IN SRF 83/01) Não se considera atividade rural:
I - a industrialização de produtos, tais como bebidas alcoólicas em geral, óleos essenciais, arroz beneficiado em máquinas industriais, fabricação de vinho com uvas ou frutas;
II - a comercialização de produtos rurais de terceiros e a compra e venda de rebanho com permanência em poder do contribuinte em prazo inferior a 52 dias, quando em regime de confinamento, ou 138 dias, nos demais casos;
III - o beneficiamento ou a industrialização de pescado in natura;
IV - o ganho auferido por proprietário de rebanho, entregue, mediante contrato por escrito, a outra parte contratante (simples possuidora do rebanho) para o fim específico de procriação, ainda que o rendimento seja predeterminado em número de animais;
V - as receitas provenientes do aluguel ou arrendamento de máquinas, equipamentos agrícolas e pastagens, e da prestação de serviços de transportes de produtos de terceiros;
VI - as receitas decorrentes da venda de recursos minerais extraídos de propriedade rural, tais como metal nobre, pedras preciosas, areia, aterro, pedreiras;
VII - as receitas de vendas de produtos agropecuários recebidos em herança ou doação, quando o herdeiro ou donatário não explore atividade rural;
VIII - as receitas financeiras de aplicações de recursos no período compreendido entre dois ciclos de produção;
IX - os valores dos prêmios ganhos a qualquer título pelos animais que participarem em concursos, competições, feiras e exposições;
X - os prêmios recebidos de entidades promotoras de competições hípicas pelos proprietários, criadores e profissionais do turfe;
XI - as receitas oriundas da exploração do turismo rural e de hotel fazenda.
[...]

9.5 A importância do agronegócio para a economia nacional

É inegável a participação da agricultura no crescimento do PIB brasileiro nas últimas décadas, tendo respondido por 24% da soma de toda a riqueza produzida e por mais da metade de tudo que foi exportado em 2023 pelo Brasil (Alvarenga, 2024).

Abaixo apresentamos a planilha com a representação do agronegócio no PIB brasileiro desde 1996, elaborado numa parceria do Centro de Estudos Avançados em Economia Aplicada (CEPEA), da Esalq/USP e da Confederação da Agricultura e Pecuária do Brasil (CNA), por onde é possível rapidamente termos a noção da importância do agronegócio no PIB brasileiro, além da participação das subdivisões insumos, agropecuária, indústria e serviços sobre esse total.

	Participação do agronegócio no PIB brasileiro a partir de 1996					
	PIB total (milhares de R$)	(A) Insumos	(B) Agropecuária	(C) Indústria	(D) Serviços	SOMA
1996	854.764	0,50%	4,10%	12,10%	18,10%	34,80%
1997	952.089	0,50%	3,90%	10,80%	16,10%	31,30%
1998	1.002.351	0,50%	3,90%	10,10%	15,20%	29,70%
1999	1.087.710	0,60%	4,00%	9,80%	14,90%	29,40%
2000	1.199.092	0,70%	3,90%	10,30%	15,60%	30,50%
2001	1.315.755	0,70%	4,40%	9,70%	15,20%	30,10%
2002	1.488.787	0,90%	5,10%	9,40%	14,70%	30,10%
2003	1.717.950	1,20%	5,80%	9,00%	14,40%	30,40%
2004	1.957.751	1,30%	5,10%	8,40%	12,80%	27,50%
2005	2.170.585	1,00%	4,00%	7,90%	11,60%	24,40%
2006	2.409.450	0,80%	4,30%	7,40%	10,90%	23,40%
2007	2.720.263	0,90%	4,30%	6,90%	10,60%	22,70%
2008	3.109.803	1,10%	4,50%	6,50%	10,40%	22,60%

Participação do agronegócio no PIB brasileiro a partir de 1996						
	PIB total (milhares de R$)	(A) Insumos	(B) Agropecuária	(C) Indústria	(D) Serviços	SOMA
2009	3.333.039	0,90%	3,80%	6,50%	10,10%	21,30%
2010	3.885.847	0,80%	4,30%	6,20%	10,10%	21,50%
2011	4.376.382	0,90%	4,80%	5,70%	9,30%	20,70%
2012	4.814.760	0,90%	4,20%	5,40%	8,60%	19,10%
2013	5.331.619	0,90%	4,20%	5,20%	8,40%	18,70%
2014	5.778.953	0,80%	4,20%	5,10%	8,50%	18,60%
2015	5.995.787	0,90%	4,30%	5,50%	9,30%	20,00%
2016	6.262.328	0,90%	5,00%	5,90%	10,20%	22,00%
2017	6.584.479	0,80%	4,50%	5,60%	9,60%	20,50%
2018	7.004.141	0,90%	4,30%	5,60%	9,30%	20,00%
2019	7.389.131	1,00%	4,40%	5,60%	9,50%	20,50%
2020	7.607.597	1,10%	7,00%	6,20%	11,60%	25,90%
2021	9.012.142	1,50%	7,80%	5,90%	11,40%	26,60%
2022	10.079.677	1,80%	6,80%	5,90%	10,80%	25,30%
2023	10.856.112	1,40%	6,70%	5,60%	10,40%	24,00%
2024*	11.407.643	1,10%	5,70%	5,20%	9,50%	21,50%

Fonte: Cepea/Esalq-USP/CNA[49].

É importante salientar que a metodologia de cálculo do PIB do agronegócio usada nessa planilha do Cepea/Esalq-USP/CNA considera:

a. suas atividades típicas, que produzem exclusivamente produtos agropecuários (agropecuária) ou utilizam exclusivamente

---

49 Adaptada pelo autor de: https://www.cepea.esalq.usp.br/upload/kceditor/files/Planilha_PIB_Cepea_Portugues_Site(5).xlsx.

esses produtos como matérias primas para produzirem seus derivados (agroindústria). No caso da cadeia do leite, os PIBs da agropecuária e da agroindústria de lácteos entram em suas totalidades no PIB do agronegócio.

b. aquelas atividades industriais que usam como matérias primas tanto produtos agropecuários como não agropecuários. Por exemplo, a atividade agropecuária de produção de madeira tem seu PIB totalmente incluído no PIB do agronegócio; já a atividade produtora de móveis terá apenas a parte do PIB correspondente à produção de móveis de madeira incluída no PIB do agronegócio. Tanto a indústria de lácteos como de móveis compõem o agronegócio, mas esta última o faz apenas parcialmente.

c. do lado dos insumos agropecuários, faz-se o mesmo: fazem parte do agronegócio apenas as parcelas dos PIBs dos setores que produzem combustíveis, produtos químicos e veterinários, máquinas e equipamentos, etc., correspondentes à proporção das vendas feitas à agropecuária.

d. quanto aos serviços (transporte, armazenamento, comércio, assistência técnica, consultorias, e assim por diante) as partes de seus PIBs contabilizados para o agronegócio são estimadas em função das produções das atividades agropecuária e agroindustriais (inclusive de insumos) que os utilizam.

9.6 Desafios e oportunidades do agronegócio

Para efeito didático, achamos interessante separar o tópico de desafios e oportunidades do agronegócio em duas frentes distintas:

- As dificuldades e oportunidades do ponto de vista macro em relação à produção propriamente dita, que não é a tônica dessa obra, mas por ser importante na contextualização do momento vivido, vamos abordar apenas superficialmente;
- E, a seguir, os desafios e oportunidades considerando a Reforma Tributária.

9.6.1 Desafios e oportunidades do agronegócio em relação à produção

As projeções observadas por meio de modelos matemáticos feitos a partir de 2020 mostravam números otimistas para o decênio que se iniciava considerando a produção do agronegócio brasileiro, mesmo passando pela pandemia da COVID-19, inclusive revelando que o Brasil teria o melhor desempenho entre os grandes produtores e consumidores de alimentos do mundo e que apresentaria os melhores resultados em comparação com Índia, Argentina, Rússia, Australia, Estados Unidos e Ásia.

Entretanto, após esses estudos (que são recentes) vimos (e sentimos) mudanças drásticas, rápidas e impactantes que possivelmente afetarão o cenário que está porvir, como, por exemplo:

- O impacto das violentas mudanças climáticas no planeta inclusive no Brasil com praticamente a destruição pelas chuvas do estado do Rio Grande do Sul, importantíssimo protagonista do agronegócio brasileiro e as secas extremas no Sudeste e Centro-Oeste poucas vezes antes experimentadas nessa intensidade, que além do problema causado nas culturas agrícolas por si só, ainda propicia queimadas que estão destruindo importantes áreas do cerrado e da floresta amazônica. Vivemos ainda oscilação drástica das temperaturas e das marés. São cenários que já estão em discussão a décadas envolvendo cientistas, governos e sociedade, nos alertando sobre o problema, mas que agora tudo indica chegou e está na nossa porta.
- As incertezas causadas na geopolítica e mercados mundiais envolvendo atores importantes no setor da produção agrícola mundial.
- Oscilações do dólar, taxa Selic, inflação, Reforma Tributária etc.

Trata-se de um cenário que ainda está em plena avaliação de impactos, entretanto, o setor do agronegócio e o governo terão que criar estratégias e financiamentos para adaptação a esse novo ambiente que se vislumbra e podendo até aproveitar o momento para trabalhar fortemente pesquisas e práticas para a solução desses numerosos problemas/oportunidades ambientais, mitigando os efeitos negativos dessas mudanças, promovendo a diversificação de culturas, o uso de práticas agrícolas sustentáveis (sem desmatamento, sem uso de combustíveis fósseis, uso responsável de fertilizantes e agrotóxicos etc.), fortalecimento da biodiversidade por meio do fornecimento de serviços ambientais e ecossistêmicos, produção tecnológica de biomateriais e química verde, insumos biológicos por meio de biofábricas e no sequestro de carbono da atmosfera, entre outras diversas iniciativas incluindo a capacitação dos agricultores, por exemplo.

10.
Formas jurídicas do agronegócio

Em relação ao novo Código Civil, aprovado pela Lei nº 10.406/02, todo aquele que exerce profissionalmente uma atividade econômica organizada para a produção e circulação de bens e serviços é definido como empresário. No caso de ser uma atividade rural, temos então o empresário rural.

    A exploração da atividade rural no Brasil ocorre tanto por meio da pessoa física quanto por meio da pessoa jurídica. A legislação brasileira dá um tratamento diferenciado ao produtor rural seja pessoa física, seja pessoa jurídica, O uso da pessoa física – empresário rural autônomo ou individual, é dominante no agronegócio em função de haver menos rigor formal e regra comum dependendo da atividade exercida é a melhor opção. Para grandes operações, a exploração por pessoa jurídica é a mais aconselhável. Porém, a melhor opção deve ser avaliada criteriosamente com base no detalhamento das atividades e atores envolvidos. Por exemplo, quando o trabalhador rural trabalha em campos arrendados, importante parte de sua produção vai para o pagamento do proprietário das terras e o que sobrar será sua remuneração. Dependendo dos valores envolvidos, esse produtor poderá estar isento do pagamento do imposto de renda o que viabiliza o cumprimento das obrigações tributárias como pessoa física. A legislação fiscal permite que se tribute apenas 20% da receita auferida e sobre esse valor aplique-se a alíquota da tabela progressiva. A carga costuma ficar entre 4% e 6% da receita bruta. Já o arrendador, arca com uma carga tributária de até 27,5% sobre a receita bruta. Neste caso, atual como pessoa jurídica é mais indicado já que o valor recebido será considerado receita da empresa, com uma carga tributária entre 11% e 15% (Planned, 2024).

Resumidamente, o empresário rural conforme o Código Civil pode exercer suas atividades nas seguintes formas jurídicas (Marion, 2021):

- Autônomo, sem registro na Junta Comercial;
- Empresário individual quando inscrito na Junta Comercial;
- Sociedade empresária, inscrita na Junta Comercial (na forma por exemplo de sociedade limitada ou sociedade anônima, entre outras).

10.1 Formas de associação

Conforme prevista na Lei nº 4.504/64[50] alterada pela Lei nº 11.443/07, temos:

> Art. 92. (Lei nº 4.504/64) A posse ou uso temporário da terra serão exercidos em virtude de contrato expresso ou tácito, estabelecido entre o proprietário e os que nela exercem atividade agrícola ou pecuária, sob forma de **arrendamento rural, de parceria agrícola, pecuária, agroindustrial e extrativa**, nos termos desta lei (grifo nosso).

Para explicarmos os tipos de associação na atividade rural, temos que diferenciar essas duas personalidades distintas citadas, que ocorrem com frequência nessa atividade: a figura do proprietário e a figura do que exerce a atividade que podemos nomear de investidor.

Primeiramente, a figura do proprietário correspondente ao capital fundiário com a terra, as edificações rurais e suas benfeitorias, melhoramentos da terra, cultura permanente e pastos, ou seja, todos os recursos fixados e vinculados a terra e que dela não podem ser separados (Marion, 2021).

Em seguida, a figura do investidor correspondente ao capital de exercício com os bens permanentes de longo prazo necessários à produção, como equipamentos, gados para reprodução etc., ou

---

50 Trata-se do Estatuto da Terra.

circulantes ou de giro de curto prazo, como recursos financeiros etc., administrando o próprio negócio (Marion, 2021).

A partir dessas duas personalidades complementadas pelo restante dos itens da Instrução Normativa RFB nº 2.110/2022 (simplificada e adaptada pelo autor), que dispõe sobre normas gerais de tributação previdenciária e de arrecadação das contribuições sociais, por meio do art. 146, podemos considerar as seguintes configurações de associação:

10.1.1 Produtor rural

I - É a pessoa física ou jurídica, proprietária ou não, que desenvolve, em área urbana ou rural, atividade agropecuária, pesqueira ou silvicultural, bem como a extração de produtos primários, vegetais ou animais, em caráter permanente ou temporário, diretamente ou por intermédio de prepostos, sendo:

a. **Produtor rural pessoa física**

Podemos dividir essa categoria em 2 modalidades: a primeira 100% pessoa física, em que a propriedade bem os registros de movimentação financeira ocorrem em seu CPF e são lançados em seu livro caixa, de onde se apura o resultado final real (todas as receitas menos todas as despesas). Essa é uma técnica conhecida por regime de apuração do lucro e é apurada por meio do regime de caixa.

Essa modalidade possibilidade uma série de benefícios fiscais e representa a grande maioria dos produtores rurais do Brasil.

Há ainda uma segunda modalidade de produto rural pessoa física, em que os lançamentos contábeis permanecem na pessoa física (CPF), mas a propriedade está numa pessoa jurídica, por exemplo, por meio de uma *holding* rural. É uma modalidade que vem crescendo no Brasil, como uma medida de proteção patrimonial e com vistas ao planejamento sucessório. Hoje representa cerca de 10% dos produtores rurais do Brasil.

Ambas as modalidades citadas têm outros 2 enquadramentos:
1. É **segurado especial** a pessoa física, residente no imóvel rural ou em aglomerado urbano ou rural próximo a ele que,

individualmente ou em regime de economia familiar, seja proprietário, usufrutuário, possuidor, assentado, parceiro ou meeiro outorgados, comodatário ou arrendatário que explora atividade agropecuária, em área de até 4 (quatro) módulos fiscais; ou quando em área igual ou inferior a 4 (quatro) módulos fiscais ou atividade seringueira ou pesqueira artesanal, sem auxílio de empregados permanentes.

Poderá utilizar-se de empregados contratados por prazo, em épocas de safra, à razão de no máximo 120 (cento e vinte) pessoas/dia no ano civil, em períodos corridos ou intercalados ou, ainda, por tempo equivalente em horas de trabalho (Senar, 2024).

Vale notar a Instrução Normativa do INSS nº 128/2022, que disciplina as regras, procedimentos e rotinas necessárias à efetiva aplicação das normas de direito previdenciário também traz uma definição de segurado especial que explora outras premissas:

> Art. 110. (IN INSS 128/22) Para efeitos do enquadramento como **segurado especial**, considera-se produtor rural o proprietário, condômino, usufrutuário, posseiro/possuidor, assentado, parceiro, meeiro, comodatário, arrendatário rural, quilombola, seringueiro, extrativista vegetal ou foreiro, que reside em imóvel rural, ou em aglomerado urbano ou rural próximo, e desenvolve atividade agrícola, pastoril ou hortifrutigranjeira, individualmente ou em regime de economia familiar [...][51]

Destacamos o art. 110 como exemplo, mas há outras regras, como dos artigos 109 a 112, que direcionam mais detalhadamente o enquadramento ou não como segurado especial.

Tomamos esse exemplo de segurado especial, para evidenciar que há nuances na legislação que podem suscitar dúvidas quanto ao enquadramento, entretanto, por se tratar de tema iminentemente jurídico, não faz parte da nossa abordagem esse aprofundamento, mas que na prática requerem avaliação,

---

51 A definição dos elementos encontra-se no Glossário.

pesquisa e provável consulta a tributaristas quando conflitos surgirem.

2. É **contribuinte individual** a pessoa física, proprietária ou não, que desenvolve em área urbana ou rural que explora atividade agropecuária (agrícola, pastoril ou hortifrutigranjeira), em caráter permanente ou temporário, , em área superior a 4 (quatro) módulos fiscais[52]; ou quando em área igual ou inferior a 4 (quatro) módulos fiscais ou atividade pesqueira, com auxílio de empregados permanentes ou por intermédio de prepostos (Senar, 2024).

Esquema: produtor rural pessoa física

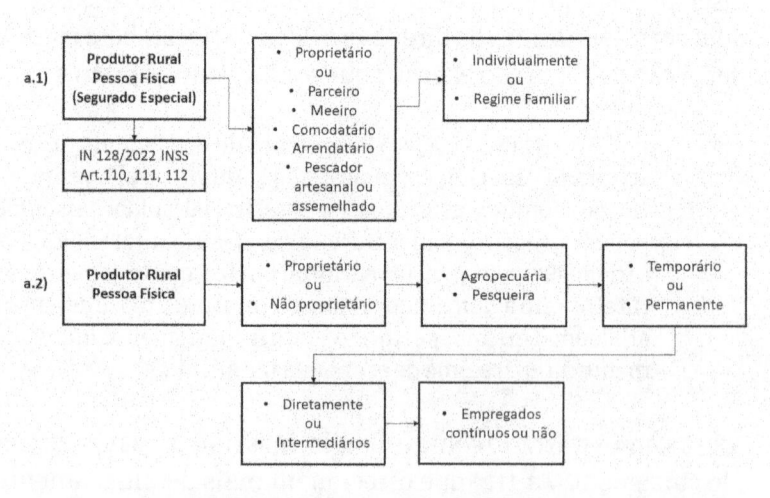

a.1)	Produtor Rural Pessoa Física (Segurado Especial)	• Proprietário ou • Parceiro • Meeiro • Comodatário • Arrendatário • Pescador artesanal ou assemelhado	• Individualmente ou • Regime Familiar
	IN 128/2022 INSS Art.110, 111, 112		

a.2)	Produtor Rural Pessoa Física	• Proprietário ou • Não proprietário	• Agropecuária • Pesqueira	• Temporário ou • Permanente
		• Diretamente ou • Intermediários	• Empregados contínuos ou não	

Fonte: Elaborada pelo autor, 2024.

Basicamente os tributos pagos pelo produtor rural pessoas física são:

- ITR (Imposto sobre a Propriedade Rural).
- ICMS.

---

52 Varia entre 5 e 110 hectares, sendo fixada por cada município. Lei n° 6.746, de 10 de dezembro de 1979.

- FUNRURAL (Fundo de Assistência ao Trabalhador Rural).
- IRPF (Imposto de Renda Pessoa Física).

b. **Produtor rural pessoa jurídica:**
Nessa terceira modalidade temos poucos participantes, somente grandes empreendimentos, pois requerem uma estrutura contábil, jurídica e administrativa profissional. Além disso, deixa de contar com benefícios que são destinados apenas as pessoas físicas.

    1. O **empregador rural** que, constituído sob a forma de empresário individual, ou sociedade empresária, tem como fim apenas a atividade de produção rural [...]

    2. A **agroindústria** que desenvolve as atividades de produção rural e de industrialização da produção rural própria ou da produção rural própria e da adquirida de terceiros [...]

Basicamente os tributos pagos pelo produtor rural pessoas jurídica são os mesmos que incidem sobre a física:

- ITR (Imposto sobre a Propriedade Rural).
- ICMS.
- FUNRURAL (Fundo de Assistência ao Trabalhador Rural).

Acrescidos de:

- PIS/COFINS.
- CSLL.
- IRPJ.

10.1.1.1 CNPJ rural[53]

O CNPJ rural é o Cadastro Nacional de Pessoa Jurídica realizado por pessoa física na Junta Comercial do estado com a classificação em empresa rural. Somente no estado de São Paulo o produtor rural é obrigado a retirar o CNPJ rural, ao menos por enquanto. O CNPJ rural substitui a Decap (Declaração Cadastral de Produtor).

---

53 Disponível em: https://blog.aegro.com.br/cnpj-rural/.

O objetivo da inscrição do produtor rural no CNPJ em São Paulo é além de possibilitar a emissão da NF-e, estar no cadastro sincronizado com a Secretaria da Receita Federal. Importante frisar que o produtor rural não perde a condição de pessoa física, ou seja,

Essa medida visa também facilitar e agilizar agilidade o preenchimento de formulários sem a necessidade de deslocamento até os postos fiscais. Além disso, ele pode emitir conjuntamente o número de CNPJ e de uma inscrição estadual.

Para fazer a inscrição, o produtor deve inscrever ou atualizar sua empresa no cadastro de contribuintes do ICMS.

Não estão abrangidos na obrigação a pessoa que:

- Faça uso do imóvel rural para **fins recreativos**;
- Explore o imóvel rural com atividades cuja produção seja destinada ao próprio consumo;
- Comercialize produtos agropecuários produzidos por terceiros ou recebidos em transferência de estabelecimento localizado em outra unidade da Federação;
- Promova a compra e venda de bovino ou bufalino, desde que os animais permaneçam em seu poder por prazo inferior a 52 (cinquenta e dois) dias, quando em regime de confinamento, ou 138 (cento e trinta e oito) dias, nos demais casos.

10.1.2 Parceria rural

XI - É o contrato agrário pelo qual uma pessoa se obriga a ceder a outra, por tempo determinado ou não, o uso específico de imóvel rural, de parte ou partes dele, incluindo benfeitorias, outros bens ou facilidades, caso haja, com o objetivo de nele ser exercida atividade de exploração agrícola, pecuária, agroindustrial, extrativa vegetal ou mista ou a entregar animais para cria, recria, invernagem, engorda ou extração de matérias-primas de origem animal, mediante partilha, de forma isolada ou cumulativa, dos seguintes riscos:

a) caso fortuito e de força maior do empreendimento rural; (Incluído[a] pelo[a] Instrução Normativa RFB nº 2.185, de 5 de abril de 2024).

b) dos frutos, produtos ou lucros havidos nas proporções que estipularem, observados os limites percentuais estabelecidos no inciso VI do *caput* do art. 96 da Lei nº 4.504/64; (Incluído(a) pelo(a) Instrução Normativa RFB nº 2.185/24).

c) das variações de preço dos frutos obtidos na exploração do empreendimento rural. (Incluído(a) pelo(a) Instrução Normativa RFB nº 2.185/24).

Complementando com o Estatuto da Terra, temos:

> [...]
> § 1º (Estatuto da Terra – Lei nº 4.504/64) Parceria rural é o contrato agrário pelo qual uma pessoa se obriga a ceder à outra, por tempo determinado ou não, o uso específico de imóvel rural, de parte ou partes dele, incluindo, ou não, benfeitorias, outros bens e/ou facilidades, com o objetivo de nele ser exercida atividade de exploração agrícola, pecuária, agroindustrial, extrativa vegetal ou mista; e/ou lhe entrega animais para cria, recria, invernagem, engorda ou extração de matérias-primas de origem animal, mediante partilha, isolada ou cumulativamente, dos seguintes riscos:
> I – Caso fortuito e de força maior do empreendimento rural;
> II - dos frutos, produtos ou lucros havidos nas proporções que estipularem, observados os limites percentuais estabelecidos no inciso VI do *caput* deste artigo;
> III – variações de preço dos frutos obtidos na exploração do empreendimento rural.
> § 2º As partes contratantes poderão estabelecer a prefixação, em quantidade ou volume, do montante da participação do proprietário, desde que, ao final do contrato, seja realizado o ajustamento do percentual pertencente ao proprietário, de acordo com a produção.
> § 3º Eventual adiantamento do montante prefixado não descaracteriza o contrato de parceria.[...]

Essa possibilidade de partilha isolada de riscos aliada a prefixação de volumes ou quantidades tornou mais realista os riscos efetivamente assumidos por cada um dos parceiros e com isso possibilitar uma partilha mais justa.

O Estatuto da Terra também fixa os percentuais de participação do proprietário entre 20% e 75%[54].

Tal associação costuma ser mais vantajosa do ponto de vista tributário que o arrendamento, principalmente em relação ao imposto de renda, entretanto, cada caso deve ser avaliado individualmente.

10.1.3 Arrendamento rural

XV - É o contrato pelo qual uma pessoa se obriga a ceder a outra, por tempo determinado ou não, o uso e o gozo de imóvel rural, de parte ou de partes de imóvel rural, incluindo ou não outros bens e outras benfeitorias, ou embarcação, com o objetivo de nele exercer atividade de exploração agropecuária ou pesqueira mediante certa retribuição ou aluguel;

Complementando o previsto no Estatuto da Terra; no qual se estabelece que uma parte é obrigada a ceder a outra para uso e gozo um meio agrícola para exploração sem sofrer intervenções e no prazo estabelecido em contrato. O prazo máximo pode ser determinado ou indeterminado, devendo ser obedecido, conforme Decreto 59.566/1966 e o Estatuto da Terra, mas, os prazos mínimos são determinados, podendo ser prorrogados, conforme a seguir:

> Art. 13. (Decreto nº 59.566/66) Nos contratos agrários, qualquer que seja a sua forma [...]
> [...]
> II - [...]:
> a) prazos mínimos, [...]:
> - de 3 (três), anos nos casos de arrendamento em que ocorra atividade de exploração de lavoura temporária e ou de pecuária de pequeno e médio porte; ou em todos os casos de parceria;
> - de 5 (cinco), anos nos casos de arrendamento em que ocorra atividade de exploração de lavoura permanente e ou de pecuária de grande porte para cria, recria, engorda ou extração de matérias primas de origem animal;

---

54 Há tramitando na Câmara dos Deputados desde 2020 uma proposta de Projeto de Lei nº 3.097/20, que visa a alterar algumas regras dos contratos de parceria agrícola inclusive com relação aos percentuais de participação dos parceiros.

– de 7 (sete), anos nos casos em que ocorra atividade de exploração florestal;
[...]
Art. 21. Presume-se contratado pelo prazo mínimo de 3 (três) anos, o arrendamento por tempo indeterminado

§ 1º Os prazos de arrendamento terminarão sempre depois de ultimada a colheita, inclusive a de plantas forrageiras cultiváveis, após a parição dos rebanhos ou depois da safra de animais de abate. Em caso de retardamento da colheita por motivo de força maior esses prazos ficarão automaticamente prorrogados até o final da colheita (art. 95, I, do Estatuto da Terra).

§ 2º Entende-se por safra de animais de abate, o período oficialmente determinado para a matança, ou o adotado pelos usos e costumes da região.

§ 3º O arrendamento que, no curso do contrato, pretender iniciar nova cultura cujos frutos não possam ser colhidos antes de terminado o prazo contratual, deverá ajustar, previamente, com o arrendador, a forma de pagamento do uso da terra por esse prazo excedente
[...]

E ainda, conforme art. 93 do Estatuto da Terra é proibido exigir do arrendatário ou parceiro:

- Prestação de serviço gratuito;
- Exclusividade da venda da colheita;
- Obrigatoriedade de beneficiamento da produção em seu estabelecimento;
- Obrigatoriedade da aquisição de gêneros e utilidades em seus armazéns ou barracões;
- Aceitação de pagamentos em "ordens", "vales", "borós"[55] ou outras formas regionais substitutivas da moeda.

O arrendamento agrário deve ser contratado em preço fixo e em dinheiro, não sendo permitido usar parte de produtos e frutos como valor do arrendamento agrário. Entretanto, esses podem ser con-

---

55 Borós. Final dos anos 60 e décadas de 70, em Lagoa da Prata e região (MG), um poderoso fazendeiro, Luciano, fazia circular em seus domínios um **papel-moeda** chamado de "borós". Pelo corte do canavial, os lavradores recebiam 100 borós por semana.

vertidos em dinheiro, conforme o preço de mercado nunca inferior ao preço mínimo oficial e nunca superior a 15% do valor cadastral do imóvel, incluída as benfeitorias que entrarem na composição do contrato, salvo se o arrendamento for parcial e recair apenas em glebas selecionadas para fins de exploração intensiva de alta rentabilidade, caso em que a remuneração poderá ir até o limite de 30% (redação dada pela Lei nº 11.443/07).

10.1.3.1 Contrato de arrendamento de terras públicas[56]

Em regra, um imóvel pertencente ao Poder Público não pode ser objeto de arrendamento ou parceria rural, porém, o Estatuto da Terra define algumas exceções em que esse tipo de contrato é permitido:

- Por razões de segurança nacional;
- Quando áreas de núcleos de colonização pioneira, na sua fase de implantação, forem organizadas para fins de demonstração;
- Quando houver posse pacífica e a justo título, reconhecida pelo Poder Público antes da vigência do Estatuto da Terra.

10.1.4 Comodato rural

XVII - É o empréstimo gratuito de imóvel rural, de parte ou de partes de imóvel rural, incluindo ou não outros bens e outras benfeitorias, ou embarcação, com o objetivo de nele ser exercida atividade agropecuária ou pesqueira.

10.1.5 Consórcio simplificado de produtores rurais

XIX - É a união de produtores rurais pessoas físicas que, mediante documento registrado em cartório de títulos e documentos, outorga a um deles poderes para contratar, gerir e demitir trabalhador para a exclusiva prestação de serviços aos integrantes desse consórcio, observado que:

---

56 Disponível em: https://www.projuris.com.br/blog/contratos-no-agronegocio/.

a) a formalização do consórcio ocorre por meio de documento registrado em cartório de títulos e documentos, que deverá conter a identificação de cada produtor rural pessoa física, seu endereço pessoal e o de sua propriedade rural, bem como o respectivo registro no Incra ou informações relativas à parceria, à meação, ao comodato ou ao arrendamento e à matrícula de cada um dos produtores rurais [...]

b) o consórcio simplificado de produtores rurais equipara-se ao empregador rural pessoa física.

10.1.6 Cooperativa de produção rural

XX- É a sociedade de produtores rurais pessoas físicas, ou de produtores rurais pessoas físicas e pessoas jurídicas que, organizada na forma da lei, constitui-se em pessoa jurídica com o objetivo de produzir e industrializar, ou de produzir e comercializar, ou de produzir, industrializar e comercializar a sua produção rural.

10.1.7 Cooperativa de produtores rurais

XXI- É a sociedade organizada por produtores rurais pessoas físicas ou por produtores rurais pessoas físicas e pessoas jurídicas, com o objetivo de comercializar, de industrializar ou de industrializar e comercializar a produção rural dos cooperados.

10.1.8 Proprietário investidor

Esse caso não se trata de uma associação, pois ocorre na junção das duas personalidades elencadas, ou seja, o capital fundiário e de exercício provém da mesma pessoa. Em outras palavras, o proprietário da terra é também é possuidor dos equipamentos e insumos e administra o próprio negócio.

10.1.9 Condomínio

É um tipo de propriedade comum ou copropriedade, em que os proprietários compartilham dos riscos e resultados, da mesma forma que a parceria de acordo com sua proporção estabelecida no condomínio.

10.2 Diferenças entre parceria e arrendamento no âmbito da tributação

Vimos que ambos são contratos agrários, reconhecidos em lei, para posse e uso temporário da terra estabelecidos entre o proprietário e o investidor. As diferenças básicas é de que na parceria é possível partilhar os riscos do empreendimento na partilha dos resultados, conforme limites estabelecidos em lei. Já no arrendamento o proprietário irá transferir a utilização do imóvel para o arrendatário sem considerar os riscos envolvidos na formação da remuneração do arrendador.

Também a legislação do imposto de renda institui a tributação dos proventos de pessoas físicas e jurídicas provenientes de atividades rurais, sendo o cálculo e pagamento feitos separadamente na proporção dos rendimentos de cada um, considerando os arrendatários, proprietários e parceiros. Já o arrendador que recebe apenas um valor (como uma espécie de aluguel), irá prestar contas apenas por esse valor recebido e não é considerado produtor rural.

11.
O agronegócio e a Reforma Tributária

Focando o agronegócio e pensando em um caminho para teorizar os possíveis impactos causados ao setor pela Reforma Tributária resolvemos selecionar as disposições previamente existentes explicitadas na CF/88 sobre esse setor e compará-las com as proposições da LC nº 214/25.

Podemos partir pelo capítulo III da CF/88, que trata "Da Política Agrícola e Fundiária e da Reforma Agrária" composta pelos artigos entre 184 e 191, selecionando o art. 185 e o art. 187:

> Art. 185. (CF/88) São insuscetíveis de desapropriação para fins de reforma agrária:
> I - A pequena e média propriedade rural, assim definida em lei, desde que seu proprietário não possua outra;
> **II - A propriedade produtiva.**
> Parágrafo único. A lei garantirá tratamento especial à propriedade produtiva e fixará normas para o cumprimento dos requisitos relativos a sua função social.
> [...]
> Art. 187. A política agrícola será planejada e executada na forma da lei, com a participação efetiva do setor de produção, envolvendo produtores e trabalhadores rurais, bem como dos setores de comercialização, de armazenamento e de transportes, levando em conta, especialmente:
> **I - Os instrumentos creditícios e fiscais;**
> II - Os preços compatíveis com os custos de produção e a garantia de comercialização;

III - O incentivo à pesquisa e à tecnologia;
IV - A assistência técnica e extensão rural;
V - O seguro agrícola;
VI - O cooperativismo;
VII - A eletrificação rural e irrigação;
VIII - A habitação para o trabalhador rural.
§ 1º Incluem-se no planejamento agrícola as atividades agroindustriais, agropecuárias, pesqueiras e florestais.
§ 2º Serão compatibilizadas as ações de política agrícola e de reforma agrária.

Notem que, para não ser desapropriada, a propriedade deve se manter produtiva (art. 185 II) e, para tanto, pode depender de instrumentos creditícios e fiscais (art. 187 I). Aliás, esse último citado traz implicitamente alguns fatores como o acesso a instrumentos de crédito rural, de seguro rural e principalmente o plano Safra, além de benefícios fiscais.

Na sequência, um dispositivo específico ao setor é o que trata do ITR:

> Art. 153. (CF/88) Compete à União instituir impostos sobre:
> [...]
> VI - Propriedade territorial rural;
> [...]
> § 4º O imposto previsto no inciso VI do *caput*:
> I - Será progressivo e terá suas alíquotas fixadas de forma a desestimular a manutenção de propriedades improdutivas;
> II - Não incidirá sobre pequenas glebas rurais, definidas em lei, quando as explore o proprietário que não possua outro imóvel;
> III - Será fiscalizado e cobrado pelos municípios que assim optarem, na forma da lei, desde que não implique redução do imposto ou qualquer outra forma de renúncia fiscal.

Trata-se de um tributo patrimonial e, portanto, não recebeu nenhuma mudança com a Reforma.

A seguir, um dispositivo que aplica a seletividade do ICMS em função da essencialidade das mercadorias e dos serviços:

11. O AGRONEGÓCIO E A REFORMA TRIBUTÁRIA

> Art. 155. (CF/88) Compete aos estados e ao Distrito Federal instituir impostos sobre:
> [...]
> II - Operações relativas à circulação de mercadorias e sobre prestações de serviços de transporte interestadual e intermunicipal e de comunicação, ainda que as operações e as prestações se iniciem no exterior;
> § 2º O imposto previsto no inciso II atenderá ao seguinte:
> III - poderá ser seletivo, em função da essencialidade das mercadorias e dos serviços;
> [...]

A LC nº 214/25 prevê:

- Art. 137 – 60% para produtos agropecuários, aquícolas, pesqueiros, florestais e extrativistas vegetais in natura.
- Art. 138 – 60% para os insumos agropecuários e aquícolas
- Art. 148 – redução a zero dos produtos hortícolas, frutas e ovos.
- Arts. 271 e 272 – redução a zero para sociedades cooperativas que optarem por regime específico.
- Art. 90 – a **suspensão** do pagamento na importação de bens materiais submetidos a esses regimes, conforme a legislação aduaneira. Regulamento específico discriminará os tipos de regimes aplicáveis e estabelecerá requisitos para admissão de bens e serviços no regime de *drawback* na modalidade de suspensão.
- Art. 79 – são **imunes** ao IBS e à CBS as exportações de bens e de serviços para o exterior [...] asseguradas ao exportador a apropriação e a utilização dos créditos relativos às operações.

A seguir, dispositivo específico tratando do PIS/COFINS:

> Art. 195. (CF/88) A seguridade :social será financiada por toda a sociedade, de forma direta e indireta, nos termos da lei, mediante recursos provenientes dos orçamentos da União, dos estados, do Distrito Federal e dos municípios, e das seguintes contribuições sociais.
> I - Do empregador, da empresa e da entidade a ela equiparada na forma da lei, incidentes sobre:

a) a folha de salários e demais rendimentos do trabalho pagos ou creditados, a qualquer título, à pessoa física que lhe preste serviço, mesmo sem vínculo empregatício,
b) a receita ou o faturamento;
[...]
§ 8º O produtor, o parceiro, o meeiro e o arrendatário rurais e o pescador artesanal, bem como os respectivos cônjuges, que exerçam suas atividades em regime de economia familiar, sem empregados permanentes, contribuirão para a seguridade social mediante a aplicação de uma alíquota sobre o resultado da comercialização da produção e farão jus aos benefícios nos termos da lei.
§ 9º As contribuições sociais previstas no inciso I do *caput* deste artigo poderão ter alíquotas diferenciadas em razão da atividade econômica, da utilização intensiva de mão de obra, do porte da empresa ou da condição estrutural do mercado de trabalho, sendo também autorizada a adoção de bases de cálculo diferenciadas apenas no caso das alíneas "b" e "c" do inciso I do *caput*.

Na Reforma Tributária serão substituídos pela CBS:

Art. 195. (CF/88)
[...] das seguintes contribuições sociais:
[...]
V - Sobre bens e serviços, nos termos de lei complementar *(CBS)*

As vendas destinadas diretamente ou indiretamente a **exportação**, incluindo as do agronegócio têm as seguintes características:

Imunidade e Isenção
o **Constituição Federal de 1988**

Art. 149
§ 2º As contribuições sociais e de intervenção no domínio econômico de que trata o *caput* deste artigo:
I - **Não incidirão sobre as receitas decorrentes de exportação;**
[...]

o   **Medida Provisória nº 2.158-35/2001**

Art. 14. Em relação aos fatos geradores ocorridos a partir de 1º de fevereiro de 1999, **são isentas da COFINS** as receitas:
II - Da **exportação** de mercadorias para o **exterior**;
VIII - De vendas realizadas pelo produtor-vendedor às empresas comerciais **exportadoras** nos termos [...], desde que destinadas ao fim específico de exportação para o exterior;
IX - De vendas, com fim específico de **exportação para o exterior**, a empresas exportadoras registradas na Secretaria de Comércio Exterior do Ministério do Desenvolvimento, Indústria e Comércio Exterior;
§ 1º São isentas da contribuição para o PIS/PASEP as receitas referidas nos incisos I a IX do *caput*.

o   **Lei nº 10.637/02**

Art. 5º A contribuição para o *PIS/PASEP* não incidirá sobre as receitas decorrentes das operações de:
I - **Exportação** de mercadorias para o exterior;
III - vendas a empresa comercial exportadora com o fim específico de **exportação**.
Art. 8º. Permanecem sujeitas às normas da legislação da contribuição para o *PIS/PASEP*, vigentes anteriormente a esta Lei, não se lhes aplicando as disposições dos arts. 1º ao 6º *(ou seja, não se aplica a não cumulatividade)*
II – As pessoas jurídicas tributadas pelo imposto de renda com base no lucro presumido ou arbitrado
III – As pessoas jurídicas optantes pelo Simples;
IV – As pessoas jurídicas imunes a impostos;
[...]

o   **Lei nº 10.833/03**

Art. 6º A *COFINS* não incidirá sobre as receitas decorrentes das operações de:
I - **Exportação** de mercadorias para o exterior;
III - vendas a empresa **comercial exportadora** com o fim específico de exportação.

Art. 10. Permanecem sujeitas às normas da legislação da *COFINS*, vigentes anteriormente a esta Lei, não se lhes aplicando as disposições dos arts. 1º ao 6º *(ou seja, não se aplica a não cumulatividade)*
II – As pessoas jurídicas tributadas pelo imposto de renda com base no lucro presumido ou arbitrado[57]
III – As pessoas jurídicas optantes pelo Simples;
IV – As pessoas jurídicas imunes a impostos;
[...]

Para a CBS que substituirá o PIS/COFINS é previsto na LC nº 214/15:

Art. 79. (LC nº 214/25) **São imunes ao IBS e à CBS as exportações de bens e de serviços para o exterior**, nos termos do art. 8º desta lei complementar, asseguradas ao exportador a apropriação e a utilização dos créditos relativos às operações nas quais seja adquirente de bem ou de serviço, observadas as vedações ao creditamento previstas nos arts. 49 e 51, as demais disposições dos arts. 47 e 52 a 57 desta lei complementar e o disposto neste capítulo.

Alíquota 0%
  o **Lei nº 10.925/04**[58]

Art. 1º. Ficam reduzidas a 0 (zero) as alíquotas da contribuição para o PIS/PASEP e da Contribuição para o Financiamento da Seguridade Social – COFINS incidentes na importação e sobre a receita bruta de venda no mercado interno de:
I - adubos ou fertilizantes e suas matérias-primas;
II - defensivos agropecuários e suas matérias-primas;
III - sementes e mudas destinadas à semeadura e plantio e produtos de natureza biológica utilizados em sua produção;
IV - corretivo de solo de origem mineral;
VI - inoculantes agrícolas produzidos a partir de bactérias fixadoras de nitrogênio;
IX - farinha, grumos e sêmolas, grãos esmagados ou em flocos, de milho;

---

[57] Não é por outra razão que muitas agropecuárias, por optarem pelo regime de tributação do lucro presumido para o IRPJ e CSLL, ficam submetidas à cumulatividade para o PIS (art. 8º, Lei nº 10.637/02) e COFINS (art. 10º, Lei nº 10.833/03).

[58] Disponível em: https://www.planalto.gov.br/ccivil_03/_Ato2004-2006/2004/Lei/L10.925.htm.

X - Pintos de 1 (um) dia;
XI - leite fluido pasteurizado ou industrializado, na forma de ultrapasteurizado, leite em pó, integral, semidesnatado ou desnatado, leite fermentado, bebidas e compostos lácteos e fórmulas infantis, assim definidas conforme previsão legal específica, destinados ao consumo humano ou utilizados na industrialização de produtos que se destinam ao consumo humano;
XII - Queijos tipo mozarela, minas, prato, queijo de coalho, ricota, requeijão, queijo provolone, queijo parmesão, queijo fresco não maturado e queijo do reino;
XIII - soro de leite fluido a ser empregado na industrialização de produtos destinados ao consumo humano.
XIV - farinha de trigo;
XV - trigo;
XVI - pré-misturas próprias para fabricação de pão comum e pão comum;
XVIII - massas alimentícias;
XIX - carnes bovina, suína, ovina, caprina e de aves e produtos de origem animal;
XX - peixes;
XXI - café;
XXII - açúcar;
XXIII - óleo de soja;
XXIV - manteiga;
XXV - margarina;
XXVI - sabões de toucador;
XXVII - produtos para higiene bucal ou dentária;
XXVIII - papel higiênico.

Comparando-se os itens apresentados na Lei nº 10.925/04 com os Anexos I, VII e IX da LC nº 214/25, poderemos ver que a grande maioria deles se repetem com alíquota zero, outros com redução de 60% e alguns que sequer aparecem nos anexos. Entretanto, os anexos contemplam muito mais itens do que os da referida lei.

Suspensão
- **Lei nº 11.727/08 (cana-de-açúcar)**

> Art. 11. Fica suspenso o pagamento da contribuição para o PIS/PASEP e da COFINS na venda de cana-de-açúcar [...]

> § 1º É vedado à pessoa jurídica vendedora de cana-de-açúcar o aproveitamento de créditos vinculados à receita de venda efetuada com suspensão na forma do *caput* deste artigo.
> § 2º Não se aplicam as disposições deste artigo no caso de venda de cana-de-açúcar para pessoa jurídica que apura as contribuições no regime de cumulatividade.

- **Lei nº 11.727/08 (laranja)**

> Art. 14. Fica suspenso o pagamento da contribuição para o PIS/PASEP e da COFINS incidentes sobre as receitas decorrentes da venda dos produtos classificados no código [...] *(Laranja)* da Tipi, quando utilizados na industrialização dos produtos classificados no código [...] *(suco de laranja)* da Tipi, e estes forem destinados à exportação.

- **Lei nº 12.865/13 (soja, milho, desperdício da indústria da cerveja e destilarias)**

> Art. 29. Fica suspensa a incidência da Contribuição para o PIS/PASEP e da COFINS sobre as receitas decorrentes da venda de soja [...] e dos produtos *(farinhas de soja, sêmeas, farelos e outros resíduos de milho, borras e desperdícios da indústria da cerveja e das destilarias e Tortas (bagaços) e outros resíduos sólidos, mesmo triturados ou em pellets, da extração do óleo de soja)*.

A LC nº 214/25 não contempla os itens referenciados nessas 3 leis citadas.

11.1 O agronegócio e os impactos da Reforma Tributária

Em relação ao impacto que o agronegócio irá ter com a Reforma Tributária, durante a tramitação do PLP nº 68/24 no Senado, forma elencadas solicitações feitas aos senadores por meio de entidades ligadas ao setor. Num dos últimos encontros, foi solicitada atenção para cinco pontos principais (Agro Estadão, 2024a):

- **Crédito presumido:** o texto prevê que as empresas possam utilizar o crédito presumido acumulado ao decorrer da cadeia produtiva para abater a CBS, que pode ser ressarcido no caso do produto final não ter incidência de CBS. Entidades ligadas ao agronegócio entendem que esse crédito também deveria servir para abater outros impostos que não só a CBS, como, por exemplo, o INSS. Também nesse ponto, há a possibilidade de esse crédito ser revisado anualmente, o que traria imprevisibilidade e, portanto, dificuldade no planejamento da empresa. O ideal seria um prazo de revisão maior possibilitando melhor planejamento.

- **Produtos *in natura*:** o fato de o produto final (fruta, legume, verdura etc.) ser embalado, o texto atual do PLP pode ensejar a perda da alíquota zerada. O texto deixa a entender que o fato de o produto estar minimamente embalado tira sua característica de "*in natura*" e o transforma em industrializado. É proposta um ajuste redacional para se evitar esse problema.
- **Cesta básica:** há um receio de que as carnes aprovadas e introduzidas no texto pela Câmara dos Deputados, sejam retiradas nessa CCJ do Senado. O Ministério da Fazenda inclusive divulgou um estudo em que estipula um aumento da alíquota-padrão em 0,56% devido à inclusão das carnes na cesta básica, que tem os itens isentos (Agro Estadão, 2024b). O argumento do representante da Abiec (Associação Brasileira das Indústrias Exportadoras de Carne), é de que "o retorno das carnes à lista dos produtos que têm alíquota reduzida em 60% traria uma alta no preço desses alimentos, já que sofreria uma incidência de aproximadamente 10% da alíquota-padrão. Além disso, o programa de *cashback* que recompensaria a população mais vulnerável com o retorno desses 10% não seria abarcada completamente, pois o *cashback* seria apenas para os assistidos pelo Bolsa Família". Outra solicitação do setor seria pela inclusão de outros produtos na cesta básica, como: óleos vegetais além do óleo de soja, castanhas, fungos e sucos não adoçados e livres de conservantes.
- **Insumos agropecuários:** há previsão de redução em 60% da alíquota-padrão de IBS e CBS conforme o anexo IX do PLP nº 68/24 com insumos beneficiados pela redução. Entretanto, o setor pede a inclusão de novos insumos no anexo. Outro ponto seria pela isenção das matérias-primas dos insumos, que se

importadas com alíquota cheia, trarão impactos no acumulo de créditos, já que após industrialização são revendidas com redução de alíquota, além do impacto promovido no fluxo de caixa, pois: "A indústria de insumos assim como as revendas são uma das principais fontes de financiamento da produção rural no próprio Plano Safra. Elas revendem e vão receber daqui a um ano", explicou o consultor jurídico do Instituto Pensar Agro (IPA).

- **Ultraprocessados:** a Associação Brasileira da Indústria de Alimentos (Abia) defende que todos os produtos alimentícios devam estar na cesta básica ou ao menos na lista de itens com carga tributária reduzida, inclusive os chamados ultraprocessados. O representante da Abia ressaltou ainda que o termo é inadequado para classificar os alimentos industrializados, já que seu processamento é baseado em ciência e tecnologia. Criticou também a pressão de determinados grupos sobre os parlamentares para que tornem alguns alimentos mais caros, desincentivando o seu consumo com a possiblidade de inclusão para incidência do Imposto Seletivo (IS).

Glossário

Adquirente – é a pessoa física ou jurídica que adquire a produção rural para uso comercial, industrial ou para qualquer outra finalidade econômica.

Agricultura – a agricultura é definida com escopos variados, em seu sentido mais amplo, usando os recursos naturais para "produzir mercadorias que mantêm a vida, incluindo alimentos, fibras, produtos florestais, hortaliças e seus serviços relacionados". Assim definida, inclui a agricultura arvense, a horticultura, a pecuária e a silvicultura, mas a horticultura e a silvicultura são, na prática, muitas vezes excluídas. Também pode ser amplamente decomposto em agricultura de plantas, que diz respeito ao cultivo de plantas úteis, e agricultura animal, a produção de animais agrícolas.

Apicultura – é o ramo da zootecnia dedicado à criação de abelhas.

Arrematante – é a pessoa física ou jurídica que arremata ou que adquire produção rural em leilões ou praças.

Arrendatário – arrendatário é aquele que utiliza a terra para desenvolver atividade agrícola, pastoril ou hortifrutigranjeira, mediante pagamento de aluguel, em espécie ou in natura, ao proprietário do imóvel rural.

Assentado – é aquele que, como beneficiário das ações de reforma agrária, desenvolve atividades agrícolas, pastoris ou hortifrutigranjeiras nas áreas de assentamento.

Atividade econômica autônoma – é a que não constitui parte de atividade econômica mais abrangente ou fase de processo produtivo mais complexo, e que seja exercida mediante estrutura operacional definida, em um ou mais estabelecimentos.

Avicultura – é o ramo da zootecnia dedicado à criação de aves para produção de alimentos, em especial carne e ovos.

Beneficiamento ou industrialização artesanal – é a primeira modificação ou o preparo dos produtos de origem animal ou vegetal, realizado diretamente pelo próprio produtor rural pessoa física e desde que não esteja sujeito à incidência do IPI, por processos simples ou sofisticados, para posterior venda ou industrialização, sem lhes retirar a característica original, assim compreendidos, entre outros, os processos de lavagem, limpeza, descaroçamento, pilagem, descascamento, debulhação, secagem, socagem e lenhamento.

Cédula do Produto Rural (CPR) – é um título que permite ao produtor rural ou às cooperativas obterem recursos para desenvolver a sua produção. Ela representa a promessa de entrega futura de produtos rurais, com ou sem garantias cedularmente constituídas. A CPR funciona como um título de crédito e pode ser emitida pelo próprio produtor ou cooperativa para obter recursos para desenvolver o agronegócio.

Comodatário – comodatário é aquele que, por meio de acordo, explora a terra pertencente a outra pessoa, por empréstimo gratuito, por tempo determinado ou não, para desenvolver atividade agrícola, pastoril ou hortifrutigranjeira.

Condômino – é aquele que explora imóvel rural, com delimitação de área ou não, sendo a propriedade um bem comum, pertencente a várias pessoas.

Consignatário – é o comerciante a quem a produção rural é entregue para que seja comercializada, de acordo com as instruções do fornecedor.

Consumidor - é a pessoa física ou jurídica que adquire a produção rural no varejo ou diretamente do produtor rural, para uso ou consumo próprio.

Contribuição de melhorias – as contribuições de melhorias são cobradas pelos entes da federação no âmbito de suas respectivas atribuições para custear serviços públicos recebidos diretamente pelo contribuinte (art. 81 e art. 82 CTN). Há 4 tipos de contribuições: contribuições sociais, contribuições de melhoria, contribuições de intervenção no domínio econômico e as contribuições de interesse das categorias profissionais. Notem que na CTN somente consta explicitamente a contribuição de melhorias. Os recursos arrecadados tem destinação predefinida, mas não beneficiário.

Cota-parte – é o repasse de 25% da arrecadação do ICMS, feito pelo estado aos municípios e que continuará existindo com o IBS. Os critérios de distribuição da cota-parte foram modificados e passarão a ser: 85%, no mínimo, proporcionalmente à população; 10% com base em indicadores de melhoria nos resultados da aprendizagem e de aumento de equidade, nos termos da lei estadual; e 5% em montantes iguais para os municípios do estado.

Cultura hortícola (ou forrageira) – são os produtos agrícolas que não são provenientes de árvores, como cereais, hortaliças, especiarias, fibras, floricultura, tubérculos e oleaginosas, entre outras.

Cunicultura – é o ramo da Zootecnia que trata da criação de coelhos. Como atividade pecuária é o conjunto de procedimentos técnicos e práticos necessários à produção de carne, pele e pelos de coelho ou criação do animal em condições especiais para uso como cobaias de laboratório.

Desmucilagem[59] – "A remoção da mucilagem do grão despolpado pode ser realizada por processos enzimáticos (fermentação), por

---

59   Disponível em: https://www.cafepoint.com.br/noticias/tecnicas-de-producao/mucilagem-do-grao-212311/.

agentes químicos e por meios mecânicos (café desmucilado). Este café tem grande aceitação no mundo todo. É um processo espontâneo, provocado por microrganismos que costuma durar entre 18 e 36 horas (às vezes mais) e é fortemente influenciado, entre outros fatores, pela temperatura ambiente. A fermentação ocorre em tanques de alvenaria, onde o café é depositado. O fruto estará em condições de ser lavado quando a mucilagem se desprender (algo que pode ser verificado pelo tato). Após a lavagem, ele será espalhado no terreiro para a secagem. Os cafés colombianos são processados dessa maneira. São mais suaves – têm menos doçura e corpo – e apresentam uma acidez maior."

Floricultura – é o ramo que estuda a produção de flores ornamentais ou de uso terapêutico.

Foreiro – é aquele que adquire direitos sobre um terreno por meio de um contrato, mas não é o dono do local.

Fração mínima de parcelamento – é a área mínima fixada para cada município, que se pode desmembrar, para constituição de um novo imóvel rural, desde que o imóvel original permaneça com área igual ou superior a área mínima desmembrada.

Fruticultura – é o ramo que estuda a produção de frutas.

GILRAT (ou GIIL-RAT) – é a sigla correspondente a Contribuição do Grau de Incidência de Incapacidade Laborativa decorrente dos Riscos Ambientais do Trabalho. É uma contribuição previdenciária obrigatória sobre as atividades laborais no Brasil e foi criado para substituir o SAT (seguro de acidente de trabalho). É uma contribuição feita por todo funcionário de carteira assinada do Brasil que tem como objetivo financiar os custos com seguridade social. A contribuição é destinada a financiar benefícios decorrentes de acidentes ocorridos no ambiente de trabalho e aposentadorias especiais.

Hortaliças – termo usado para designar produtos nutricionais, agrícolas e culinários que se referem a plantas ou parte destas, geralmente consumida por humanos como alimento.

Horticultura – é o ramo da agricultura que estuda as técnicas de produção e aproveitamento dos frutos, hortaliças, árvores, arbustos e flores. Inclui também a jardinagem.

Impacto ambiental – é qualquer alteração, positiva ou negativa, das propriedades do meio ambiente causada por entidade, comparativamente com a situação existente antes do início de determinada atividade.

Impacto ambiental positivo ou mitigação ambiental – refere-se às medidas realizadas pela entidade com objetivo de reduzir os danos ou a degradação ambiental causada ao meio ambiente em decorrência das suas atividades.

Impacto ambiental negativo – refere-se aos danos ou à degradação causada ao meio ambiente em decorrência das atividades da entidade.

Impostos – é o tributo cuja obrigação tem por fato gerador uma situação independente de qualquer atividade estatal específica, relativa ao contribuinte (art. 16 CTN). O imposto é cobrado sobre a renda, sobre o patrimônio e sobre transações econômicas para custear a produção de bens e serviços oferecidos a toda a coletividade. Os recursos arrecadados não têm nem destinação nem beneficiário predefinidos. Entre os tributos, os impostos via de regra é o que mais arrecadam, seguido pelas contribuições e por último pelas taxas.

Industrialização rudimentar – vide Beneficiamento ou industrialização artesanal.

Insumo – pode ser visto como fator de produção (como máquinas) ou como matéria prima. É utilizado no processo de produção agregando ou não ao que está sendo produzido.

Integração vertical ou integração – é a relação contratual entre produtores integrados e integradores que visa a planejar e a realizar a produção e a industrialização ou comercialização de matéria-prima, bens intermediários ou bens de consumo final, com responsabilidades e obrigações recíprocas estabelecidas em contratos de integração.

In natura – é uma locução latina que significa "na natura, da mesma natureza". É usada para descrever os alimentos de origem vegetal ou animal que são consumidos em seu estado natural.

ITR (Imposto sobre Propriedade Territorial Rural) – é um tributo federal que deve ser pago anualmente por quem possui propriedade rural, posse ou domínio útil em uma área desse tipo.

Legumes – vide Hortaliças.

Meeiro – é aquele que tem acordo com o proprietário da terra ou detentor da posse e, da mesma forma, exerce atividade agrícola, pastoril ou hortifrutigranjeira, partilhando rendimentos ou custos.

Meio ambiente – é o conjunto de condições, leis, influências e interações de ordem física, química e biológica, que permite, abriga e rege a vida em todas as suas formas.

Mucilagem – é uma camada viscosa apresenta no grão, rica em açucares, situada entre a polpa e o pergaminho, com uma espessura de 0,5 a 2 mm.

Parceiro – é aquele que tem acordo de parceria com o proprietário da terra ou detentor da posse e desenvolve atividade agrícola, pastoril ou hortifrutigranjeira, partilhando lucros ou prejuízos.

PEC nº 45/19 – Proposta de Emenda Constitucional de autoria do deputado federal Baleia Rossi destinada a Câmara dos Deputados, aprovada pelo plenário que originou a norma jurídica da EC nº 132/23 em 21/12/2023.

Pilagem – é um processo envolvendo a fase de fermentação com posterior lavagem do grão. No cultivo do café, o processo resulta em um café despolpado, desmucilado (vide mucilagem) ou lavado, que apresenta melhor classificação quanto ao tipo e bebida. A pilagem é feita utilizando máquinas especializadas que reduzem o tamanho dos grãos por meio de processos mecânicos ou térmicos.

PLP nº 108/24 – institui o CG-IBS, dispõe sobre o processo administrativo tributário relativo ao lançamento de ofício do Imposto sobre Bens e Serviços (IBS), sobre a distribuição para os entes federativos do produto da arrecadação do IBS, e sobre o Imposto sobre Transmissão *Causa Mortis* e Doação de Quaisquer Bens ou Direitos (ITCMD), e dá outras providências.

Piscicultura – é o ramo da zootecnia dedicado à criação de peixes para produção de alimentos.

Posseiro/possuidor – é aquele que exerce, sobre o imóvel rural, algum dos poderes inerentes à propriedade, utilizando e usufruindo a terra como se proprietário fosse.

Produção rural – refere-se aos produtos de origem animal ou vegetal, em estado natural ou submetidos a processos de beneficiamento ou de industrialização rudimentar, bem como os subprodutos e os resíduos obtidos por esses processos.

Quilombola – é o afrodescendente remanescente dos quilombos que integra grupos étnicos compostos de descendentes de escravos.

Recuperação ambiental – são esforços realizados para restabelecimento das condições naturais ou minimização dos efeitos nocivos provocados pela atividade da entidade.

Regime cumulativo – é o regime no qual o tributo é calculado apenas uma vez, no momento da venda do produto ou da prestação do serviço incidindo sobre o valor total da venda do produto ou do serviço, não considerando os impostos já pagos nas etapas anteriores da cadeia. Isso significa que não há compensação dos tributos pagos nas compras de insumos, resultando em uma carga tributária mais alta para as empresas.

Sericicultura – é o ramo da zootecnia dedicado à criação de bicho-da-seda.

Seringueiro ou extrativista vegetal – é aquele que explora atividade de coleta e extração de recursos naturais renováveis, de modo sustentável, e faz dessas atividades o principal meio de vida.

Subprodutos e resíduos – são aqueles que, mediante processo de beneficiamento ou de industrialização rudimentar de produto rural original, surgem sob nova forma, tais como a casca, o farelo, a palha, o pelo e o caroço, entre outros.

Sub-rogado – é a condição de que se reveste a empresa adquirente, consumidora ou consignatária, ou a cooperativa que, por expressa disposição de lei, torna-se diretamente responsável pelo recolhimento das contribuições devidas pelo segurado especial e pelo produtor rural pessoa física que optar pelo regime de incidência de contribuição previdenciária sobre a receita.

Silvicultura – que estuda a produção de árvores para diversos fins.

Suinocultura – é o ramo da zootecnia dedicado à criação de suínos para produção de alimentos.

Taxas – as taxas são cobradas pelos entes da federação no âmbito de suas respectivas atribuições e tem como fato gerador o poder de polícia e de fiscalização ou o custeio de determinado serviço público posto à disposição do contribuinte. São exemplos: taxa de coleta de lixo, licenciamento de veículos etc. (arts. 77 a 80 CTN). Os recursos arrecadados têm destinação e beneficiário predefinido.

Tributo – é toda prestação pecuniária compulsória, em moeda ou cujo valor nela se possa exprimir, que não constitua sanção de ato ilícito, instituída em lei e cobrada mediante atividade administrativa plenamente vinculada (art. 30 CTN). Os tributos são de longe a principal fonte de arrecadação de receita pelos governos. Além dela temos ainda as receitas provenientes do patrimônio (venda ou aluguel de imóveis públicos, rendimento de empresas estatais etc.) e receitas provenientes de royalties que são remunerações obtidas pelo governo por permitir a terceiros a exploração de atividades tidas como monopólio do Estado. (exploração de serviço público de transporte etc.).

Tributação – é um termo utilizado para descrever o processo de arrecadação de tributos[60] pelos governos. Basicamente temos 3 tipos de tributos: taxas, contribuições de melhorias e impostos (art. 5º CTN).

Usufrutuário – é aquele que, não sendo proprietário de imóvel rural, tem direito à posse, ao uso, à administração ou à percepção dos frutos, podendo usufruir o bem em pessoa ou mediante contrato de arrendamento, comodato, parceria ou meação.

Verduras – vide Hortaliças.

---

60 A relação dos tributos praticados no Brasil está disponível em: https://www.portaltributario.com.br/tributos.htm.

Referências bibliográficas

ADABO, J. H. **Análise e exemplo de cálculos do IBS e da CBS a serem adotados na fase de transição da Reforma Tributária de 2023.** Disponível em: https://www.contabeis.com.br/artigos/63530/reforma-tributaria-exemplos-de-calculos-do-ibs-e-cbs-na-fase-de-transicao/. Acesso em: 30 out. 2024.

AGRO ESTADÃO. **Reforma Tributária no Senado.** Disponível em: https://agro.estadao.com.br/agropolitica/reforma-tributaria-no-senado-5-pontos-pedidos-pelo-agro. Acesso em: 1º nov. 2024.

ALVARENGA, A. **Agronegócio no Brasil: qual a importância para o país.** Belo Horizonte: REHAGRO [s.d]. Disponível em: https://rehagro.com.br/blog/agronegocio-no-brasil-qual-o-seu-papel-e-importancia/#:~:text=Em%202019,%200%20agronegócio%20como%20um%20todo%20foi. Acesso em: 4 set. 2024.

ARAÚJO, M. J. **Fundamentos de agronegócios.** 2. ed. São Paulo: Atlas, 2007.

BRASIL. **Reforma tributária:** perguntas e respostas. Assessoria Especial De Comunicação Social. Ministério da Fazenda. (2024a). Disponível em: https://www.gov.br/fazenda/pt-br/acesso-a-informacao/acoes-e-programas/reforma-tributaria/arquivos/perguntas-e-respostas-reforma-tributaria_.pdf. Acesso em: 15 nov. 2024.

BRASIL. **Reforma tributária:** para o Brasil crescer ela tem que acontecer. Audiência pública CCJ em 22 de agosto de 2023. (2024b).

Disponível em: https://www.gov.br/fazenda/pt-br/acesso-a-informacao/acoes-e-programas/reforma-tributaria/apresentacoes/apresentacao-reforma-tributaria-para-o-brasil-crescer-ela-precisa-acontecer-22-de-agosto-de-2023.pdf. Acesso em: 5 nov. 2024.

CARVALHO, J. G.; BORSATTO, R. S.; SANTOS, L. L. **Formação de agentes populares de agroecologia**. São Carlos: EDUFSCar, 2022.

CEPEA/ESALQ-USP. **PIB do agronegócio brasileiro** – University of São Paulo. Disponível em: www.cepea.esalq.usp.br/br/pib-do-agronegocio-brasileiro.aspx. Acesso em: 4 set. 2024.

CREPALDI, S. A. **Contabilidade rural**. 2.ed. São Paulo: Atlas, 1998.

DUCATI, E. **Contabilidade rural**. Departamento de Ciência Contábeis, Universidade Federal de Santa Catarina, 2012. Disponível em https://repositorio.ufsc.br/bitstream/handle/123456789/194937/Contabilidade_Rural_MIOLO.pdf?sequence=1&isAllowed=y. Acesso em: 29 jan. 2023.

EMBRAPA. VII **Plano diretor da Embrapa**: a agricultura brasileira. Disponível em: https://www.embrapa.br/vii-plano-diretor/a-agricultura-brasileira. Acesso em: 2 set. 2024.

FAVIERO, G. V. **Reforma tributária e o imposto seletivo**: o que esperar dos próximos capítulos. Consultor Jurídico. Disponível em: https://www.conjur.com.br/2024-jan-09/reforma-tributaria-e-o-imposto-seletivo-o-que-esperar-dos-proximos-capitulos/. Acesso em: 1º nov. 2024.

IBPT. Instituto Brasileiro de Planejamento e Tributação. **Quantidade de normas editadas no Brasil**: 33 anos da CF/88. Disponível em: https://ibpt.com.br/estudo-do-ibpt-quantidade-de-normas-editadas-no-brasil-desde-1988. Acesso em: 22 ago. 2024.

LOUBET, L. F. **Tributação federal no agronegócio**. 2. ed. São Paulo: Noeses, 2022.

MARION, J. C. **Contabilidade rural:** agrícola, pecuária e imposto de renda. 15. ed. São Paulo: Atlas, 2021.

MASSARA, L. H. N.; CAMPOS, M. H. O.; CASTRO JÚNIOR, P. H. (org.). **A tributação no agronegócio**. Rio de Janeiro: Lumen Juris, 2020.

MIGUEL, L. A., SCHREINER, C. T. (org.) **Gestão e planejamento de unidades de produção agrícola**. [recurso eletrônico]. 2. ed. Porto Alegre: Editora da UFRGS, 2022. Disponível em: https://www.google.com.br/books/edition/Gest%C3%A3o_e_planejamento_de_unidades_de_pr/Z71gEAAAQBAJ?hl=pt-BR&gbpv=1&printsec=frontcover. Acesso em: 21 dez. 2022.

NUNES, F. S. *et al.* Câmara do Deputados. **Consultoria Legislativa:** síntese do conteúdo da Emenda Constitucional nº 132, de 20 de dezembro de 2023 (Reforma Tributária). Disponível em: https://bd.camara.leg.br/bd/items/9bd88e5b-b6c1-4c1e-aab2-334b3c9f3887. Acesso em: 1º nov. 2024.

OLIVEIRA, N. C. **Contabilidade do agronegócio:** teoria e prática. 1. ed. Curitiba: Juruá. 2008.

PLANNED. **Agronegócio:** produtor rural deve tributar como pessoa física ou jurídica? (junho de 2019). Disponível em: https://planned.com.br/agronegocio-produtor-rural-deve-tributar-como-pessoa-fisica-ou-juridica/. Acesso em: 17 ago. 2024.

RUFINO, J. L. dos S. Origem e conceito do agronegócio. **Informe Agropecuário**, Belo Horizonte: Epamig, v. 20, n. 199, p. 17-19, 1999.

SENAR. **Produtor rural pessoa física**. (julho de 2024). Disponível em: https://www.cnabrasil.org.br/publicacoes/produtor-rural-pessoa-fisica. Acesso em: 22 ago. 2024.

STÉDILE, J. P. Proteger a natureza, produzir alimentos saudáveis com base na agroecologia é defender o futuro da humanidade. *In*: CARVALHO, J. G.; BORSATTO, R. S.; SANTOS, L. L. **Formação de agentes populares de agroecologia**. São Carlos: EDUFSCar, 2022.

TOTVS. **Entenda como funciona e o panorama da agroindústria**. (maio de 2024). Disponível em: https://www.totvs.com/blog/gestao-agricola/o-que-e-agroindustria/. Acesso em: 17 ago. 2024.

TRAVASSOS, M. **Contabilidade básica:** atualizada pelas leis nº 11.638/2007 e nº 11.941/2009 e regras emitidas pelo Comitê de Pronunciamentos Contábeis. Rio de Janeiro: Freitas Bastos, 2022.

TRAVASSOS, M. **Contabilidade gerencial rural e ambiental:** uso das demonstrações contábeis para geração de índices patrimoniais, econômicos e financeiros nas atividades agrícolas, pecuárias e ambientais. Rio de Janeiro: Freitas Bastos, 2023.

VIEIRA, L. *et.al.* **Reforma tributária e o agronegócio**. Rio de Janeiro: Lumen Juris, 2024.

Apêndice I

A relação a seguir foi elaborada com base no sítio do Senado Federal sobre a tramitação do PLP nº 68/24[61] que já sofreu mais de 2000 emendas a serem apreciadas pela Casa. Dessas selecionei todas as que traziam em seu conteúdo palavras ligando-as ao agronegócio. Minha interpretação foi a de que, sendo os Senadores a voz de seus eleitores, é por meio deles que serão trazidas as preocupações e solicitações de mudanças no PLP. No livro detalho oito dessas emendas com sua proposta e justificativa. Porém pelo volume de emendas seria inviável explorar cada uma delas. Deixo para o leitor essa atividade.

Emendas
60, 85, 103, 106, 113, 119, 121,127, 128, 145, 166, 179, 181, 183, 186, 187, 188, 202, 206, 207, 219, 221, 222, 247, 248, 271, 273, 277, 278, 301, 303, 316, 318, 321,322, 326, 327, 333, 349, 351, 353, 399, 400, 401, 402, 426, 433, 434, 436, 437, 442, 447, 448, 462, 464, 473, 483, 484, 485, 491, 492, 501, 511, 525, 526, 532, 533, 559, 560, 563, 571, 572, 573, 585, 673, 704, 709, 712, 718, 739, 740, 741, 744, 750, 762, 768, 811, 813, 815, 817, 820, 836, 899, 912, 914, 929, 942, 943, 944, 948, 973, 1009, 1014, 1027, 1033, 1037, 1047, 1048, 1074, 1078, 1083, 1084, 1088, 1089, 1090, 1093, 1094, 1095, 1097, 1113, 1118, 1139, 1143, 1144, 1145, 1148, 1167, 1176, 1187, 1200, 1202, 1203, 1216, 1217, 1218, 1253, 1254, 1255, 1256, 1257, 1258, 1259, 1262, 1264, 1265, 1266, 1267, 1283, 1289, 1291, 1297, 1299, 1313, 1317, 1341, 1343, 1345, 1346, 1347, 1352, 1371, 1375, 1376, 1396, 1397, 1407, 1408, 1410, 1411, 1412, 1413, 1416, 1418, 1419, 1420, 1421, 1429, 1434, 1435, 1451, 1454, 1455, 1456, 1457, 1458, 1459, 1460, 1461, 1474, 1476, 1507, 1510, 1519, 1520, 1522, 1589, 1591, 1601, 1613, 1621, 1624, 1634, 1648, 1670, 1685, 1714, 1716, 1722, 1736

---

61 Disponível em: https://www25.senado.leg.br/web/atividade/materias/-/materia/164914.

Apêndice II

FNDR – Fundo Nacional de Desenvolvimento Regional

O FNDR visa reduzir as desigualdades regionais e sociais mediante a entrega de recursos da União aos estados e ao Distrito Federal, segundo critérios definidos em lei complementar, para:

- Realização de estudos, projetos e obras de infraestrutura;
- Fomento a atividades produtivas com elevado potencial de geração de emprego e renda, incluindo a concessão de subvenções econômicas e financeiras;
- Promoção de ações com vistas ao desenvolvimento científico e tecnológico e à inovação.

A aplicação dos recursos do FNDR, os estados e o Distrito Federal priorizarão projetos que prevejam ações de preservação do meio ambiente. Os recursos aportados pela União ao FNDR corresponderão aos seguintes valores:

- em 2029, a R$ 8 bilhões de reais;
- em 2030, a R$ 16 bilhões de reais;
- em 2031, a R$ 24 bilhões de reais;
- em 2032, a R$ 32 bilhões de reais;
- a partir de 2033, a R$ 40 bilhões de reais, por ano.

Fundo de Compensação de Benefícios Fiscais

Visa compensar, de 2029 a 2032, pessoas jurídicas beneficiárias de isenções, incentivos e benefícios fiscais ou financeiro-fiscais relativos ao ICMS, concedidos por prazo certo e sob condição. Consideram-se benefícios onerosos as isenções, os incentivos e os benefícios fiscais ou financeiro-fiscais vinculados ao referido imposto concedidos por prazo certo e sob condição, na forma do art. 178 do Código Tributário Nacional.

De 2025 a 2032, a União entregará ao Fundo recursos que corresponderão aos seguintes valores:

- em 2025, R$ 8 bilhões de reais;
- em 2026, R$ 16 bilhões de reais;
- em 2027, R$ 24 bilhões de reais;
- em 2028 e 2029, R$ 32 bilhões de reais;
- em 2030, R$ 24 bilhões de reais;
- em 2031, R$ 16 bilhões de reais;
- em 2032, R$ 8 bilhões de reais.

Os recursos do Fundo serão utilizados para compensar a redução do nível de benefícios onerosos do ICMS suportada pelas pessoas jurídicas em razão da substituição do ICMS pelo IBS.

A compensação somente se aplica aos titulares de benefícios onerosos do ICMS regularmente concedidos até 31 de maio de 2023 que tenham sido registrados e depositados conforme regras da LC nº 160/17 e que tenham cumprido tempestivamente as condições exigidas pela norma concessiva do benefício. A pessoa jurídica perderá o direito à compensação pelo Fundo caso deixe de cumprir tempestivamente as condições exigidas pela norma concessiva do benefício.

Freitas Bastos Editora